startup.WR

Wirtschaft und Recht
für die Realschule in Bayern, 9 II

Bearbeitet von

Fabian Melzer

Gerhard Pfeil

Manuela Röhrle

Matthias Schilling

Tobias Tyll

Carina Vogl

unter Beratung von

Birgit Bezold

C.C.BUCHNER

startup .WR Realschule Bayern

Wirtschaft und Recht
Band 9 II

Bearbeitet von Fabian Melzer, Gerhard Pfeil, Manuela Röhrle, Matthias Schilling, Tobias Tyll und Carina Vogl
unter Beratung von Birgit Bezold

Zu diesem Lehrwerk sind erhältlich:
- Digitales Lehrermaterial **click & teach** Einzellizenz, Bestell-Nr. 822171
- Digitales Lehrermaterial **click & teach** Box (Karte mit Freischaltcode), ISBN 978-3-661-82217-4

Weitere Materialien finden Sie unter www.ccbuchner.de.

Dieser Titel ist auch als digitale Ausgabe **click & study** unter www.ccbuchner.de erhältlich.

Die Mediencodes enthalten zusätzliche Unterrichtsmaterialien, die der Verlag in eigener Verantwortung zur Verfügung stellt.

1. Auflage, 1. Druck 2021
Alle Drucke dieser Auflage sind, weil untereinander unverändert, nebeneinander benutzbar.

Dieses Werk folgt der reformierten Rechtschreibung und Zeichensetzung. Ausnahmen bilden Texte, bei denen künstlerische, philologische oder lizenzrechtliche Gründe einer Änderung entgegenstehen.

An keiner Stelle im Schülerbuch dürfen Eintragungen vorgenommen werden.

Redaktion: Katharina Nieratschker, Anja Vothknecht
Layout und Satz: tiff.any GmbH, Berlin
Illustrationen: tiff.any GmbH, Berlin
Druck und Bindung: mgo360 GmbH & Co.KG, Bamberg

www.ccbuchner.de

ISBN 978-3-661-**82212**-9

Liebe Schülerinnen und Schüler,

im letzten Schuljahr habt ihr euch bereits mit den Grundlagen des Faches Wirtschaft und Recht (WR) vertraut gemacht. Zum Teil werden diese Themen in diesem Schuljahr vertieft, gleichzeitig erwarten euch aber viele neue spannende Themengebiete.

Der Berufsorientierungsprozess ist ein spannender und langfristiger Prozess, bei dem ihr schrittweise immer mehr über eure eigenen Vorlieben, Interessen und Fähigkeiten erfahren könnt. Außerdem erhaltet ihr handfeste Tipps, wie ihr im Bewerbungsprozess professionell und selbstsicher auftreten könnt. Habt ihr euren Traumjob dann erst mal gefunden, seid ihr als Arbeitnehmer in ein Netz aus Rechten und Pflichten eingebunden. Welche Rechte habe ich was die Arbeitszeit und den Urlaubsanspruch betrifft? Muss ich eine Steuererklärung machen und was habe ich davon?

Wenn man endlich eigenes Geld verdient, stellt sich natürlich auch die Frage danach, wie man dieses Geld sinnvoll und gewinnbringend anlegen kann. Es gibt zahlreiche Sparformen und -möglichkeiten, über die es mehr zu erfahren gilt.

Das Fach Wirtschaft und Recht geht aber auch über euren eigenen Alltag hinaus und zeigt euch, wie unser Wirtschaftssystem insgesamt organisiert ist. Wer unterstützt mich, wenn ich unverschuldet in Not gerate und nicht mehr arbeiten kann? Was leistet der Staat für mich?

Abschließend vertieft ihr euer Wissen im Bereich Recht weiter. Neben spannenden Fällen aus dem Strafrechtsbereich erfahrt ihr auch mehr über das Familienrecht. Wann ist eine Tat straf-bar und wie unterscheidet sich das von einer Ordnungswidrigkeit? Welche straf- und zivil-rechtlichen Folgen kann eine Tat haben? Und wie werden Ehe und Familie vom Staat ge-schützt? Von wem kann ich erben und kommt dabei Erbschaftssteuer auf mich zu?

Wir haben mit vielen realitätsnahen Beispielen und kleinschrittigen Aufgaben ein Schulbuch entwickelt, das euch beim Lernen motivieren soll. Mit diesem Buch lernt ihr viele Dinge, die ihr auch in eurem Alltag wieder anwenden könnt.

Viel Spaß wünschen
das Autorenteam und der Verlag

Doppelauftaktseiten

Jedes Kapitel beginnt mit einer **Doppelauftaktseite**. Material und offene Aufgaben ermöglichen euch eine erste Annäherung an die Inhalte des neuen Kapitels. Dabei könnt ihr auch zeigen, was ihr schon über das neue Thema wisst.

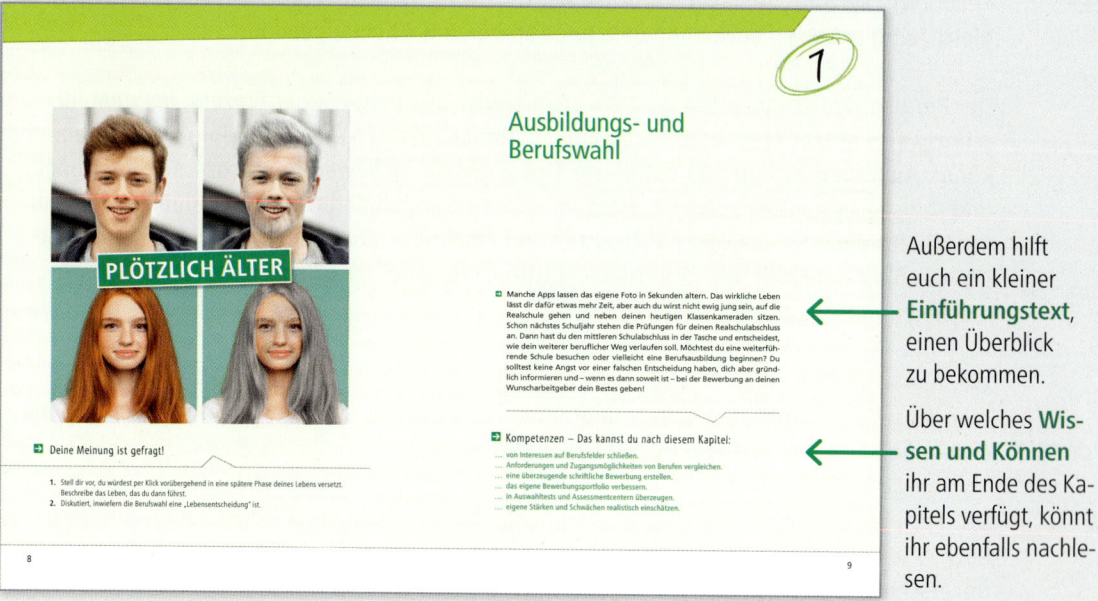

Außerdem hilft euch ein kleiner **Einführungstext**, einen Überblick zu bekommen.

Über welches **Wissen und Können** ihr am Ende des Kapitels verfügt, könnt ihr ebenfalls nachlesen.

Basisseiten

In dem **Kasten** erfahrt ihr, was ihr auf der Seite alles lernt. Der kurze Einleitungstext zeigt euch, was diese Inhalte mit eurem Alltag zu tun haben.
Anhand von realistischen Fallbeispielen werdet ihr an wirtschaftliche und rechtliche Themen herangeführt. Sie ermöglichen euch, das Gelernte auf eure eigenen Erfahrungen zu übertragen.

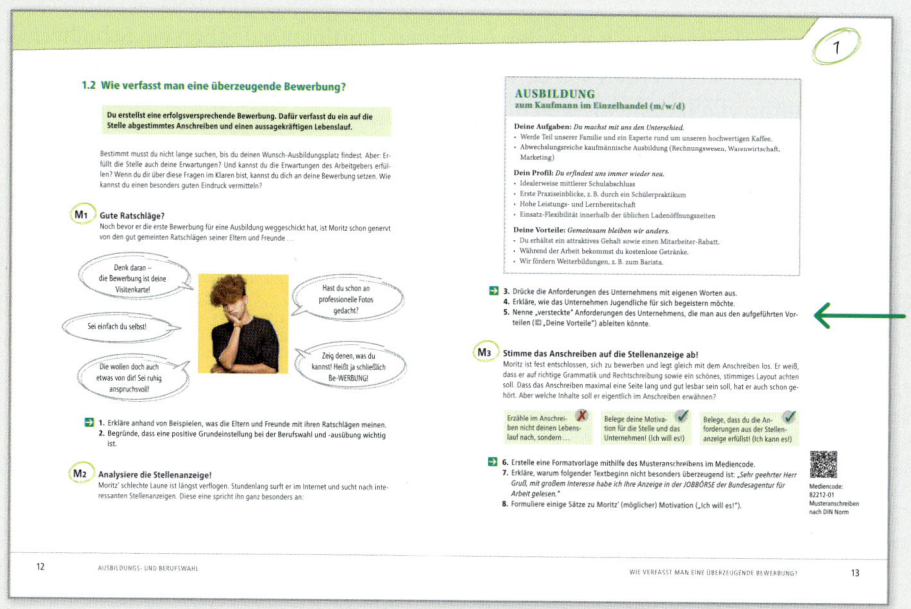

Kleinschrittige Aufgaben ermöglichen euch, die Vorgehensweise zur Lösung der Fälle selbstständig zu erarbeiten.

Methode

Ins Kapitel eingebunden sind speziell hervor-
gehobene Sonderseiten, mit denen ihr euch
methodisches Rüstzeug aneignet.

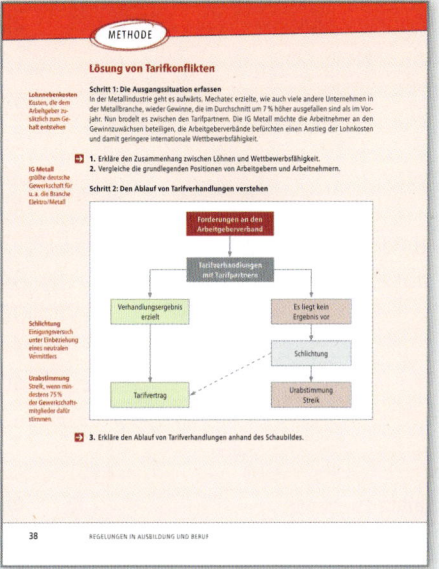

Fachwissen

Das Fachwissen des gesamten Kapitels wird am
Ende des Kapitels übersichtlich zusammenge-
fasst und ergänzt. Hier könnt ihr zur Vorbereitung oder Nacharbeit das Wichtigste nachlesen.

Kompetenzcheck

Der Kompetenzcheck bildet den Abschluss
des Kapitels. Hier könnt ihr euch selbst überprüfen und zeigen, ob ihr die erlernten
Kompetenzen in einer konkreten Situation
sinnvoll anwenden könnt.

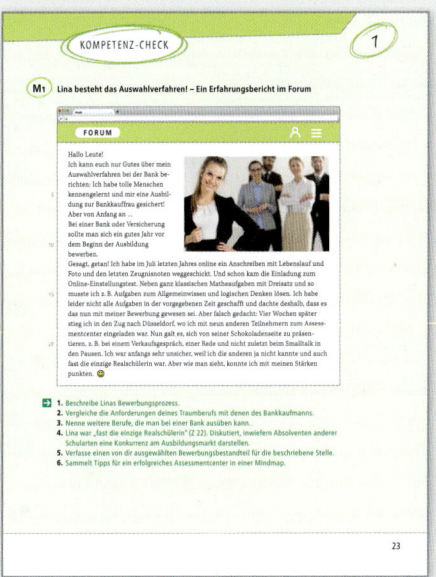

Anhang

Alle Gesetzestexte, die ihr zur Arbeit mit
diesem Buch braucht, findet ihr im Anhang
ab S. 148 abgedruckt. Ihr findet dort auch die
Erläuterungen zu den **Operatoren**, damit ihr
genau wisst, was von euch erwartet wird.

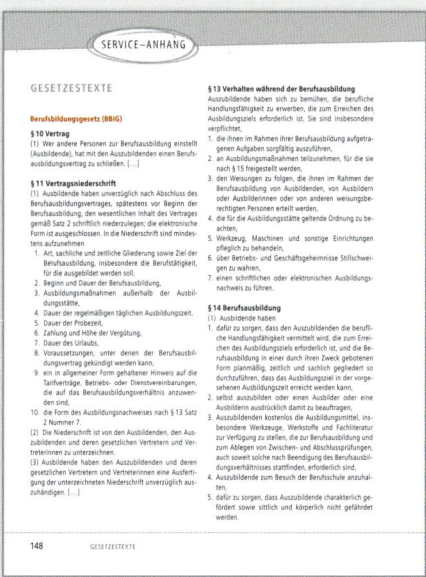

INHALTSVERZEICHNIS

Über QR-Codes könnt ihr in verschiedenen Kapiteln Zusatzmaterialien direkt über das Smartphone ansteuern. Diese können außerdem über die Eingabe der Mediencodes im Suchfeld auf www.ccbuchner.de aufgerufen werden.

Hinweis: Texte und Materialien ohne Quellenangaben sind von den Autoren verfasst. Aufgrund der besseren Lesbarkeit wird im Folgenden darauf verzichtet, immer beide Geschlechter anzusprechen („Schülerinnen und Schüler"), auch wenn selbstverständlich beide gemeint sind.

Mediencode: 82212-01

PLÖTZLICH ÄLTER

➡ Deine Meinung ist gefragt!

1. Stell dir vor, du würdest per Klick vorübergehend in eine spätere Phase deines Lebens versetzt. Beschreibe das Leben, das du dann führst.
2. Diskutiert, inwiefern die Berufswahl eine „Lebensentscheidung" ist.

Ausbildungs- und Berufswahl

➡ Manche Apps lassen das eigene Foto in Sekunden altern. Das wirkliche Leben lässt dir dafür etwas mehr Zeit, aber auch du wirst nicht ewig jung sein, auf die Realschule gehen und neben deinen heutigen Klassenkameraden sitzen. Schon nächstes Schuljahr stehen die Prüfungen für deinen Realschulabschluss an. Dann hast du den mittleren Schulabschluss in der Tasche und entscheidest, wie dein weiterer beruflicher Weg verlaufen soll. Möchtest du eine weiterführende Schule besuchen oder vielleicht eine Berufsausbildung beginnen? Du solltest keine Angst vor einer falschen Entscheidung haben, dich aber gründlich informieren und – wenn es dann soweit ist – bei der Bewerbung an deinen Wunscharbeitgeber dein Bestes geben!

➡ Kompetenzen – Das kannst du nach diesem Kapitel:

… von Interessen auf Berufsfelder schließen.
… Anforderungen und Zugangsmöglichkeiten von Berufen vergleichen.
… eine überzeugende schriftliche Bewerbung erstellen.
… das eigene Bewerbungsportfolio verbessern.
… in Auswahltests und Assessmentcentern überzeugen.
… eigene Stärken und Schwächen realistisch einschätzen.

1.1 Welche Anforderungen und Zugangsmöglichkeiten haben ausgewählte Berufe?

Du schließt von deinen Interessen auf mögliche Berufsfelder. Dabei berücksichtigst du, dass Berufe unterschiedliche Anforderungen und Zugangsmöglichkeiten haben.

Was kann ich? Was will ich? Was gibt es? – Mithilfe dieser Leitfragen hast du dich letztes Schuljahr mit deiner Berufswahl beschäftigt. Nun gilt es, von deinen eigenen Fähigkeiten und Interessen zu passenden Berufsfeldern und Berufen zu kommen. Hast du eine engere Auswahl getroffen, solltest du dich frühzeitig über mögliche Wege zu deinem beruflichen Ziel informieren. Du hast viel zu tun. Los geht's!

M1 **Teste dich! Von Interessen zu Berufsfeldern …**

Der amerikanische Psychologe John Holland geht von sechs Interessens-Typen aus. Jede Person verfügt dabei über alle Interessen, nur eben in verschiedener Ausprägung. Was liegt dir besonders?

Berufsfeld
Gruppe von Berufen mit ähnlichen Tätigkeiten

→ 1. **Der große Typ-Test.** Wähle sechs der in **M1** vorgeschlagenen Tätigkeiten und ermittle mithilfe des Lösungsbogens auf S. 167, welcher Typ du bist.
2. Erörtert in Partnerarbeit, inwiefern sich die Testergebnisse mit euren persönlichen Einschätzungen decken.
3. Sammelt in der Klasse mindestens fünf Berufe zu den vorgeschlagenen Berufsfeldern.
4. Diskutiert, ob Persönlichkeitstests allgemein hilfreich sind bei der Berufswahl.

(this is circled 1 top right)

M2 Sag es ohne Worte

Fanni ist laut Test eher die Künstlerische. Sie macht sich nun Gedanken zu Berufen im Berufsfeld Kunst, Kultur und Journalismus …

Fotografin

Kunstlehrerin

Model

Musikerin

Journalistin

Schauspielerin

→ **5.** Vergleiche Fannis Berufsmöglichkeiten hinsichtlich folgender Kriterien:

> Anforderungen?   schulische Voraussetzungen?   Art der Ausbildung?

6. Losgeknipst! Erstellt eure eigene Wortlos-Collage zu eurem Berufsfeld: Ein Partner nennt Berufe und macht Fotos, der andere drückt seine spontanen Gefühle und Gedanken zu dem Beruf durch Gestik und Mimik aus.

7. Diskutiert, ob das spontane Bauchgefühl ein guter Ratgeber bei der Berufswahl ist.

M3 Dein Wunschberuf!

Bundesagentur für Arbeit

→ **8.** Informiere dich auf der Webseite der Bundesagentur für Arbeit (**M3**) oder einer anderen Webseite im Internet über Chancen und Anforderungen von sechs Berufen aus einem Berufsfeld, das zu dir passt.

9. Erstelle ein persönliches Ranking der Berufe aus Aufgabe 8.

10. Wähle aus den Angeboten im Internet und in Printmedien eine Stellenanzeige aus, für die du später gerne eine Bewerbung schreiben möchtest.

HINWEIS !
Alle folgenden Aufgaben, die mit einem **Stift-Symbol** versehen sind, beziehen sich auf diese Stellenanzeige.

1.2 Wie verfasst man eine überzeugende Bewerbung?

> Du erstellst eine erfolgsversprechende Bewerbung. Dafür verfasst du ein auf die Stelle abgestimmtes Anschreiben und einen aussagekräftigen Lebenslauf.

Bestimmt musst du nicht lange suchen, bis du deinen Wunsch-Ausbildungsplatz findest. Aber: Erfüllt die Stelle auch deine Erwartungen? Und kannst du die Erwartungen des Arbeitgebers erfüllen? Wenn du dir über diese Fragen im Klaren bist, kannst du dich an deine Bewerbung setzen. Wie kannst du einen besonders guten Eindruck vermitteln?

M1 **Gute Ratschläge?**

Noch bevor er die erste Bewerbung für eine Ausbildung weggeschickt hat, ist Moritz schon genervt von den gut gemeinten Ratschlägen seiner Eltern und Freunde …

Denk daran – die Bewerbung ist deine Visitenkarte!

Hast du schon an professionelle Fotos gedacht?

Sei einfach du selbst!

Die wollen doch auch etwas von dir! Sei ruhig anspruchsvoll!

Zeig denen, was du kannst! Heißt ja schließlich Be-WERBUNG!

→ 1. Erkläre anhand von Beispielen, was die Eltern und Freunde mit ihren Ratschlägen meinen.
2. Begründe, dass eine positive Grundeinstellung bei der Berufswahl und -ausübung wichtig ist.

M2 **Analysiere die Stellenanzeige!**

Moritz' schlechte Laune ist längst verflogen. Stundenlang surft er im Internet und sucht nach interessanten Stellenanzeigen. Diese eine spricht ihn ganz besonders an:

AUSBILDUNG
zum Kaufmann im Einzelhandel (m/w/d)

Deine Aufgaben: *Du machst mit uns den Unterschied.*
- Werde Teil unserer Familie und ein Experte rund um unseren hochwertigen Kaffee.
- Abwechslungsreiche kaufmännische Ausbildung (Rechnungswesen, Warenwirtschaft, Marketing)

Dein Profil: *Du erfindest uns immer wieder neu.*
- Idealerweise mittlerer Schulabschluss
- Erste Praxiseinblicke, z. B. durch ein Schülerpraktikum
- Hohe Leistungs- und Lernbereitschaft
- Einsatz-Flexibilität innerhalb der üblichen Ladenöffnungszeiten

Deine Vorteile: *Gemeinsam bleiben wir anders.*
- Du erhältst ein attraktives Gehalt sowie einen Mitarbeiter-Rabatt.
- Während der Arbeit bekommst du kostenlose Getränke.
- Wir fördern Weiterbildungen, z. B. zum Barista.

 3. Drücke die Anforderungen des Unternehmens mit eigenen Worten aus.
4. Erkläre, wie das Unternehmen Jugendliche für sich begeistern möchte.
5. Nenne „versteckte" Anforderungen des Unternehmens, die man aus den aufgeführten Vorteilen („Deine Vorteile") ableiten könnte.

M3 **Stimme das Anschreiben auf die Stellenanzeige ab!**
Moritz ist fest entschlossen, sich zu bewerben und legt gleich mit dem Anschreiben los. Er weiß, dass er auf richtige Grammatik und Rechtschreibung sowie ein schönes, stimmiges Layout achten soll. Dass das Anschreiben maximal eine Seite lang und gut lesbar sein soll, hat er auch schon gehört. Aber welche Inhalte soll er eigentlich im Anschreiben erwähnen?

| ❌ Erzähle im Anschreiben nicht deinen Lebenslauf nach, sondern … | ✅ Belege deine Motivation für die Stelle und das Unternehmen! (Ich will es!) | ✅ Belege, dass du die Anforderungen aus der Stellenanzeige erfüllst! (Ich kann es!) |

 6. Erstelle eine Formatvorlage mithilfe des Musteranschreibens im Mediencode.
7. Erkläre, warum folgender Textbeginn nicht besonders überzeugend ist: *„Sehr geehrter Herr Gruß, mit großem Interesse habe ich Ihre Anzeige in der JOBBÖRSE der Bundesagentur für Arbeit gelesen."*
8. Formuliere einige Sätze zu Moritz' (möglicher) Motivation („Ich will es!").

Mediencode:
82212-01
Musteranschreiben
nach DIN Norm

Belege, dass du die Anforderungen aus der Stellenanzeige erfüllst!

Jetzt ist es an der Zeit, selbstbewusst zu sein und die eigenen Kompetenzen aufzuzeigen. Dabei darf man ruhig von Erfolgen im Leben berichten. So kann Moritz dabei vorgehen:

in der Stellenanzeige genannte Anforderungen:	Anforderungen in eigenen Worten:	eigene Erfahrungen, die den Anforderungen entsprechen:	Textbaustein für das Anschreiben:
erste Praxiseinblicke	erste Arbeitserfahrungen	Ferienjob an der Tankstelle, Kunden zufrieden	Letzte Sommerferien habe ich bei meinem Ferienjob an der Tankstelle erste Arbeitserfahrungen gesammelt. Mehrere Kunden haben sich dabei für meinen guten Service bedankt.
Einsatz-Flexibilität	…	…	
…			

 9. Ergänze die Tabelle **M4** für alle Punkte von „Dein Profil" aus der Stellenanzeige **M2**. Gehe dabei davon aus, dass Moritz ähnliche Erfahrungen im Leben macht wie du selbst.

 10. Formuliere ein eigenes Anschreiben auf die von dir gewählte Stellenanzeige.

 Passe den Lebenslauf für jede neue Bewerbung an!

Je nach Stelle, Alter und Erfahrung des Bewerbers bieten sich unterschiedliche Inhalte eines Lebenslaufs an. Für einen Minderjährigen kann es z. B. Sinn machen, seine Eltern oder Geschwister im Lebenslauf zu erwähnen, später sind diese Informationen unwichtig. Moritz hat sich letztes Jahr zwar für ein Praktikum in der Redaktion einer örtlichen Tageszeitung beworben und den Lebenslauf von damals am PC abgespeichert, nun macht er sich aber so seine Gedanken über dessen Überarbeitung…

Ich habe ja geschrieben, dass ich in der Schülerzeitung bin, aber ist das relevant für die neue Stelle? Naja, ich habe ja nicht nur Artikel verfasst, sondern mich auch superschnell in ein Layoutprogramm eingearbeitet. Und ich habe mich um Anzeigenkunden bemüht, Werbeverträge mit regionalen Unternehmen geschlossen, Rechnungen geschrieben und eine ganze Menge Zeitungen an meine Mitschüler verkauft.

seit 2015 Redakteur der Schülerzeitung
• Verfassen von Artikeln • Erstellen des Layouts

 11. Formuliere den Abschnitt „Schülerzeitung" (**M5**) in Moritz' Lebenslauf im Mediencode so um, dass er gut zu der in **M2** angebotenen Stelle passt.

12. Erörtere, in welchen Fällen eine kleinschrittigere Gliederung (z. B. in Persönliches – Arbeitserfahrungen – Auslandserfahrungen – Fremdsprachenkenntnisse – Sonstige Kenntnisse – Soziales Engagement – Hobbys) Sinn macht.

 13. Optimiere deinen eigenen Lebenslauf hinsichtlich Gliederung und Inhalt für die von dir gewählte Stellenanzeige.

Mediencode:
82212-02
Moritz' Lebenslauf

 ## M6 Hebe dich von der Masse ab!

Moritz hat Bedenken, dass sein Schreiben in der Flut an Bewerbungen untergeht. In seinem Fall soll die Bewerbung auch online eingereicht werden. Er kann also nicht durch ein besonders schönes Papier oder ähnliches auffallen, sondern verschickt nur eine PDF. Was können Bewerber tun, um „Schema F" zu vermeiden und sich von der Masse abzuheben?

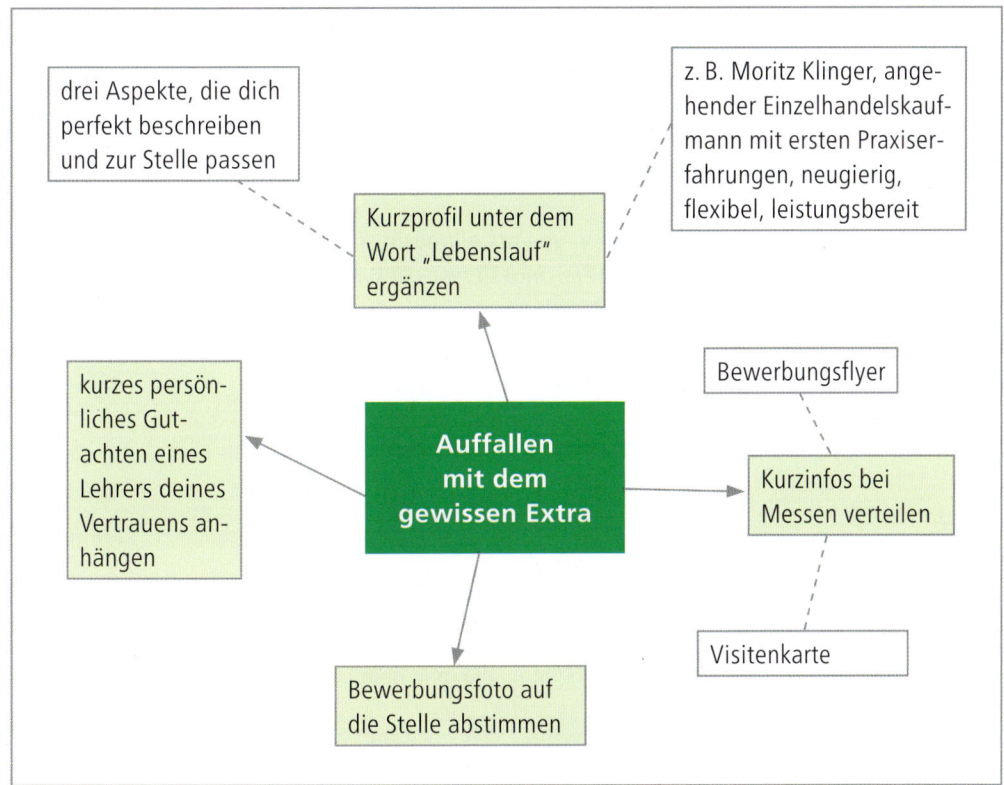

 14. Recherchiere im Internet zu den Vorschlägen aus **M6**.

 15. Werde kreativ und erstelle deinen eigenen Bewerbungsflyer.

1.3 Wie überzeugt man im Vorstellungsgespräch?

Du führst ein gelungenes Vorstellungsgespräch. Dabei präsentierst du deine Stärken, Interessen und Werte in angemessener Weise.

Die Freude ist oft groß, wenn die Einladung zu einem Vorstellungsgespräch kommt. Immerhin heißt das ja, dass der Arbeitgeber Interesse an dir hat und dich vielleicht als Mitarbeiter gewinnen möchte. Da ist es naheliegend, dass der eine oder andere nervös wird. Behalte aber lieber einen klaren Kopf und bereite dich gründlich auf das Gespräch vor.

M1 **Vorbereitung ist alles**

Moritz hat es völlig richtig gemacht. Er hat sich in der Woche vor dem Gespräch gründlich vorbereitet. Er hat Informationen zum Unternehmen gesammelt, seine Anfahrt mit den öffentlichen Verkehrsmitteln geplant, sich mögliche Fragen und Antworten überlegt und verschiedene Outfits probiert.

1. Vergleiche die Bilder aus **M1**: Welcher Eindruck wird vermittelt? Welche Fähigkeiten und Eigenschaften schreibst du der dargestellten Person zu?
2. Diskutiert, ob folgende Outfits bei einem Vorstellungsgespräch erlaubt bzw. nötig sind: *Krawatte* ☑ *Piercings* ☑ *Jeans* ☑ *kurzer Rock* ☑ *High Heels* ☑ *Tattoos* ☑ *Make-Up* ☑ *Blazer*
3. Beurteile folgende Aussage: *„Viel wichtiger als Kleidung sind Noten und Fähigkeiten."*

M2 **Typische Fragen in einem Vorstellungsgespräch**

Ice-Breaker
auflockernde Fragen, um ins Gespräch zu kommen

Frage	Tipps und Denkanstöße
Wie sind Sie hergekommen?	knappe Antwort, nur Ice-Breaker
Wo liegen Ihre Stärken?	selbstbewusst sein, Stärken mit Beispielen belegen
Wo liegen Ihre Schwächen?	solche nennen, die man beheben kann (z. B. Computerkenntnisse)
Warum haben Sie sich bei uns beworben?	auf Anforderungen aus der Stellenanzeige eingehen; zeigen, dass man sich über das Unternehmen informiert hat
Warum sollten wir Sie auswählen?	Anforderungen aus der Stellenanzeige mit eigenen Stärken belegen
Wer ist Ihr Vorbild?	Passung zur Stelle hinterfragen, Aussage über Interessen tätigen

Frage	Tipps und Denkanstöße
Was machen Sie in Ihrer Freizeit?	Interesse an deiner Person, Vereinbarkeit mit Arbeitszeiten, erwartete Work-Life-Balance
Welche Erwartungen haben Sie an uns?	eigene Motivation für die Stelle zeigen
Wo wollen Sie in 20 Jahren stehen?	Bereitschaft des Bewerbers zu Weiterbildung und Veränderung, Aussage über eigene Werte

Work-Life-Balance
Situation, in der Arbeit und Freizeit im richtigen Verhältnis zueinander stehen

 4. Bereite das Vorstellungsgespräch für die von dir gewählte Stelle vor, indem du die Fragen (**M2**) beantwortest.

5. Nimm Stellung zu folgender Aussage: *„Ein Vorstellungsgespräch findet auf Augenhöhe statt. Der Arbeitgeber will auch herausfinden, ob er die Erwartungen des Bewerbers erfüllt."*

6. Sammelt Ideen für mögliche Fragen an den Personalverantwortlichen.

7. Überprüfe deine Profile in Sozialen Netzwerken und Spuren im Internet: Sind alle öffentlich zugänglichen Daten in Ordnung?

HINWEIS !
Im Vorstellungsgespräch können Fragen zu deinen Einträgen in Sozialen Netzwerken auf dich zukommen!

 ## M3 Der erste Eindruck bleibt

Wir lassen uns in der Einschätzung eines Menschen oft vom ersten Eindruck lenken. Dies sollte dir schon bei der Begrüßung des potenziellen Arbeitgebers bewusst sein. Du solltest dich vorstellen und vielleicht noch einen netten Satz ergänzen. Außerdem solltest du auf einen festen Händedruck und Blickkontakt achten und warten, bis dir ein Platz angeboten wird. Moritz macht es dir vor:

Schön, dass Sie gekommen sind. Nehmen Sie doch bitte Platz.

Guten Tag. Mein Name ist Moritz Klinger. Ich freue mich über Ihre Einladung.

 8. Spielt die Begrüßung vom Klopfen an der Tür bis zum Hinsetzen zu zweit nach (**M3**).

9. Überprüft die Wirkung eurer Körpersprache, indem ihr das Verhalten des Bewerbers im Rollenspiel abwandelt:
ohne Lächeln ☐ *mit laschem Händedruck* ☐ *mit gesenktem Blick* ☐ *mit verschränkten Armen* ☐ *mit überschlagenen Beinen im Sitzen* ☐ *sehr schnell sprechend*

 10. Simuliert ein Vorstellungsgespräch in Kleingruppen.
a) Informiert den „Personalverantwortlichen" in eurer Gruppe über eure gewählte Stelle.
b) Spielt das Vorstellungsgespräch nach.
c) Reflektiert das Gespräch: Was ist euch schwergefallen? Was habt ihr beobachtet?

1.4 Wie überzeugt man bei Auswahltests und in Assessment-centern?

> Du bearbeitest Auswahltests und gängige Assessmentcenteraufgaben erfolgreich. Dabei schätzt du deine Stärken und Schwächen realistisch ein.

Assessmentcenter
meist mehrtägige Eignungsprüfung von Bewerbern

Du hast eine positive Rückmeldung zu deiner Bewerbung bekommen. Allerdings wurdest du nicht zu einem Vorstellungsgespräch eingeladen, sondern sollst dich bei einem Assessmentcenter präsentieren. Keine Panik! Vor allem große Unternehmen gehen häufig diesen Weg und schauen sich so mehrere Bewerber an einem Tag an. Ob du die Stelle bekommst oder nicht – ein Assessmentcenter ist in jedem Fall eine spannende Erfahrung. Typische Aufgaben kannst du hier schon einmal ausprobieren.

M1 Tests über Tests

Assessmentcenter-Tests gibt es in verschiedensten Varianten. Getestet werden unter anderem IQ (Intelligenzquotient), Allgemeinbildung, Eignung, Persönlichkeit, Logik, Konzentration und Rechtschreibung.

Mediencode:
82212-03
Auswahltests

 1. Teste dich im Internet und mache Aufgaben aus verschiedenen Bereichen.

M2 Selbstpräsentation

„Erzählen Sie etwas über sich selbst" – klingt erst einmal einfach. Meist hat man dabei 2–5 Minuten Zeit, um einen ersten positiven Eindruck zu vermitteln und seine Präsentationssicherheit unter Beweis zu stellen. Falls du dabei unsicher oder nervös bist, denke an den Hasen:

Haltung	Brust raus und Kinn anheben – schon stehst du aufrecht. Nimm einen Stift in die Hand, falls deine Hände nicht wissen, wohin.
Atmung	Weiteratmen! Das Gehirn braucht den Sauerstoff. Mach beim Sprechen ganz bewusste Atempausen.
Spannung	Nicht durchhängen! Spür deinen Bauch, halte Körperspannung und strahle Selbstbewusstsein aus.
Erdung	Steh mit beiden Beinen fest auf dem Boden!

 2. Sammelt in der Klasse Informationen, die in eine Selbstpräsentation gehören.
3. Erstelle eine Gliederung für deine eigene Selbstpräsentation mit dem Ablauf:
   Das bin ich – das kann ich – das will ich.
4. Probe deine Selbstpräsentation mit „dem Hasen".

HINWEIS ❗
Eine Videoauf-
nahme kann dir
helfen, Stärken und
Schwächen deiner
Rede zu erkennen.

 Fallstudie = Case Study

Some companies want you to speak English during the assessment. You might get a task, that you will have to solve as a group of three to five people. These are your rules:

- Everybody has to agree to the decision in the team.
- You have to make a decision.
- This is your case:

You work for an insurance company. You and your colleagues often go to your customers by car. One of the company cars has broken down, so your manager wants to buy a new one. You have to choose one of the following models.

 5. Kläre mithilfe eines Online-Wörterbuchs wichtige Begriffe für die Diskussion.
6. Führt eine Gruppendiskussion von 10 Minuten auf Englisch (**M3**).
7. Erkläre, wie man sich als Bewerber am besten in der Gruppendiskussion mit anderen Bewerbern verhält.

 Rollenspiel

Mit Rollenspielen werden oft Konfliktsituationen nachgespielt. Jetzt gilt es, ruhig und professionell zu bleiben. Hier die Aufgabe für ein Telefongespräch:

Kollege der Abteilung Produktion:
- die Fertigung verzögert sich
- will Überstunden vermeiden
- wichtig ist die Qualität

Kollege der Abteilung Vertrieb:
- hat dem Kunden die sofortige Auslieferung versprochen
- wichtig ist der Umsatz

 8. Setzt euch Rücken an Rücken und führt das Telefongespräch.
9. Leite aus den Erfahrungen der Übungen (**M1–M4**) deine fünf größten Stärken ab.
10. Bitte Freunde und/oder deine Familie um eine Einschätzung deiner Stärken. Gleiche die Antworten mit deiner Selbsteinschätzung ab und finde Gründe für Übereinstimmungen/ Unterschiede.

Berufsfelder

Deine Interessen und Fähigkeiten leiten dich zu möglichen Berufsfeldern, innerhalb derer mit ähnlichen Materialien gearbeitet wird oder ähnliche Tätigkeiten ausgeführt werden. Jedes Berufsfeld bietet dabei eine Vielzahl an Berufen, jeder Beruf eine Vielzahl an Stellen, jede Stelle eine Vielzahl an Tätigkeiten. Mit der Entscheidung für ein Berufsfeld, stehen einem also noch (fast) alle Türen offen.

Anforderungen von Berufen

Man sagt, viele Wege führen nach Rom. Dieser Satz trifft auch auf schulische und berufliche Qualifikationsmöglichkeiten zu. Allerdings sollte man sich frühzeitig damit beschäftigen, welche Anforderungen und **Zugangsmöglichkeiten** der eigene Traumberuf hat. In manchen Fällen wird ein bestimmter Schulabschluss vonnöten sein, in anderen Fällen vielleicht sogar ein besonders guter Notendurchschnitt oder besondere Leistungen in einem speziellen Fach. Darüber hinaus sollte man sich darüber im Klaren sein, welche **Soft Skills** von einem erwartet werden. Dies ist abhängig von Beruf und Arbeitgeber. Wichtig ist in jedem Fall, sich der eigenen Stärken, Schwächen, Werte und Interessen bewusst zu sein und diese mit dem anvisierten Beruf abzugleichen.

Bewerbung

Eine Bewerbung ist Werbung für sich selbst – man sollte sich also im besten Licht präsentieren. Die klassische Bewerbung besteht aus Deckblatt, **Anschreiben**, Lebenslauf und Anlagen (Praktikumsbescheinigungen, Zeugnisse). Mit zusätzlichen Bewerbungsbestandteilen wie einem Bewerbungsflyer oder einem Kompetenzprofil kann man sich von anderen Bewerbern absetzen. Bewerbungen werden heute fast ausschließlich über Online-Masken oder per E-Mail abgegeben. Bei letzterer Variante sollte man die Bewerbung aussagekräftig benennen, als ein PDF-Dokument speichern und unter Angabe des Betreffs verschicken. Bei jedem Kontakt mit dem potenziellen Arbeitgeber gilt: Der erste Eindruck zählt! In Zeiten des Fachkräftemangels sind junge, fleißige und zuverlässige Mitarbeiter zwar gefragt, dennoch kann es auf eine Ausbildungsstelle viele Bewerber geben. In jedem Fall ist die Bewerbung sprachlich einwandfrei, d. h. ohne Rechtschreib- und Grammatikfehler, ansprechend formatiert und inhaltlich auf die Stelle zugeschnitten zu verfassen. Eine Standardbewerbung an verschiedene Unternehmen zu schicken, führt selten zum Ziel. Ein professionelles **Bewerbungsfoto** rundet den ersten Eindruck ab.

Anschreiben

Anschreiben und Lebenslauf sollten wie zwei Zahnräder ineinandergreifen und die wesentlichen Fragen beantworten:
• Wer ist der Bewerber?
• Was kann der Bewerber?
• Was will der Bewerber?

Die Funktion des Anschreibens ist es also nicht, das Leben des Bewerbers nachzuerzählen. Vielmehr geht es darum, zu belegen, dass man die in der Stellenanzeige genannten Anforderungen erfüllt (Ich kann es!). Außerdem sollte man die eigene Motivation für das Unternehmen und die mit der Stelle verbundenen Tätigkeiten darlegen (Ich will es!). Da Personalverantwortliche pro Bewerbung oft nur wenige Minuten Zeit haben, gelten folgende drei Regeln für das Anschreiben:

1. Keep it short and simple: Beantworte kurz und bündig die wesentlichen Fragen. Schreibe maximal eine Seite.
2. Aufmerksamkeit und Interesse wecken: Beginne dein Anschreiben mit einem Satz, der Interesse weckt und zum Weiterlesen anregt.
3. Liefern plus 1: Liefere, was die Stelle von dir verlangt. Lege dar, inwiefern du ein Gewinn für das Unternehmen bist.

Natürlich sollte der Bewerber nicht überheblich wirken, eine positive Selbstpräsentation im Anschreiben ist aber Pflicht. Dazu gehört einerseits die Vermeidung von Konjunktiven. Andererseits gilt es, die in der Stellenanzeige genannten Anforderungen mit Erfahrungen aus dem eigenen Leben zu belegen. Der Arbeitgeber will wissen, ob der Bewerber seine Ansprüche erfüllen kann.

Lebenslauf

Viele Personalverantwortliche lesen zuerst den Lebenslauf. Dieser klärt über wesentliche Lebens- und Arbeitsetappen des Bewerbers auf. Die tabellarische Form ist Standard. Wahlmöglichkeit besteht zwischen einer chronologischen und einer funktionalen Gliederung. Grundsätzlich gilt: Je erfahrener und älter der Bewerber, desto weniger Sinn macht eine chronologische Gliederung. Die Auswahl an Unterpunkten hängt von dem eigenen Lebenslauf und der ausgeschriebenen Stelle ab. Für die Bewerbung um eine Ausbildung könnte man z. B. folgende Gliederungspunkte anführen: Persönliches – Schulbildung – Arbeitserfahrungen – Auslandserfahrungen – Fremdsprachenkenntnisse – Sonstige Kenntnisse – Soziales Engagement – Hobbys. Gewichtung und Ausgestaltung der einzelnen Punkte sollten in jedem Fall auf die Stelle zugeschnitten sein. Während Auslandserfahrungen für den Beruf des Bäckers wohl kaum von Bedeutung sind, sind sie für einen Fremdsprachenkorrespondenten ganz wesentlich und sollten im Lebenslauf genauer beschrieben werden. Ähnliches gilt für Praktika, Nebenjobs und sonstige Tätigkeiten. Aus diesem Grund kann ein Lebenslauf durchaus 2–3 Seiten umfassen. Die abschließende Unterschrift ist dabei immer noch erwünscht.

Bewerbungs-flyer

Nicht immer liegt dem Bewerber eine Stellenanzeige vor, auf die er sich beziehen kann. Eine sogenannte **Initiativbewerbung** erfolgt ohne vorheriges Angebot des Arbeitgebers. Natürlich kann man dem Unternehmen „einfach mal eine Bewerbung schicken". Oft ergibt sich auch bei Ausbildungs- und **Berufsmessen** die Möglichkeit, mit dem potenziellen Arbeitgeber ins Gespräch zu kommen. In diesem Fall ist es effektiv und eindrucksvoll, wenn man dem Personalverantwortlichen gleich eine Kurzbewerbung übergeben kann. Das Format des Bewerbungsflyers bietet sich dafür an. Meistens handelt es sich um ein zweifach gefalztes DIN A4-Blatt im Querformat. Der Flyer kann z. B. eine Kurzfassung des Bewerbungsanschreibens enthalten. Außerdem werden die letzten Tätigkeiten und besondere Kompetenzen des Bewerbers aufgeführt.

Vorstellungs-gespräch

Jedes Vorstellungsgespräch verläuft anders. Schließlich sind sowohl Bewerber als auch Personalverantwortliche Menschen mit eigenen Einstellungen und Eigenheiten. Insofern gibt es nicht DAS Vorstellungsgespräch und man wird in der konkreten Situation immer spontan reagieren müssen. Dennoch gibt es einen typischen Ablauf, der der Realität oft sehr nahekommt:

Vorbereitung				
Informationen zum Unternehmen sammeln	Fragen zum Unternehmen überlegen	Eigene Stärken und Schwächen sammeln	Anfahrt planen: Pünktlichkeit ist Pflicht!	Kleidung auswählen und zurechtlegen

Begrüßung		
Gib zur Begrüßung die rechte Hand.	Stelle dich mit deinem vollständigen Namen vor.	Warte, bis dir ein Platz angeboten wird.

Interview	
Beantworte alle Fragen ehrlich, z. B.: Was sind Ihre Lieblingsfächer und warum?	Stelle deine Fragen, z. B.: Wie stehen die Chancen, nach der Ausbildung übernommen zu werden?

Verabschiedung	
Bedanke dich für das Gespräch.	Verabschiede dich mit „Auf Wiedersehen".

Assessment-center

Assessmentcenter sind aus den Personalauswahlverfahren großer Unternehmen kaum noch wegzudenken. Die vielversprechendsten Bewerber werden dabei in ein bis drei Tagen auf ihre Eignung getestet. Dabei geht es keineswegs nur um Fachkompetenzen und IQ, meist stehen Persönlichkeit und Soft Skills im Mittelpunkt. Die Bewerber werden deshalb nicht nur bei den offiziell benannten Aufgaben beobachtet, sondern auch bei der Begrüßung und in der Mittagspause. Oft ist das Gespräch in der Kantine aussagekräftiger als jede Selbstpräsentation. Gängige Assessmentcenter-Aufgaben sind:

Selbstpräsentation	frei oder themengebunden, mit Skizze/Präsentation oder ohne
Fallstudie (= Case Study)	meist: Treffen einer unternehmerischen Entscheidung in der Gruppe
Rollenspiel	meist: Gesprächsführung und Verhalten in Konfliktsituationen
Tests	Intelligenz, Fachwissen, Allgemeinwissen, Logik, Kreativität usw.
Schreibübung	Ausdrucksfähigkeit, Rechtschreibung
Kreative Aufgaben	Aufgaben kreativ lösen, z. B. durch Basteln und Zeichnen

Bei fast allen Aufgaben geht es nicht so sehr darum, eine perfekte Lösung zu haben. Wichtiger ist, wie man sich bei der Bewältigung der Aufgabe präsentiert. Man sollte sich immer bewusst sein, dass das Verhalten während der Übungen Aufschluss über die eigenen Stärken und Schwächen sowie Werte und Interessen gibt.

M1 **Lina besteht das Auswahlverfahren! – Ein Erfahrungsbericht im Forum**

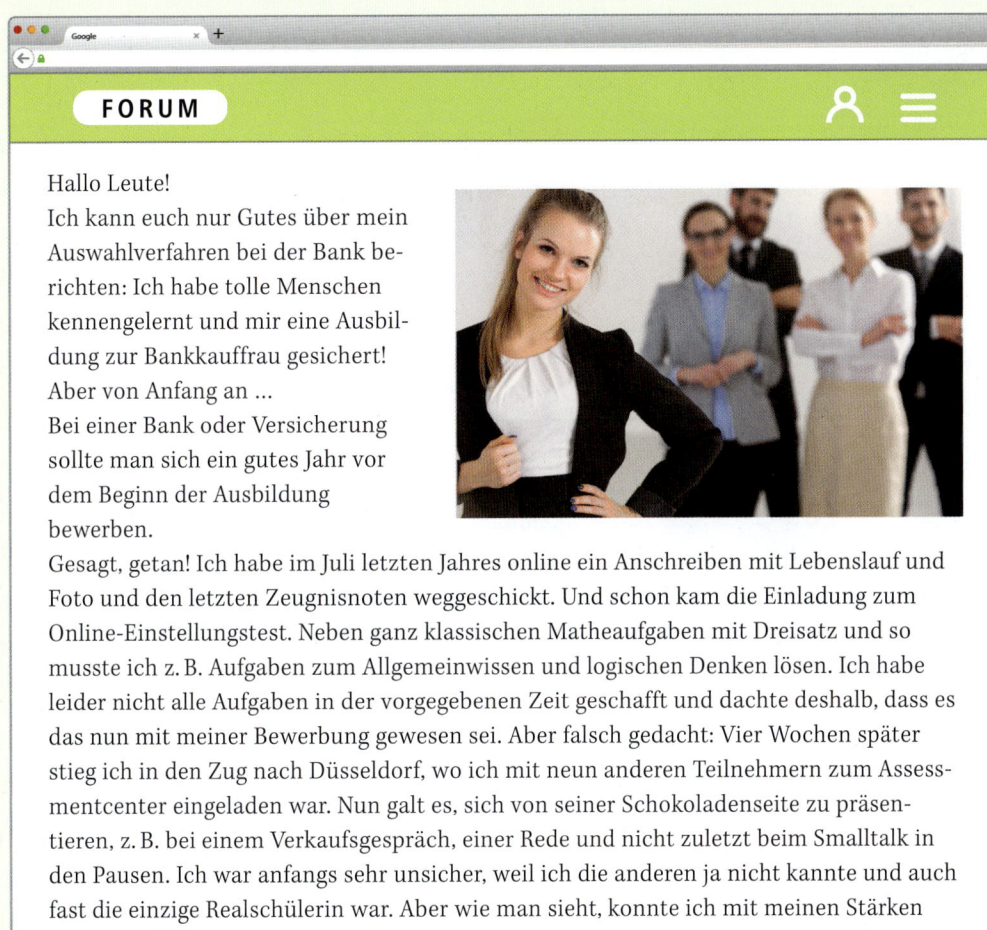

FORUM

Hallo Leute!

Ich kann euch nur Gutes über mein Auswahlverfahren bei der Bank be-richten: Ich habe tolle Menschen kennengelernt und mir eine Ausbil-dung zur Bankkauffrau gesichert! Aber von Anfang an …

Bei einer Bank oder Versicherung sollte man sich ein gutes Jahr vor dem Beginn der Ausbildung bewerben.

Gesagt, getan! Ich habe im Juli letzten Jahres online ein Anschreiben mit Lebenslauf und Foto und den letzten Zeugnisnoten weggeschickt. Und schon kam die Einladung zum Online-Einstellungstest. Neben ganz klassischen Matheaufgaben mit Dreisatz und so musste ich z. B. Aufgaben zum Allgemeinwissen und logischen Denken lösen. Ich habe leider nicht alle Aufgaben in der vorgegebenen Zeit geschafft und dachte deshalb, dass es das nun mit meiner Bewerbung gewesen sei. Aber falsch gedacht: Vier Wochen später stieg ich in den Zug nach Düsseldorf, wo ich mit neun anderen Teilnehmern zum Assess-mentcenter eingeladen war. Nun galt es, sich von seiner Schokoladenseite zu präsen-tieren, z. B. bei einem Verkaufsgespräch, einer Rede und nicht zuletzt beim Smalltalk in den Pausen. Ich war anfangs sehr unsicher, weil ich die anderen ja nicht kannte und auch fast die einzige Realschülerin war. Aber wie man sieht, konnte ich mit meinen Stärken punkten. ☺

 1. Beschreibe Linas Bewerbungsprozess.
2. Vergleiche die Anforderungen deines Traumberufs mit denen des Bankkaufmanns.
3. Nenne weitere Berufe, die man bei einer Bank ausüben kann.
4. Lina war „fast die einzige Realschülerin" (Z 22). Diskutiert, inwiefern Absolventen anderer Schularten eine Konkurrenz am Ausbildungsmarkt darstellen.
5. Verfasse einen von dir ausgewählten Bewerbungsbestandteil für die beschriebene Stelle.
6. Sammelt Tipps für ein erfolgreiches Assessmentcenter in einer Mindmap.

➡ **Deine Meinung ist gefragt!**

1. „Tauziehen oder an einem Strang ziehen?" Erläutert ausgehend von diesen Bildern das Verhältnis von Arbeitgeber und Arbeitnehmer.
2. Sammelt in der Klasse: Welche Erwartungen habt ihr an ein „gutes Arbeitsverhältnis"?

Regelungen in Ausbildung und Beruf

➡ Du hast dir nun schon viele Gedanken gemacht, welche Berufe für dich in Frage kommen und dich über interessante Berufsfelder informiert. Jedes Berufsfeld bietet dabei verschiedene Berufe an, und jeder Beruf verschiedene Möglichkeiten der Ausbildung. Vielleicht beginnst du eine Ausbildung oder kommst über Schule und Universität zu deinem Wunschberuf. In jedem Fall erwartet dich früher oder später der Eintritt in das Arbeitsleben mit dir zunächst unbekannten Abläufen, anderen Verantwortlichkeiten, aber auch Chancen. Die Arbeit wird dir, sofern sie deinen Interessen und Stärken entspricht, meistens Spaß machen. Manchmal wirst du aber auch keine Lust haben oder in gewissen Situationen unzufrieden sein. Vor allem dann ist es wichtig, seine Rechte und Pflichten in einem Arbeitsverhältnis zu kennen.

➡ **Kompetenzen – Das kannst du nach diesem Kapitel:**

… geeignete Lösungsstrategien für Probleme während der Berufsausbildung anhand der Rechte und Pflichten aus dem Ausbildungsvertrag entwickeln.

… die jährliche Entgeltabrechnung verstehen.

… mögliche finanzielle Vorteile durch die Abgabe einer Einkommensteuererklärung nutzen.

… Fälle zum Jugendarbeitsschutz lösen.

… die Wirksamkeit von Kündigungen beurteilen.

… die Möglichkeiten der Mitbestimmung in einem Unternehmen gemäß Betriebsverfassungsgesetz beurteilen.

… die Bedeutung beruflicher Interessengruppen begründen.

… die Handlungsmöglichkeiten beider Parteien in einem Tarifkonflikt beurteilen.

2.1 Was regelt ein Berufsausbildungsvertrag?

> **Du entwickelst Lösungsstrategien für Probleme, die in der Ausbildung auf dich zukommen können. Dabei benennst du Rechte und Pflichten aus einem Ausbildungsverhältnis.**

Du hast die Zusage zu deinem Ausbildungsplatz bekommen? Herzlichen Glückwunsch! Zum 1. September beginnst du deine Ausbildung. Doch bevor es losgeht, musst du noch den Ausbildungsvertrag unterzeichnen. Aber welche Rechte und Pflichten ergeben sich eigentlich daraus?

 Ein ganz besonderer Tag

Luan hat seinen mittleren Schulabschluss in der Tasche und möchte eine Ausbildung zum Einzelhandelskaufmann bei der Firma Mechatec beginnen. „Heute ist ein ganz besonderer Tag", sagt seine Mutter beim Frühstück, „Wir fahren nachher los und unterschreiben deinen Ausbildungsvertrag!"

Berufsausbildungsvertrag (§§ 10, 11 Berufsbildungsgesetz – BBiG)

Zwischen dem/der Ausbildenden (Ausbildungsbetrieb) Öffentlicher Dienst ☐	und dem/der Auszubildenden männlich ☐ weiblich ☐ divers ☐ Berufsausbildung im Rahmen eines dualen Studiums ☐

KNR	IHK-Firmenident-Nr.	Tel.-Nr.		Name	Vorname
Anschrift des/der Ausbildenden (Ausbildungsbetrieb)				Straße, Haus-Nr.	
				PLZ	Ort

Auszug aus einem Ausbildungsvertrag

➡ **1.** Erläutere, warum es ein „ganz besonderer Tag" für Luan ist.
2. Erkläre, warum § 11 BBiG für den Berufsausbildungsvertrag die Schriftform vorsieht.
3. Begründe, dass auch die Eltern laut Gesetz den Ausbildungsvertrag unterschreiben müssen.

 Genau hingeschaut!

Luan hat die Rechte und Pflichten, die sich aus seinem Ausbildungsvertrag ergeben, genau geprüft. Sein Ausbildungsvertrag weist, so wie es im Berufsbildungsgesetz (BBiG) vorgeschrieben ist, eine Vielzahl von Inhalten auf, unter anderem:

Das Berufsbildungsgesetz (BBiG) regelt Rechte und Pflichten in der Ausbildung sowie deren Organisation. (siehe BBiG S. 143 f.)

Ausbildungszeit	Ausbildungsvergütung	Dauer der täglichen Arbeitszeit
Dauer des Urlaubs	Dauer der Probezeit	Ziel der Berufsausbildung

➡ **4.** Begründe, warum die Inhalte aus **M2** für jeden Ausbildungsvertrag gesetzlich vorgeschrieben sind.

M3 „Der Chef hat immer recht?!"

Luan hat seine Ausbildung inzwischen begonnen und auch Auszubildende aus anderen Abteilungen kennengelernt. Ihm macht die Arbeit richtig Spaß, aber seine Kollegen Mike und Celine klagen doch über das eine oder andere Problem:

Meine Ausbilderin meint, dass ich jeden Freitagnachmittag die Werkstatt putzen soll. Ich habe das ja die ersten Wochen gemacht, aber jetzt reicht es! Gestern habe ich ihr gesagt, dass ich mir das nicht weiter gefallen lassen muss. Sie hat mir nur entgegnet, dass ich vollen Einsatz bringen muss, wenn ich mein volles Gehalt will. Das hätte sie mir schließlich schon im Vorstellungsgespräch gesagt und außerdem: Wer zahlt, schafft an!

Herr Wagner hat mir gestern gedroht, dass ich die Probezeit nicht überstehe, wenn ich so weitermache. Gut, ich habe mir nicht besonders viel Mühe gegeben und vergessen mein Berichtsheft zu führen. Aber er schaut das doch sowieso nie an… Und die Werkzeuge habe ich auch nicht gereinigt. Aber das alles ist doch wohl nicht so schlimm, oder? Ich habe ihm schon gesagt, dass ich mir von ihm gar nichts sagen lasse.

 5. Beschreibe die Probleme der Auszubildenden Mike und Celine im Betrieb.

6. Informiert euch im Gruppenpuzzle über die Rechte und Pflichten von Auszubildenden nach §§ 13–17 BBiG: (siehe S. 148 f.)

| Verhalten? | Rechte? | Vergütung? | Zeugnis? | Berufsschulunterricht? |

7. Beurteile, ob die Kritik der Ausbilder in den dargestellten Fällen **M3** gerechtfertigt ist.

8. Diskutiert die Aussage: *„Wer zahlt, schafft an."*

9. Spielt ein Gespräch eines der Azubis aus **M3** mit dem/der Vorgesetzten nach, in dem ihr zu einer Lösung des Konflikts kommt.

Mediencode:
82212-04
Methode
Gruppenpuzzle

2.2 Warum kann sich eine Einkommensteuererklärung lohnen?

> Du forderst zu viel gezahlte Lohnsteuern mit Hilfe einer Einkommensteuererklärung zurück. Dabei gehst du von deiner jährlichen Entgeltabrechnung aus.

Steuern zahlen muss jeder. Aber es gibt Möglichkeiten durch eine Steuererklärung die Steuerlast nachträglich nochmals zu mindern. Aber wie?

 M1 **Celine hat Fragen zur Entgeltabrechnung**

Nutzer: Celi_Hi	**Azubi – Steuererklärung?**
	Hallo alle zusammen!
	Vielleicht kann mir jemand hier weiterhelfen. Kurz zu meinem Fall: Ich bin Auszubildende, bin laut Lohnsteuerbescheinigung der Steuerklasse 1 zugeordnet und habe bei einem Monatsgehalt von 1.189,00 € im Jahr 2019 14.268,00 € brutto verdient. Laut meiner jährlichen Entgeltabrechnung hat man mir monatlich 17,00 € und über das ganze Jahr 205,00 € Lohnsteuer abgezogen und außerdem noch Sozialversicherungsbeiträge zu Renten-, Kranken-, Pflege- und Arbeitslosenversicherung. Warum muss ich denn plötzlich Lohnsteuer zahlen? In den letzten Jahren habe ich doch auch nichts gezahlt. Das Geld hätte ich gerne zurück, denn ich finde es total ungerecht! Schließlich hatte ich ja auch Ausgaben für die Arbeit. Mein Monatsticket für die 27 km zur Arbeit mit der Bahn kostete 89 € und für Arbeitskleidung und Schulbücher habe ich insgesamt 500 € ausgegeben. Lohnt es sich für mich eine Einkommensteuererklärung zu machen? Vielen Dank im Voraus.

➡️ **1.** Ermittle mit Hilfe eines Brutto-Netto-Rechners, wie viel netto auf das Konto überwiesen wird.

 M2 **Auf das Forum ist Verlass!**

Grundfreibetrag
Bis zum Existenzminimum (ca. 9.000 € pro Jahr) müssen keine Steuern gezahlt werden.

Nutzer: Finanzguru	**AW: Azubi – Steuererklärung?**
	Hallo Celine! Das lohnt sich erst ab einem bestimmten Jahreseinkommen. Der steuerfreie Grundfreibetrag von ca. 9.000 € im Jahr und ein Pauschalbetrag für Werbungskosten von 1.000 € werden bei der Berechnung der Steuer bereits berücksichtigt, sodass du monatlich bereits weniger Steuern zahlen musstest. Das vereinfacht das Steuersystem. Wenn man aber mehr als 1.000 € für die Arbeit ausgeben musste, sollte man unbedingt die Belege aufheben und eine Steuererklärung machen, denn in der Regel bekommt man dann Geld vom Finanzamt zurück. In deinem Fall könnte es sich also lohnen.

→ **2.** Erkläre auch mit Hilfe der Randspalte, warum man nicht das gesamte Bruttoeinkommen versteuern muss.

3. Erläutere mit **M1** und **M2**, warum es sich für Celine lohnt, eine Steuererklärung abzugeben.

 M3 **Werbungskosten**

Celine hat im Laufe des letzten Jahres vorsorglich schon alle Belege gesammelt, die in Verbindung mit der Arbeit stehen:

Werbungskosten
alle Kosten, die Arbeitnehmern durch ihre Arbeit entstehen

→ **4.** Nenne Beispiele für typische Werbungskosten von Auszubildenden.

5. Erkläre, warum Celine die Belege gesammelt hat.

 M4 **Einkommensteuererklärung – aber wie?**

Neben Werbungskosten kann man viele andere Ausgaben (z. B. Spenden, Handwerkerleistungen, Versicherungen) bei der Steuererklärung geltend machen. Du musst nicht alle Details darüber wissen, jedoch schon, wo du Hilfe und Rat bekommen kannst. Es gibt dabei mehrere Wege eine Steuererklärung zu erstellen:

Checkliste

✔ *online über ELSTER (mit online-Tipps)*

✔ *handschriftlich mit Formularen (mit schriftlicher Anleitung)*

✔ *mithilfe eines Lohnsteuerhilfevereins*

✔ *durch einen Steuerberater*

ELSTER
Elektronische Steuererklärung, die online an das Finanzamt übermittelt wird

→ **6.** Diskutiert, welche Form der Steuererklärung ihr an Celines Stelle wählen würdet.

7. Führt ein kurzes Interview mit Eltern oder Verwandten über deren Erfahrung bei der Erstellung von Steuererklärungen.

2.3 Wie werden Arbeitnehmer gesetzlich geschützt?

Du wendest Regelungen zum Arbeitnehmerschutz in unterschiedlichen Situationen an. Dabei begründest du, dass Arbeitnehmer besonders schutzbedürftig sind.

Du kennst viele Menschen, die in den unterschiedlichsten Berufsfeldern arbeiten. Dabei läuft jedoch nicht immer alles rund. Gerade, wenn es am Arbeitsplatz Probleme gibt, lohnt sich ein Blick in die Gesetze.

 Wer ist schutzbedürftig?

In der Firma Mechatec arbeiten insgesamt rund 500 Mitarbeiter. Sie befinden sich alle in verschiedenen Lebens- und Arbeitssituationen und machen sehr unterschiedliche Arbeiten in ihren Berufen.

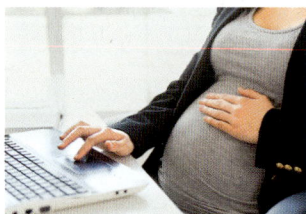  

➡ **1.** Stelle mögliche Interessen von Arbeitgebern und Arbeitnehmern in den dargestellten Situationen gegenüber.
2. Erkläre, warum Gesetze zum Schutz der Arbeitnehmer nötig sind.

 Schutzverordnungen im Arbeitsrecht

Arbeitnehmer wie Luan und seine Kollegen werden durch viele Normen abgesichert:

Mutterschutzgesetz **Gefahrstoffverordnung** **Bildschirmarbeits-** **Betriebssicherheitsverordnung** **verordnung** **Arbeits-** **Kündigungsschutzgesetz** **platzschutzgesetz** **Bundesurlaubsgesetz** **Jugendarbeitsschutzgesetz** **Berufsbildungsgesetz** **Lärm- und Vibrationsschutzverordnung**

➡ **3.** Ordne die Regelungen (M2) den Situationen aus M1 begründet zu.
4. Begründe, dass gerade Jugendliche im Arbeitsverhältnis besonders geschützt werden sollten.

M3 In Ordnung oder nicht?

Celine und Luan tauschen sich in der Berufsschule mit ihren Mitschülern aus.

Emil (16) Ich habe vor kurzem meine Ausbildung zum Gerüstbauer begonnen. Gestern sollte ich beim Einrüsten eines 8-geschossigen Gebäudes ganz oben mitarbeiten. Das Gerüst war noch nicht mal fertig und oben kein Seitenschutz befestigt. Da ich nicht als Memme dastehen wollte, bin ich mit wackeligen Knien hochgestiegen. Hätte ich auch nein sagen können?

Paula (17) Ich arbeite in einem Supermarkt und muss jeden Tag mehrere Stunden Regale auffüllen. Dazu muss ich die schweren Kisten durch den ganzen Supermarkt schleppen, weil es nicht genug Hilfsmittel für alle Angestellten gibt. Abends bin ich völlig fertig und habe solche Rückenschmerzen, dass ich sogar schon beim Arzt war. Muss ich mir das gefallen lassen?

Mona (16) Bei uns im Betrieb ist zurzeit wirklich viel los. Ich fange morgens um 9 Uhr an und bin normalerweise mit je 30 Minuten Brotzeit- und Mittagspause um 18 Uhr fertig. Momentan kann es aber durchaus sein, dass wir Azubis bis 22 Uhr bleiben sollen und manchmal nach der stressigen Woche auch noch am Samstag schuften müssen. Ist das eigentlich erlaubt?

M4 Das Jugendarbeitsschutzgesetz

§ 15 Fünf-Tage-Woche
Jugendliche dürfen nur an fünf Tagen in der Woche beschäftigt werden. Die beiden wöchentlichen Ruhetage sollen nach Möglichkeit aufeinander folgen.

§ 22 Gefährliche Arbeiten
(1) Jugendliche dürfen nicht beschäftigt werden
1. mit Arbeiten, die ihre physische oder psychische Leistungsfähigkeit übersteigen, [...]
3. mit Arbeiten, die mit Unfallgefahren verbunden sind, von denen anzunehmen ist, dass Jugendliche sie wegen mangelnden Sicherheitsbewusstseins oder mangelnder Erfahrung nicht erkennen oder nicht abwenden können, [...]

Jugendliche
15–17 Jahre alt

§ 4 Arbeitszeit
(1) Tägliche Arbeitszeit ist die Zeit vom Beginn bis zum Ende der täglichen Beschäftigung ohne die Ruhepausen (§ 11).

§ 8 Dauer der Arbeitszeit
(1) Jugendliche dürfen nicht mehr als acht Stunden täglich und nicht mehr als 40 Stunden wöchentlich beschäftigt werden.

§ 14 Nachtruhe
(1) Jugendliche dürfen nur in der Zeit von 6 bis 20 Uhr beschäftigt werden.

 5. Prüfe, ob die dargestellten Situationen (M3) den Regelungen des Jugendarbeitsschutzgesetzes (M4) entsprechen.

6. Erläutere, wie sich die Jugendlichen in den geschilderten Situationen verhalten sollten.

2.4 In welchen Fällen greift der gesetzliche Kündigungsschutz?

Du beurteilst, ob Kündigungen wirksam sind. Daraus leitest du Auswirkungen des Kündigungsschutzes für Arbeitgeber und Arbeitnehmer ab.

Fristlos gekündigt und von heute auf morgen arbeitslos! Vielleicht kennst auch du Menschen, denen das passiert ist. Natürlich ist es sinnvoll, ein Arbeitsverhältnis unter bestimmten Umständen auch wieder lösen, d. h. kündigen, zu können. Doch nicht in allen Fällen sind solche Kündigungen auch wirksam. Deshalb solltest du für den Fall der Fälle informiert sein!

M1 **Die Gerüchteküche brodelt**

Die Gerüchteküche im Berufsschulchat brodelt. Eva wurde kurz nach Ende ihrer Ausbildung angeblich von ihrem Arbeitgeber gekündigt. Nun fragen sich alle, warum…

> Vielleicht hat sie etwas geklaut…?

> Oder die Firma hat weniger Aufträge!

> Naja, sie war auch so oft krank…

> Oder ihre Arbeitserlaubnis wurde nicht verlängert.

 1. Erkläre, wie du dich in Evas Lage fühlen würdest.
2. Diskutiert: Könnten das, nach eurem Rechtsverständnis, Gründe für eine Kündigung sein?

M2 **Kündigungsgründe**

ordentliche Kündigung mit Kündigungsfrist			fristlose außerordentliche Kündigung
betriebsbedingt	**personenbedingt**	**verhaltensbedingt**	
Der Arbeitgeber baut Arbeitsplätze ab. Mögliche Gründe sind Auftragseinbrüche oder die Stilllegung eines Werks.	Der Arbeitnehmer kann seinen Verpflichtungen aus dem Arbeitsverhältnis unverschuldet nicht mehr nachkommen, z. B. wegen einer Erkrankung.	Der Arbeitnehmer hat seine Pflichten vorsätzlich oder fahrlässig verletzt. Vor der Kündigung muss er aber erst einmal abgemahnt werden.	Hier müssen keine Fristen eingehalten werden, z. B. weil der Arbeitnehmer eine Straftat gegenüber seinem Arbeitgeber begangen hat.

3. Ordne die genannten Beispiele (**M1**) den passenden Kündigungsgründen (**M2**) zu.

M3 — Eva meldet sich zu Wort

Es ist alles ganz anders, als ihr denkt! Ich bin total verzweifelt. Ein Kollege hat unseren Chef bei Facebook als „Geizhals" bezeichnet. Ich habe nicht lange nachgedacht und auf „Gefällt mir" gedrückt. Am nächsten Tag hat er mir gleich morgens im Gang fristlos gekündigt. Und das, obwohl ich mir noch nie zuvor etwas habe zuschulden kommen lassen.

 4. Erkläre, warum die Situation sowohl für Eva als auch für den Arbeitgeber unangenehm ist.

5. Begründe mit **M2**, dass in dem Fall (**M3**) eine ordentliche Kündigung nicht in Frage kommt.

M4 — Kündigungsschutz im BGB

§ **§ 623 Schriftform der Kündigung**
Die Beendigung von Arbeitsverhältnissen durch Kündigung oder Auflösungsvertrag bedürfen zu ihrer Wirksamkeit der Schriftform; die elektronische Form ist ausgeschlossen.

§ **§ 626 Fristlose Kündigung aus wichtigem Grund**
(1) Das Dienstverhältnis kann von jedem Vertragsteil aus wichtigem Grund ohne Einhaltung einer Kündigungsfrist gekündigt werden, wenn Tatsachen vorliegen, auf Grund derer dem Kündigenden unter Berücksichtigung aller Umstände des Einzelfalles und unter Abwägung der Interessen beider Vertragsteile die Fortsetzung des Dienstverhältnisses bis zum Ablauf der Kündigungsfrist oder bis zu der vereinbarten Beendigung des Dienstverhältnisses nicht zugemutet werden kann.
(2) [1] Die Kündigung kann nur innerhalb von zwei Wochen erfolgen. [2] Die Frist beginnt mit dem Zeitpunkt, in dem der Kündigungsberechtigte von den für die Kündigung maßgebenden Tatsachen Kenntnis erlangt. [...]

6. Erkläre mit § 623 BGB, weshalb die Kündigung in **M3** unwirksam sein könnte.

7. Diskutiert auf der Grundlage des § 626 BGB, ob eine fristlose Kündigung in Evas Fall doch noch gerechtfertigt werden könnte.

8. Stelle die allgemeinen Auswirkungen des gesetzlichen Kündigungsschutzes für Arbeitgeber und Arbeitnehmer gegenüber.

2.5 Welche Möglichkeiten betrieblicher Mitbestimmung gibt es?

Du beurteilst als zukünftiger Arbeitnehmer Möglichkeiten der Mitbestimmung.

Als Schüler kannst du dich an die SMV wenden, wenn du Probleme vorbringen oder das Schulleben mitgestalten möchtest. Die Schule muss den Schülern diese Möglichkeit sogar nach Art. 62 Bayerisches Erziehungs- und Unterrichtsgesetz einräumen. Ganz ähnliche Interessenvertretungen gibt es im Unternehmen. Finde heraus, welche Möglichkeiten der Mitbestimmung du als zukünftiger Arbeitnehmer hast.

 Der Betriebsrat – „Eine Stimme für die Mitarbeiter"

Mechatec hat einen hauptamtlichen Betriebsrat, der die Interessen der fast 500 Mitarbeiter vertritt. Heute steht die vierteljährliche Betriebsversammlung an. Die Kollegen kommen aus diesem Anlass über aktuelle Belange der Belegschaft ins Gespräch.

Home Office bezeichnet flexibles Arbeiten von Zuhause aus.

Der Betriebsrat vertritt die Interessen der Mitarbeiter. Er kann auf Wunsch der Arbeitnehmer in Betrieben mit mindestens fünf Mitarbeitern gewählt werden.

> Wenn bald Teile unserer Produktion an die tschechische Grenze verlagert werden, verlieren wir sicher Arbeitsplätze. Hoffentlich trifft es nicht gerade langjährige Mitarbeiter oder Familienväter.

> **Anton:** Am Sonntag sollen wir Azubis alle beim Tag der offenen Tür erscheinen. Da habe ich aber Fußball. Darf mein Chef das von mir verlangen?

> Es wurde schon wieder eine Stelle mit einem Mann besetzt, obwohl eine Kollegin genauso qualifiziert gewesen wäre. Sie wird nun aber über den Betriebsrat Beschwerde einlegen.

> In Zukunft soll mehr Home-Office möglich sein. Die Flexibilität ist ja toll, aber meine Überstunden werden dann wohl nicht mehr erfasst.

➡ 1. Diskutiert, ob die Mitarbeiter in den Situationen aus **M1** ein Mitspracherecht haben sollten.
2. Erkläre, warum *„Eine Stimme für die Mitarbeiter"* Sinn macht.

M2 Welche Rechte hat der Betriebsrat?

Wirtschaftliche Entscheidungen (Standort, Führung…)	Personalentscheidungen (Einstellung, Kündigung…)	Arbeitsbedingungen (Urlaub, Überstunden…)
Information, Verhandlung	Anhörung, Widerspruch, Vorschläge	erforderliche Zustimmung

→ 3. Erläutere die unterschiedlichen Einflussmöglichkeiten des Betriebsrats.
4. Erörtere, was der Betriebsrat in den Situationen aus **M1** für die Angestellten tun kann.
5. Diskutiert, ob ein Betriebsrat auch eine Chance für den Arbeitgeber sein kann.

M3 Die Jugend- und Auszubildendenvertretung (JAV)

Ein Betriebsrat ist sicherlich eine gute Einrichtung für die Arbeitnehmer. Anton ist sich aber nicht sicher, ob er sich mit seinem Anliegen direkt an ihn wenden soll. Vielleicht macht es Sinn, erst mit der Jugend- und Ausbildungsvertretung zu sprechen.

 § 60 BetrVG Errichtung und Aufgabe der JAV

(1) In Betrieben mit in der Regel mindestens fünf Arbeitnehmern, die das 18. Lebensjahr noch nicht vollendet haben […] oder die zu ihrer Berufsausbildung beschäftigt sind und das 25. Lebensjahr noch nicht vollendet haben, werden Jugend- und Auszubildendenvertretungen gewählt.

(2) Die Jugend- und Auszubildendenvertretung nimmt […] die besonderen Belange der in Absatz 1 genannten Arbeitnehmer wahr.

 § 67 BetrVG Teilnahme an Betriebsratssitzungen

Die Jugend- und Auszubildendenvertreter haben Stimmrecht, soweit die zu fassenden Beschlüsse des Betriebsrats überwiegend die in § 60 Abs. 1 genannten Arbeitnehmer betreffen.

 § 68 BetrVG Teilnahme an gemeinsamen Besprechungen

Der Betriebsrat hat die Jugend- und Auszubildendenvertretung zu Besprechungen zwischen Arbeitgeber und Betriebsrat beizuziehen, wenn Angelegenheiten behandelt werden, die besonders die in § 60 Abs. 1 genannten Arbeitnehmer betreffen.

Mediencode: 82212-05 Erklärfilm zur betrieblichen Mitbestimmung

→ 6. Erkläre mit **M3**, inwiefern die JAV ein Organ der betrieblichen Mitbestimmung ist.
7. Diskutiert, ob sich Anton mit seinem Problem (**M1**) an die JAV wenden soll.
8. Dreht ein eigenes Erklärvideo zur betrieblichen Mitbestimmung. Inspiration findet ihr in der Randspalte.

2.6 Wie kommt es zu einem Tarifvertrag?

> Du vollziehst das Zustandekommen von Tarifverträgen nach. Dabei begründest du die Notwendigkeit beruflicher Interessenvertretungen.

Arbeitnehmer mit ähnlichen Berufen können ihre Interessen auch gemeinsam in einer Gewerkschaft vertreten. Gleiches gilt für Arbeitgeber, die einem Arbeitgeberverband beitreten können. Doch was macht eine Gewerkschaft eigentlich und lohnt sich eine Mitgliedschaft?

 M1 **Infoveranstaltung der Gewerkschaft bei Mechatec**
Bei Mechatec findet heute eine Informationsveranstaltung einer Gewerkschaft statt. Überall liegen Flyer aus. Luan und Celine sind sich nicht sicher, ob sie zu der Veranstaltung gehen sollten.

Tarifpartner
Arbeitgeberverbände und Gewerkschaften

DTarifvertrag
Vertrag zwischen den Tarifpartnern, der die Bezahlung und die Arbeitsbedingungen (z. B. Urlaub, Bezahlung von Überstunden) von Arbeitnehmern einer Branche für einen bestimmten Zeitraum regelt

1. Erkläre, weshalb eine Gewerkschaft „stark" macht und was es „gemeinsam (zu) gewinnen" gibt.
2. Rollenspiel: Schlüpft in die Rollen von Luan und Celine und diskutiert, ob sie zu der Versammlung gehen sollten.

M2 Rechtliche Grundlage – Koalitionsfreiheit

> § **Art. 9 Grundgesetz**
> [...] Das Recht, zur Wahrung und Förderung der Arbeits- und Wirtschaftsbedingungen Vereinigungen zu bilden, ist für jedermann und für alle Berufe gewährleistet.

➜ **3.** Erläutere, weshalb die Koalitionsfreiheit (Art. 9 GG) sowohl für Arbeitnehmer als auch für Arbeitgeber von Bedeutung ist.

M3 Streik

Als Luan abends nach Hause kommt, ist er sich immer noch nicht sicher, ob er zu der Gewerkschaftsveranstaltung gehen soll. Deshalb recherchiert er im Internet zu aktuellen Tarifverhandlungen. Als er auf folgendes Bild stößt, kommt er ins Grübeln.

Streik
Arbeitsniederlegung durch die Gewerkschaftsmitglieder für einen bestimmten Zeitraum

➜ **4.** Diskutiert, inwiefern ihr einen Streik für die Durchsetzung von Gewerkschaftsforderungen als gerechtfertigt erachtet. Berücksichtigt dabei die Perspektive der Arbeitnehmer und Arbeitgeber.

M4 Lohnt sich eine Mitgliedschaft in der Gewerkschaft?

Luan hat inzwischen seine Meinung geändert, denn mehr Lohn und längeren Urlaub möchte er auch. Deshalb geht er zu der Gewerkschaftsveranstaltung. Als er gerade die Beitrittserklärung zur Gewerkschaft unterschreiben möchte kommt jedoch Max um die Ecke.

Mediencode:
82212-06
Erklärfilm zu Tarifverhandlungen

> Warum willst du denn jetzt doch der Gewerkschaft beitreten? Die Tarifleistungen bekommen doch sowieso alle und nicht nur die Gewerkschaftsmitglieder.

➜ **5.** Erläutere, weshalb Arbeitgeber freiwillig häufig die Tarifleistungen nicht nur Gewerkschaftsmitgliedern, sondern allen Arbeitnehmern zugestehen.

6. Diskutiert, ob ihr an Luans Stelle der Gewerkschaft beitreten würdet.

Lösung von Tarifkonflikten

Schritt 1: Die Ausgangssituation erfassen

Lohnnebenkosten
Kosten, die dem Arbeitgeber zusätzlich zum Gehalt entstehen

In der Metallindustrie geht es aufwärts. Mechatec erzielte, wie auch viele andere Unternehmen in der Metallbranche, wieder Gewinne, die im Durchschnitt um 7 % höher ausgefallen sind als im Vorjahr. Nun brodelt es zwischen den Tarifpartnern. Die IG Metall möchte die Arbeitnehmer an den Gewinnzuwächsen beteiligen, die Arbeitgeberverbände befürchten einen Anstieg der Lohnkosten und damit geringere internationale Wettbewerbsfähigkeit.

➡ **1.** Erkläre den Zusammenhang zwischen Löhnen und Wettbewerbsfähigkeit.
2. Vergleiche die grundlegenden Positionen von Arbeitgebern und Arbeitnehmern.

IG Metall
größte deutsche Gewerkschaft für u. a. die Branche Elektro/Metall

Schritt 2: Den Ablauf von Tarifverhandlungen verstehen

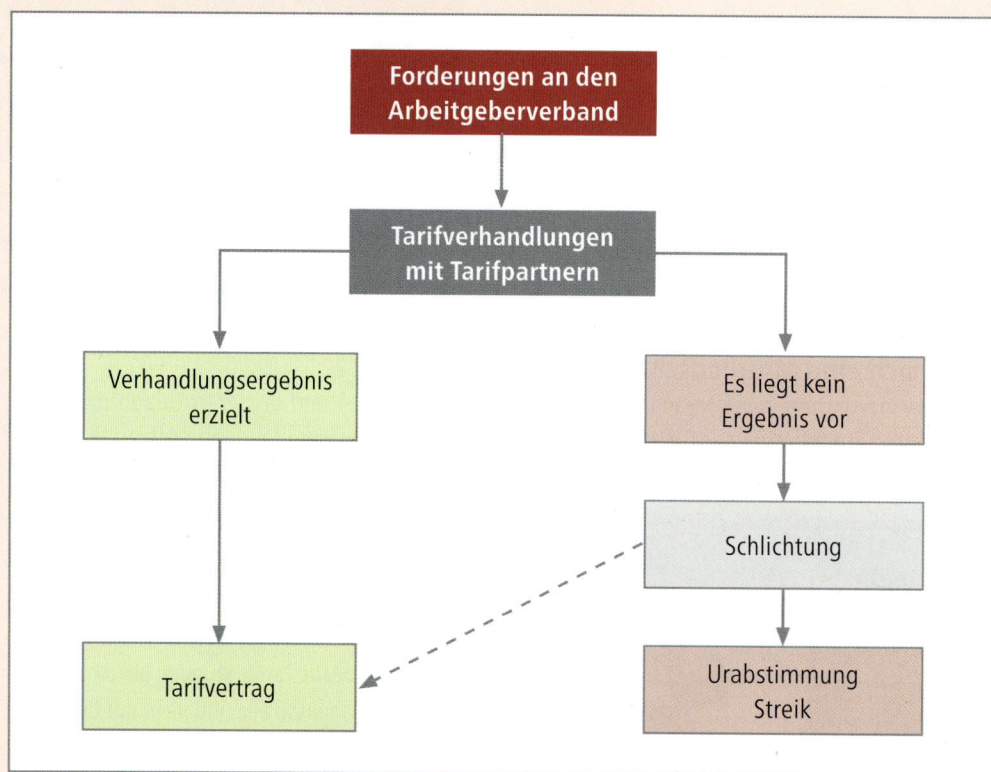

Schlichtung
Einigungsversuch unter Einbeziehung eines neutralen Vermittlers

Urabstimmung
Streik, wenn mindestens 75 % der Gewerkschaftsmitglieder dafür stimmen.

➡ **3.** Erkläre den Ablauf von Tarifverhandlungen anhand des Schaubildes.

Schritt 3: Den Ablauf einer Tarifverhandlung nachspielen

Gewerkschafter/in

Sie möchten gerne am Gewinn beteiligt werden und fordern deshalb eine Lohnerhöhung von 5 % und eine Einmalzahlung von 500 € für jeden Arbeitnehmer, da ihre letzte Gehaltssteigerung bereits mehr als 3 Jahre zurückliegt. Die damaligen lediglich 2 % haben nicht einmal gereicht, um die durch Inflation gestiegenen Preise auszugleichen. Aktuell liegt die Inflation zwar nur bei 1 %, Sie sehen jedoch Nachholbedarf. Außerdem möchten Sie für die Auszubildenden eine Lohnerhöhung um 50 Euro und eine Einmalzahlung von 100 €. In einer Umfrage haben die Mitglieder der Gewerkschaft bereits bestätigt, dass sie zu Streiks bereit wären, da schon lange nicht mehr gestreikt wurde und die Gewerkschaftskassen voll sind.

Arbeitgeber/in im Arbeitgeberverband

Nach dem Auf und Ab der letzten Jahre sind Sie mit den aktuellen Betriebsergebnissen zufrieden. Die Umstrukturierungen und Verlagerungen der Produktion ins Ausland haben sich als erfolgreich erwiesen. Sie bezahlen Ihre deutschen Mitarbeiter nach Tarifvertrag und schätzen deren Arbeit sehr. Deshalb bieten Sie neben einer betrieblichen Altersvorsorge auch viele Möglichkeiten zur Weiterbildung. Auch die ausländischen Arbeitnehmer haben in ihrer Arbeitsleistung inzwischen fast das deutsche Niveau erreicht, verursachen jedoch wesentlich geringere Lohnnebenkosten. Um das Unternehmen auf dem neuesten Stand zu halten, planen Sie nötige Investitionen. Die starke Konkurrenz in der Branche zwingt Sie jedoch möglichst kostengünstig zu produzieren. Schließlich sind die deutschen Lohnstückkosten im Vergleich zu Ländern wie Rumänien oder Griechenland recht hoch. Angesichts einer aktuell niedrigen Inflation von 1 % warnen Sie vor überhöhten Lohnforderungen.

Streitschlichter/Schlichter

Ihre Erfahrungen als Politiker haben Ihnen gezeigt, dass immer ein Kompromiss möglich ist. Weil ein Streik für beide Seiten kostenintensiv und nervenaufreibend ist und zudem für schlechte Presse sorgt, ermahnen Sie die Tarifparteien, möglichst rasch eine Einigung zu erzielen und die Gefahr von Streiks zu vermeiden. Sie haben deshalb die bisherigen Verhandlungen beobachtet, gemeinsame Interessen herausgearbeitet und möchten die Tarifparteien bei der Ausarbeitung einer Lösung durch konstruktive Vorschläge unterstützen.

4. Führt die Tarifverhandlungen in einem Rollenspiel durch:
   a) Verteilt die Rollen in der Klasse und bestimmt Beobachter, die den Ablauf dokumentieren.
   b) Sammelt Argumente für die Forderungen und Angebote (Schritt 1–3).
   c) Spielt die Verhandlungen nach dem in Schritt 2 vorgegebenen Ablauf nach.
   d) Wertet die Beobachtungen aus: Was waren Hindernisse, was Meilensteine auf dem Weg zur Einigung?

Mediencode:
82212-07
Beobachtungs-
bogen zum
Download

Berufsausbildungsvertrag

Grundlage für eine geordnete und einheitliche Berufsausbildung sind die staatlich anerkannten Ausbildungsberufe. Für jeden Ausbildungsberuf erlässt die Bundesregierung eine **Ausbildungsordnung im Berufsbildungsgesetz** (BBiG), die den jeweiligen Ausbildungsberuf beschreibt und die hierfür zu erwerbenden Fertigkeiten, Kenntnisse und Fähigkeiten für alle verbindlich festlegt.

Vor Beginn einer Berufsausbildung muss zwischen dem Ausbildenden und dem Auszubildenden in schriftlicher Form ein Berufsausbildungsvertrag geschlossen werden (§ 10 BBiG). Auch Nichtvolljährige unterschreiben ihn, aber zusammen mit einem ihrer Erziehungsberechtigten. Im Ausbildungsvertrag sind die **Rechte und die Pflichten beider Vertragspartner** – Auszubildender und Ausbilder – schriftlich festgehalten, damit im Streitfall jeder zu seinem Recht kommt. So muss jeder Ausbildungsvertrag laut Berufsbildungsgesetz (BBiG) bestimmte Angaben enthalten, wie z. B. die Berufsbezeichnung, Dauer und Aufbau der Ausbildung, Regelungen zur täglichen Arbeitszeit, Probezeit, **Ausbildungsvergütung** und Urlaub, geltende Tarifverträge und Betriebsvereinbarungen (§ 11 BBiG).

Rechte und Pflichten laut Berufsausbildungsgesetz

Die wichtigsten Rechte von Auszubildenden sind gleichzeitig die Pflichten des Ausbildenden und umgekehrt.

Azubis haben Anspruch auf …	Azubis müssen …
• systematische Unterweisungen, um das Ausbildungsziel in der vorgesehenen Zeit zu erreichen. • eine angemessene Ausbildungsvergütung. • kostenlos zur Verfügung gestellte Ausbildungsmittel. • Freistellungen für Berufsschule und Prüfungen – bei voller Fortzahlung der Vergütung. • Befreiung von allen Aufgaben, die nicht der Ausbildung dienen. • Teilnahme am Berufsschulunterricht. • Befreiung von allen Aufgaben, die ihre körperlichen Kräfte übersteigen. • ein Zeugnis nach Ende der Ausbildung. • Information über Arbeitsschutzmaßnahmen. • eine Arbeitszeit von höchstens acht Stunden täglich und 40 wöchentlich (solange sie unter 18 Jahre alt sind).	• sich bemühen, die beruflichen Fähigkeiten zu erlernen. • Aufgaben sorgfältig ausführen. • am Berufsschulunterricht teilnehmen. • ihr Berichtsheft führen – regelmäßig und wahrheitsgemäß. • Weisungen im Rahmen der Ausbildung befolgen. • die Ordnung der Ausbildungsstätte beachten. • Werkzeuge, Maschinen etc. pfleglich behandeln. • Betriebs- und Geschäftsgeheimnisse bewahren. • den Arbeitsschutz einhalten. • bei Krankheit ein ärztliches Attest vorlegen.

Der Auszubildende erhält jeden Monat die sogenannte Entgeltabrechnung, eine Übersicht, über seinen Brutto- und Nettoverdienst, sowie über die gezahlten Steuern und Sozialversicherungsbeiträge. So erfahren sie, wie sich ihr **Brutto-Gehalt** vom **Netto-Gehalt** unterscheidet. Arbeitnehmer benötigen die jährliche Entgeltabrechnung außerdem für ihre Steuererklärung.

Entgelt-abrechnung

Die Höhe der Ausbildungsvergütung steht im Ausbildungsvertrag und muss laut Berufsbildungsgesetz „angemessen" sein und während der Ausbildungszeit mindestens jährlich ansteigen (§ 17 BBiG). Wie viel man in der Ausbildung verdient hängt davon ab, in welcher Branche man die Ausbildung macht und ob es dort Tarifverträge gibt, an die das Unternehmen gebunden ist. Wenn der Ausbildungsbetrieb nicht tariflich gebunden ist oder den Tarifvertrag nicht freiwillig übernommen hat, dann muss man trotzdem mindestens 80 % der tariflichen Vergütung bekommen. Gewährt der Ausbildungsbetrieb Sachleistungen wie Unterkunft und Verpflegung, darf er den Gegenwert von der Ausbildungsvergütung abziehen. Von der Ausbildungsvergütung brutto, die im Ausbildungsvertrag steht, zieht der Ausbildungsbetrieb Beträge für die Steuern und Sozialabgaben ab und überweist den Restbetrag. Dieser Restbetrag, der auf dem Bankkonto der Azubis ankommt, ist die Ausbildungsvergütung netto.

Die Aus-bildungs-vergütung

Sozialabgaben sind Beiträge für Renten, Kranken-, Pflege- und Arbeitslosenversicherung. Arbeitgeber und Arbeitnehmer teilen sich in etwa die Kosten. Den Anteil der Auszubildenden von etwas über 20 % der Ausbildungsvergütung zieht der Ausbildungsbetrieb von der Brutto-Ausbildungsvergütung ab und überweist ihn zusammen mit seinem Anteil an die Krankenkassen, die dann die Beiträge an die Deutsche Rentenversicherung und an die Bundesagentur für Arbeit (Arbeitslosenversicherung) weiterleitet. Steuern sind Lohn- und Kirchensteuer sowie Solidaritätszuschlag (Zuschlag zur Finanzierung der Kosten der deutschen Einheit bzw. der Wiedervereinigung).

Wer ist in welcher Steuerklasse (LSK)?	
Steuerklasse	Personenstand
I	Alleinstehende (ledig ohne Kinder)
II	Alleinerziehende (ledig mit mindestens einem Kind)
III	Verheiratete (Partner mit höherem Einkommen), anderer Partner LSK V
IV	Verheiratete (mit ungefähr gleichem Verdienst)
V	Verheiratete (Partner mit geringerem Einkommen), anderer Partner LSK III
VI	Arbeitnehmer, die mehrere Arbeitsverhältnisse haben (zweite Lohnsteuerkarte)

Die Höhe des Lohnsteuerabzugs ist dabei abhängig von der Steuerklasse, dem zu versteuernden Einkommen und dem entsprechenden Steuersatz.

Steuer-erklärung

Wenn die Ausbildungsvergütung über dem **Grundfreibetrag** liegt und der Arbeitgeber Lohnsteuer, Solidaritätszuschlag und ggf. Kirchensteuer an das Finanzamt abführt, könnte es sich für den Auszubildenden lohnen, eine Steuererklärung abzugeben. Denn zu viel gezahlte Steuern werden nach Abgabe einer Steuererklärung zurückerstattet.

In der Steuererklärung gibt man die Ausbildungsvergütung und alle mit der Arbeit verbundenen Ausgaben (= **Werbungskosten**) an, z. B. Fahrtkosten, Fachliteratur, Versicherungsbeiträge und Arbeitskleidung. Das Finanzamt berücksichtigt auch besondere individuelle Situationen, wie z. B. Kosten für die Pflege von Angehörigen. Steuerlich wird dies als außergewöhnliche Belastung bezeichnet. Daneben fördert der Staat Vorsorge und Absicherung. So können auch Kosten für private Versicherungen in der Steuererklärung als Sonderausgaben angegeben werden. Was nach Abzug all dieser Ausgaben übrig bleibt, ist das zu versteuernde Einkommen. Sollte man also viele abzugsfähige Ausgaben haben, die das zu versteuernde Einkommen schmälern, hat man unter Umständen zu viel Einkommensteuer gezahlt und kann durch Abgabe einer Steuererklärung Geld vom Finanzamt zurückfordern. Um die abzugsfähigen Ausgaben nachweisen zu können, sollte man die entsprechenden Belege aufheben. Die **Steuererklärung** kann man in Papierform auf vorgedruckten Formularen des Finanzamtes oder über **ELSTER (elektronische Lohnsteuererklärung)** online abgeben. Lohnhilfevereine oder Steuerberater können Arbeitnehmer bei der Erstellung ihrer Einkommensteuererklärung unterstützen, verlangen dafür aber in der Regel Geld.

Schutz der Arbeitnehmer

Für die meisten Beschäftigten ist der Arbeitsplatz die einzige Quelle ihres Lebensunterhalts – also ihre Existenzgrundlage, daher sind sie in besonderer Weise vom Arbeitgeber abhängig. Um diesem Umstand Rechnung zu tragen gibt es verschiedenste Regelungen zum Schutz der Arbeitnehmer.

Jugend-arbeitsschutz-gesetz

Auszubildende genießen im Arbeitsrecht eine Sonderstellung. Weil sie meist noch nicht volljährig sind, werden sie vom Gesetz besonders geschützt, denn Kinder und Jugendliche sollen noch nicht den gleichen Belastungen ausgesetzt werden wie Erwachsene. Das **Jugendarbeitsschutzgesetz** (JArbSchG) schützt junge Menschen unter 18 Jahren, egal ob Auszubildende, Arbeiter oder Angestellte vor Arbeit, die zu früh beginnt, die zu lange dauert, die zu schwer ist, die sie gefährdet oder die für sie ungeeignet ist. Es verbietet im Allgemeinen die Erwerbsarbeit von Kindern unter 15 Jahren und regelt die besonderen Rechte von jugendlichen Mitarbeitern hinsichtlich Arbeitszeiten, Ruhepausen, Schicht-, Nacht- und Akkordarbeit, gefährlichen Arbeiten, Überstunden, Urlaub und Besuch der Berufsschule.

Das Ausbildungsverhältnis beginnt mit einer ein- bis viermonatigen **Probezeit** (§ 20 BBiG), in der sowohl Arbeitgeber als auch Arbeitnehmer von einem Tag auf den anderen schriftlich kündigen können. Nach Ende der Probezeit ist eine Kündigung des Arbeitsverhältnisses an bestimmte Voraussetzungen geknüpft, die im **Kündigungsschutzgesetz** (KSchG) festgehalten sind.

So muss eine Kündigung immer schriftlich erfolgen, es müssen **Kündigungsfristen** eingehalten werden und ein wirksamer Kündigungsgrund vorliegen. Eine ordentliche Kündigung ist nur aus betriebs-, personen- und verhaltensbedingtem Grunde möglich. Außerordentlich kann nur aus wichtigem Grund gekündigt werden, wie beispielsweise Diebstahl von Betriebseigentum. Nach Erhalt der Kündigung kann genau 3 Wochen rechtlich gegen die Kündigung vorgegangen werden. Nach Ablauf dieser Frist wird die Kündigung automatisch wirksam – selbst wenn sie rechtlich anfechtbar gewesen wäre. Für bestimmte, besonders geschützte Personengruppen (z. B. Schwangere, Menschen mit Behinderung), gilt teilweise ein **besonderer Kündigungsschutz**.

Der gesetzliche Kündigungsschutz soll die verschiedenen Interessen der Arbeitnehmer und Arbeitgeber ausgleichen und für beide Parteien annehmbare Lösungen schaffen.

Kündigungsschutz

Das **Betriebsverfassungsgesetz** (BetrVG) verpflichtet Arbeitgeber und Arbeitnehmer zu einer vertrauensvollen Zusammenarbeit „zum Wohl der Arbeitnehmer und des Betriebs" (BetrVG §2, 1). Betriebsräte, die in privatrechtlichen Betrieben mit mindestens fünf Beschäftigten gewählt werden können, vertreten die Interessen der Beschäftigten und sind berechtigt, stellvertretend für die Belegschaft mit dem Arbeitgeber zu verhandeln. Die Mitwirkungsrechte des Betriebsrats sind im Betriebsverfassungsgesetz festgelegt. Die **betriebliche Mitbestimmung** umfasst die Einflussnahme der Betriebsräte hinsichtlich aller Probleme, mit denen Beschäftigte an ihrem Arbeitsplatz konfrontiert werden. Sie erstreckt sich vom Recht auf Information des Betriebsrats bei geplanten betriebswirtschaftlichen und unternehmerischen Entscheidungen (z. B. Stilllegung von Werken, Veränderung von Produktionsabläufen), über die beratende Funktion bei personellen Planungen (z. B. Sozialauswahl bei betriebsbedingten Kündigungen, Vergütung) bis hin zur konkreten Einflussnahme der Betriebsräte in sozialen Angelegenheiten (z. B. Veränderungen der täglichen Arbeitszeit, Urlaubsgrundsätze).

Betriebsrat

Die **Jugend- und Auszubildendenvertretung (JAV)** bezeichnet die Vertretung der Jugendlichen eines Betriebes, in denen ein Betriebsrat besteht. Sobald mindestens fünf Arbeitnehmer beschäftigt werden, die ihr 18. Lebensjahr noch nicht vollendet haben oder sich in der Berufsausbildung befinden und ihr 25. Lebensjahr noch nicht vollendet haben, kann eine Jugend- und Auszubildendenvertretung gewählt werden.

Jugend- und Auszubildendenvertretung

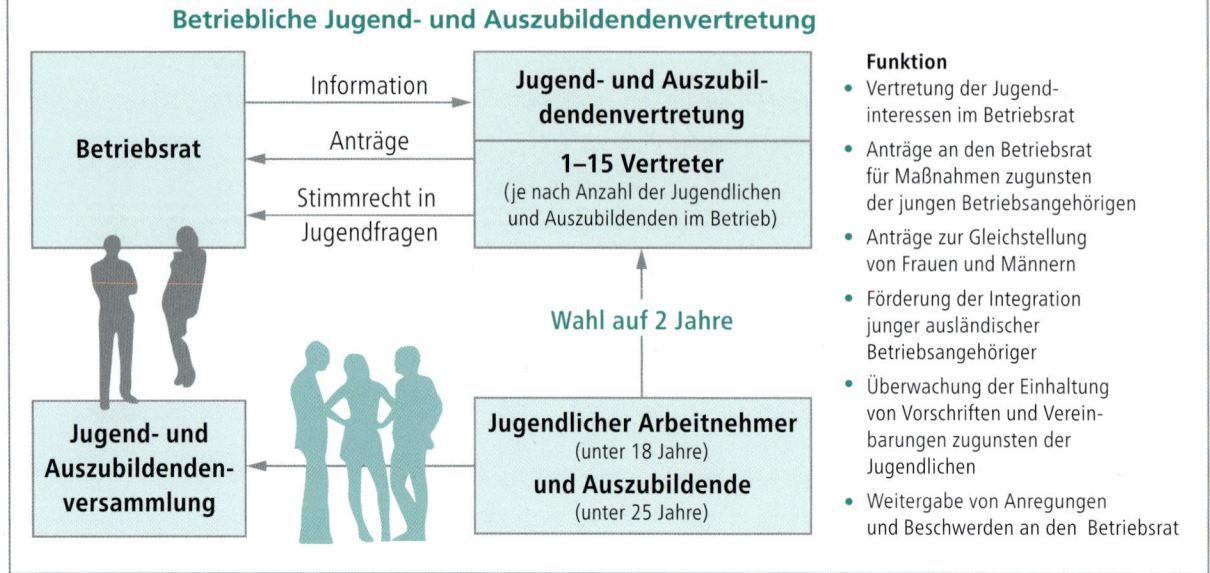

Betriebliche Jugend- und Auszubildendenvertretung

Betriebsrat

→ Information →

Jugend- und Auszubildendenvertretung

← Anträge ←

1–15 Vertreter
(je nach Anzahl der Jugendlichen und Auszubildenden im Betrieb)

← Stimmrecht in Jugendfragen ←

Wahl auf 2 Jahre

Jugend- und Auszubildendenversammlung

← Jugendlicher Arbeitnehmer (unter 18 Jahre) **und Auszubildende** (unter 25 Jahre)

Funktion
- Vertretung der Jugendinteressen im Betriebsrat
- Anträge an den Betriebsrat für Maßnahmen zugunsten der jungen Betriebsangehörigen
- Anträge zur Gleichstellung von Frauen und Männern
- Förderung der Integration junger ausländischer Betriebsangehöriger
- Überwachung der Einhaltung von Vorschriften und Vereinbarungen zugunsten der Jugendlichen
- Weitergabe von Anregungen und Beschwerden an den Betriebsrat

Gewerkschaften

Arbeitnehmer können ihre Interessen auch überbetrieblich gemeinsam vertreten, wenn sie in einer Gewerkschaft organisiert sind. Gleiches gilt für Arbeitgeber, die einem **Arbeitgeberverband** beitreten. Diese sogenannte **Koalitionsfreiheit** wird vom Grundgesetz Artikel 9 Abs. 3 geschützt. In Deutschland gibt es eine lange Tradition, dass Gewerkschaften und Arbeitgeberverbände die Konflikte partnerschaftlich lösen. Man spricht daher von Sozialpartnerschaft.

Die Sozialpartner verhandeln in **Tarifverhandlungen** autonom, also ohne Einflussnahme des Staates (Tarifautonomie), über Tarifverträge, in denen die Arbeitsbedingungen und Löhne bzw. Ausbildungsvergütungen geregelt werden (Gehaltstarifverträge). Es geht aber auch um Arbeitszeiten, Urlaub, Schicht- und Erschwerniszulagen (**Manteltarifverträge**). Um ihre Forderungen durchzusetzen, haben die gewerkschaftlich organisierten Arbeitnehmer das Recht zu streiken. Wer also nicht in einer Gewerkschaft ist, darf auch nicht streiken. Die Arbeitgeber können darauf mit Aussperrung reagieren, indem sie den Arbeitnehmern für diese Zeit ihren Lohn und den Zutritt zur Arbeitsstelle verweigern (kommt selten vor). Ziel des **Arbeitskampfes** ist es, zu einer Vereinbarung zu gelangen, die für beide Seiten akzeptabel ist. Gegebenenfalls kann ein unabhängiger Schlichter eingeschaltet werden. Während der Gültigkeitsdauer des neuen Tarifvertrags darf nicht gestreikt werden. Tarifverträge sind nicht automatisch für jeden Betrieb und jeden Arbeitnehmer gültig. Unternehmen wenden häufig sogar freiwillig die Tarifvereinbarungen nicht nur auf Gewerkschaftsmitglieder, sondern auf alle Beschäftigten an. So versuchen sie, Ungleichheit und damit verbundenen Unmut im Betrieb zu verhindern und den Zustrom und damit die Macht der Gewerkschaften zu begrenzen.

M1 **Ausbildungsreport 2019: Ausbildung jetzt modernisieren!**

Der Blick auf die Daten [...] zeigt: Die Zufriedenheit der Auszubildenden mit ihrer Ausbildung sinkt, **das Jugendarbeitsschutzgesetz** wird vielfach nicht eingehalten, mehr
5 als jede/r Sechste muss die Berufsschulzeiten im Betrieb nacharbeiten, und eine gute fachliche Anleitung durch qualifiziertes Ausbildungspersonal ist nicht überall sichergestellt.
10 Fast 58.000 Ausbildungsstellen sind [...] unbesetzt geblieben, [vor allem] in jenen Branchen, deren Berufe im Ausbildungsreport eher schlecht bewertet werden und wo Verstöße gegen gesetzliche Bestimmungen
15 keine Seltenheit sind. [Zudem wünschen sich viele Auszubildende mehr „netto vom kargen brutto".]
Auf das Thema Ausbildung 4.0 – Digitalisierung in der Ausbildung [...] ging DGB-Bun-
20 desjugendsekretärin Manuela Conte auf der Pressekonferenz in Berlin ein: [...]
„Betriebe und Berufsschulen gleichermaßen müssen mehr Anstrengungen unternehmen und Vorrausetzungen dafür schaffen, dass
25 junge Menschen für die zukünftige Arbeitswelt qualifiziert werden. Eine Ausbildung 4.0 braucht moderne Lerninhalte, neuste Tech-

nik und ausreichend qualifiziertes Lehr- und Fachpersonal!", sagte Conte. Conte verwies auch auf das Problem fehlender Perspektiven 30 nach der Ausbildung: [...] Fast 40 Prozent der Auszubildenden wissen laut Ausbildungsreport selbst kurz vor dem Ende ihrer Ausbildung nicht, ob sie anschließend übernommen werden. Gerade deshalb sei es wichtig, 35 dass im **Berufsbildungsgesetz** eine Ankündigungsfrist für Arbeitgeber eingeführt wird. Conte: „Wir fordern, dass die Auszubildenden drei Monate vor ihrem Ausbildungsende erfahren, ob sie übernommen 40 werden. Auch das gehört zu einer guten Ausbildung 4.0."

DGB-Jugend, Ausbildungsreport 2019: Ausbildung jetzt modernisieren!, www.jugend.dgb.de, 29.08.2019

Im **Ausbildungsreport** veröffentlicht der Deutsche Gewerkschaftsbund die Ergebnisse einer repräsentativen Befragung von 16.000 Auszubildenden.

➡ 1. Beschreibe aktuelle Probleme von Auszubildenden.
2. Nenne wesentliche Inhalte des „Jugendarbeitsschutzgesetzes" (Z. 3) und „Berufsbildungsgesetzes" (Z. 36).
3. Prüfe, ob es erlaubt ist, dass „mehr als jede/r Sechste [...] die Berufsschulzeiten im Betrieb nacharbeiten" (Z. 5–6) muss.
4. Erläutere Möglichkeiten der betrieblichen Mitbestimmung der betroffenen Auszubildenden.
5. Erkläre, wie ein Auszubildender aus seinem kargen Brutto „mehr netto" machen kann (Z. 16).
6. Nimm aus Sicht der Arbeitgeber und der Auszubildenden Stellung zu den Forderungen der DGB-Bundesjugendsekretärin Manuela Conte (Z. 22–42).

→ **Deine Meinung ist gefragt!**

1. Beschreibe und interpretiere das Bild.
2. Erläutere, wer auf dem dargestellten Markt als Anbieter und wer als Nachfrager auftreten könnte.
3. Finde andere Wörter für den „Preis", der sich auf dem dargestellten Markt ergibt.

Geld- und Kapitalmarkt

➡️ Ihr habt bereits gelernt, dass sich Angebot und Nachfrage auf einem Markt treffen und sich ein Preis für die dort gehandelten Güter bildet.
Märkte begegnen euch jeden Tag. Der Wochen- oder Weihnachtsmarkt sind typische Beispiele, die ihr schon kennt. Am Geld- und Kapitalmarkt sind die gehandelten Güter nicht Gemüse oder Weihnachtssterne, sondern Geld und Wertpapiere. Auch du trittst wahrscheinlich auf diesem Markt auf, ohne dass es dir vielleicht bewusst ist.

➡️ Kompetenzen – Das kannst du nach diesem Kapitel:

… die Beziehungen zwischen Unternehmen, Banken und privaten Haushalten im Kreislaufmodell darstellen.

… Banken nach ihren unterschiedlichen Aufgabenbereichen unterscheiden und sie in das deutsche Bankensystem einordnen.

… verschiedene Bankgeschäfte unterscheiden.

… Möglichkeiten des Onlinebankings und des Mobile Payments im Hinblick auf Chancen und Risiken, die sie mit sich bringen.

… Möglichkeiten der Kreditbeschaffung aufzeigen.

… die Gefahren einer Überschuldung erkennen und Möglichkeiten der Problemlösung aufzeigen.

… für unterschiedliche Anlageziele sinnvolle Geldanlagemöglichkeiten auswählen.

… geeignete Anlageformen für deine Altersvorsorge auswählen.

… Börsen von anderen Märkten abgrenzen und die Kursbildung von Aktien an Beispielen nachvollziehen.

… an Beispielen erklären, wie sich wirtschaftliche und politische Ereignisse an den Börsen widerspiegeln.

3.1 Welche Stellung nehmen die Banken im Wirtschaftskreislauf ein?

> **Du stellst die Beziehungen zwischen Unternehmen, Banken und privaten Haushalten im Modell dar und ordnest wirtschaftliche Aktivitäten richtig in das Kreislaufmodell ein.**

Banken sind für uns etwas Selbstverständliches. Bestimmt hast du schon ein eigenes Konto bei einer Bank, auf das z. B. deine Eltern dein Taschengeld einbezahlen und über das du mit deiner Girocard verfügen kannst. Sicher hast du dich schon gefragt, was die Bank eigentlich zwischenzeitlich mit deinem Geld macht. In Nachrichtensendungen im Fernsehen, auf News-Portalen im Internet oder im Wirtschaftsteil der Zeitung wird häufig über Banken berichtet. Offensichtlich sind sie nicht nur für dich, sondern für unsere gesamte Wirtschaft sehr wichtig. Warum ist das so und welche Rolle nehmen sie im Wirtschaftskreislauf ein?

M1 Wirtschaftliche Aktivitäten – Der Wirtschaftskreislauf

1. Frau Gutmann ist alleinstehend. Sie ist bei einer Schreinerei angestellt und verdient 2.500 Euro monatlich.

2. Der Lebensmittelgroßhändler Müller GmbH beliefert den örtlichen Supermarkt mit Waren im Wert von 900 Euro.

3. Lea Hintermeier bekommt monatlich 30 Euro Taschengeld von ihren Eltern. Diese verbraucht sie für Kosmetik, Kinobesuche, Pausensnacks usw.

4. Herr Neuberger vermietet eine Lagerhalle für 1.200 Euro im Monat an die Müller GmbH.

5. Herr Hintermeier verdient seinen Lebensunterhalt in Höhe von 4.500 Euro als Ingenieur.

6. Frau Gutmann gibt jeden Monat ihren ganzen Verdienst für Lebensmittel, Kleidung und sonstige Anschaffungen aus.

7. Die Familie Hintermeier geht gerne in Restaurants essen. Für Kino- und Konzertbesuche, Lebensmittel etc. gibt sie einen Großteil des Einkommens von Herrn Hintermeier aus.

Mediencode:
82212-08
Einfacher Wirtschaftskreislauf zur Selbstkontrolle

1. Skizziere das Modell des einfachen Wirtschaftskreislaufs mit den Sektoren private Haushalte und Unternehmen (Wiederholung).
2. Ordne die genannten Akteure den Sektoren „Haushalte" und „Unternehmen" zu. Ordne dann die wirtschaftlichen Aktivitäten den entsprechenden Strömen im Kreislaufmodell zu.

M2 Die Banken im Wirtschaftskreislauf

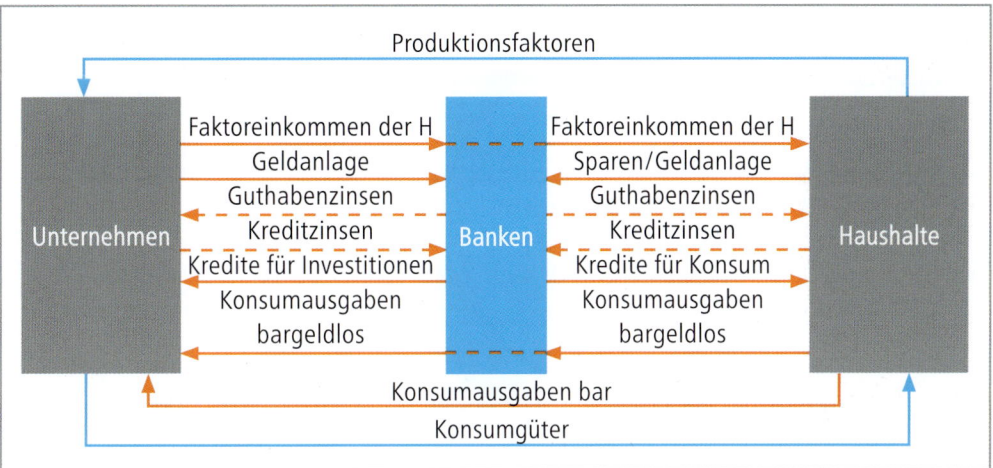

 3. Beschreibe in eigenen Worten die Aufgaben einer Bank.

4. Überprüfe und korrigiere deine Annahmen aus Aufgabe 3 anhand der Geldströme im erweiterten Wirtschaftskreislauf (**M2**).

M3 Kontoauszug der Familie Hintermeier

RBB RealBankBamberg

Datum des Auszugs: 14.06.20..
IBAN: DE23 7715 1000 0987 6543 21

KONTOAUSZUG · Herbert Hintermeier · Buchner Str. 12 · 96050 Bamberg

Datum	Beschreibung	Gutschriften	Belastungen	KONTENSALDO
	Übertrag			256,12 €
02.05.2019	Deutsche Bau GmbH Gehalt	4.497,56 €		4.753,68 €
03.05.2019	Bamberger Supermarkt sagt danke Debit Card 5022232479		64,12 €	4.689,56 €
03.05.2019	Kommunikations AG KD Nr. 123321345543		75,00 €	4.614,56 €
04.05.2019	Ratensparen RBB Nr. 47110815		100,00 €	4.514,56 €
30.05.2019	Kto Nr. 0987654321 Guthabenzinsen	2,45 €		4.392,01 €
01.06.2019	Deutsche Autofinanzierungsbank KT/ZL M 12547825 mtl. Rate		247,38 €	4.144,63 €

5. Ordne die Geldbewegungen im Kontoauszug der Familie Hintermeier (**M3**) jeweils einem Kreislaufstrom im erweiterten Wirtschaftskreislauf (**M2**) zu.

6. Oft wird Geld als das „Blut der Wirtschaft" und die Banken als das „Herz der Wirtschaft" bezeichnet. Erkläre diese beiden Bilder. Beziehe dabei den Wirtschaftskreislauf (**M2**) mit ein.

3.2 Womit verdienen Banken Geld?

Du ordnest die Angebote von Banken unterschiedlichen Bankgeschäften zu.

Das volle Sparschwein zur Bank bringen und sich den Wert auf dem Sparbuch gutschreiben lassen, Geld am Automaten vom Konto abheben, eine Onlineüberweisung vornehmen, einen Kredit für ein Auto aufnehmen, Aktien kaufen oder eine Versicherung abschließen, all das sind Geschäfte, die man normalerweise bei seiner Bank tätigen kann. Warum bieten Banken diese Geschäfte an und wie verdienen sie dabei Geld?

M1 Verschiedene Bankgeschäfte

Wertpapierdepot
Konto zur Verwaltung (und Verwahrung) von Wertpapieren

→ 1. Erkläre, welche Bankgeschäfte durch die Bilder veranschaulicht werden könnten.
2. Informiere dich über die Gebühren deiner Bank für die Führung eines Girokontos und eines Wertpapierdepots.

M2 **Die vereinfachte Bilanz einer Bank**

Aktiva	Passiva
Barreserve Bargeldbestände Guthaben bei der Deutschen Bundesbank	Verbindlichkeiten gegenüber anderen Banken
Kredite an Nichtbanken Kurzfristige Kredite Langfristige Kredite	Verbindlichkeiten gegenüber Nichtbanken Einlagen auf Girokonten Termineinlagen Spareinlagen
Kredite an andere Banken	Bankschuldverschreibungen
Wertpapiere und Beteiligungen	Eigenkapital
Sonstige Aktiva	Sonstige Passiva

➡ **3.** Vergleiche die Bankbilanz (**M2**) mit der Bilanz eines anderen Unternehmens, einer „Nichtbank".

4. Recherchiere im Internet folgende Begriffe: Bankschuldverschreibung, Depot, Kredit, Wertpapier, Einlagen.

5. Ordne die im Einleitungstext beschriebenen und die in **M1** dargestellten Geschäfte, die man bei seiner Bank tätigen kann, den Positionen der Bankbilanz (**M2**) zu. Liste die Geschäfte auf, die sich keiner Position zuordnen lassen.

6. Recherchiere auf der Homepage der Bank deiner Familie, welche Geschäfte die Bank anbietet. Erstelle eine Tabelle. Ordne die Geschäfte den drei Bereichen Aktivgeschäfte, Passivgeschäfte und Dienstleistungsgeschäfte zu.

Mediencode:
82212-09
Bilanz eines
Unternehmens

M3 **Arten von Zinsen**

Guthabenzinsen (p. a.)		Kreditzinsen (p. a.)	
Guthaben auf dem Girokonto	0,00 %	Überziehung des Girokontos	9,99 %
Spareinlagen	0,10 %	Privatkredit (Laufzeit 5 J.)	5,11 %
Zukunftssparen	0,001 %	Baufinanzierung (Laufzeit 15 J.)	1,40 %

Sparkasse Nürnberg (www.sparkasse-nuernberg.de), eigene Recherche, Stand: 21.06.2019

➡ **7.** Erkläre anhand der Bankbilanz (**M2**) und der Zinstabelle (**M3**), wie Banken Geld verdienen können.

8. Berechne die Zinsen,
  a) … die ein Sparer von seiner Bank für eine Einlage von 600 Euro in einem Jahr erhält.
  b) … die jemand der Bank bezahlen muss, der sein Girokonto einen Monat lang mit 600 Euro überzieht (**M3**).

Zinsen
Betrag, den ein Schuldner dem Gläubiger als Gegenleistung für die Überlassung von Geld bezahlt. Die Höhe der Zinsen wird durch den Prozentsatz angegeben. Er bezieht sich auf ein Jahr (p. a. = per annum = pro Jahr)

3.3 Welche verschiedenen Arten von Banken gibt es?

Du unterscheidest Banken nach ihren unterschiedlichen Aufgabenbereichen und ordnest sie in das deutsche Bankensystem ein.

Aus der Werbung, aus Nachrichten oder weil du selbst Kunde einer Bank bist, kennst du eine Reihe unterschiedlicher Banken. Viele dieser Unternehmen betreiben gleiche oder ähnliche Geschäfte, manche aber auch nur ganz spezielle. Da tauchen eine Menge Fragen auf, z. B.: Welche verschiedenen Arten von Banken gibt es, was unterscheidet eine Sparkasse von anderen Banken und warum kann man bei der Bausparkasse keine Euro in Dollar umtauschen?

 Bekannte deutsche Banken

1. Liste die Banken auf, von denen du bereits gehört hast.
2. Recherchiere, welche Banken es in deinem Wohnort oder in deiner Umgebung gibt.
3. Vergleiche die von dir recherchierten Banken mit **M1**.

 Die Deutsche Bundesbank – die Bank der Banken
Wenn man am Bankautomaten Geld von seinem Konto abhebt, bekommt man oft neue, ungebrauchte Banknoten. Woher kommen diese? Wie jeder Bankkunde hat auch jede Geschäftsbank eine Bank, bei der sie ein Konto hat, bei der sie Kredite aufnehmen kann und bei der sie sich mit Bargeld versorgen kann. Was für uns Kunden die Geschäftsbanken sind, ist für ein Kreditinstitut die Deutsche Bundesbank.

M3 Die Aufgaben der Deutschen Bundesbank

Zentralbank der Bundesrepublik Deutschland

Bargeld	**Bankenaufsicht**	**Geldpolitik**	**Zahlungsverkehr**	**Finanzstabilität**
Bereitstellung von Euro-Banknoten und Euro-Münzen für die Wirtschaft, Deutsche Bundesbank ist „Notenbank"	Überwachung der Kreditinstitute	Sicherung der Preisstabilität	Sicherung und Überwachung des bargeldlosen Zahlungsverkehrs in Deutschland	Sicherung der Stabilität des Finanz- und Währungssystems

Quelle: Deutsche Bundesbank, eigene Darstellung

M4 Das deutsche Bankensystem

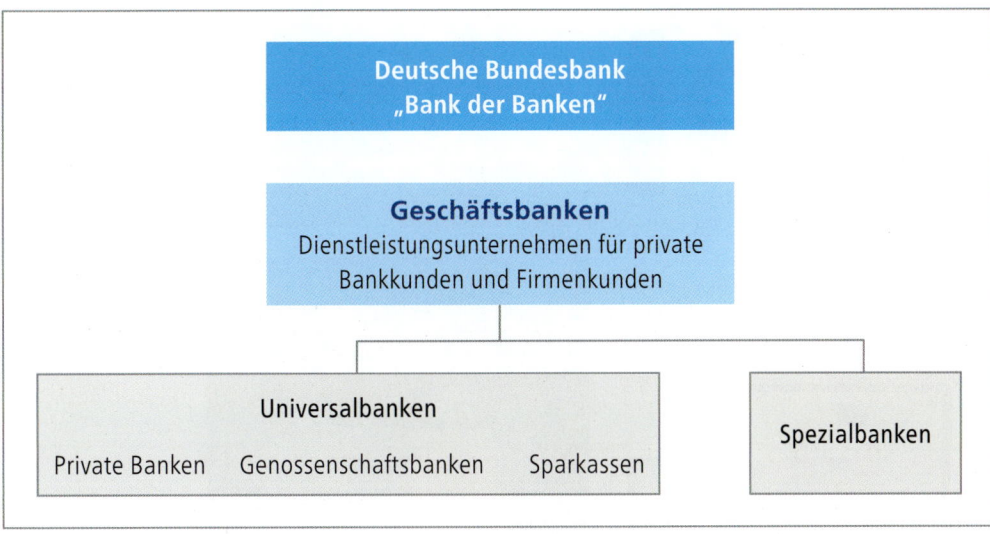

Universalbanken bieten verschiedene Bankleistungen an, wie z. B. Einlagen- und Kreditgeschäfte, Wertpapiergeschäfte und die Abwicklung des Zahlungsverkehrs.

Spezialbanken bieten nur eine oder wenige Bankleistungen an, wie z. B. Bausparfinanzierungen und Bausparverträge.

→ **4.** Recherchiere im Internet: Finde etwas über die Geschäftstätigkeit bzw. die Rechtsform der Banken in deinem Wohn- oder Nachbarort heraus und ordne sie begründet in das „Deutsche Bankensystem" ein (vgl. Fachwissen S. 68).

5. Erkläre den Unterschied zwischen der „Deutschen Bundesbank" und der „Deutschen Bank" (M1–M4).

3.4 Welche Chancen und Risiken bringen Mobile Payment und Onlinebanking mit sich?

Du beurteilst Möglichkeiten des Onlinebankings und moderner Zahlungsarten im Hinblick auf Chancen und Risiken, die sie mit sich bringen.

Geld ist Vertrauenssache. Immer öfter hört man vom sogenannten Homebanking bzw. Onlinebanking – die Erledigung der Bankgeschäfte von zuhause aus über das Internet. Auch beim Bezahlen werden digitale Medien immer wichtiger. Welche Vorteile und welche Gefahren sind damit verbunden?

M1 **Finanzverhalten von Jugendlichen**

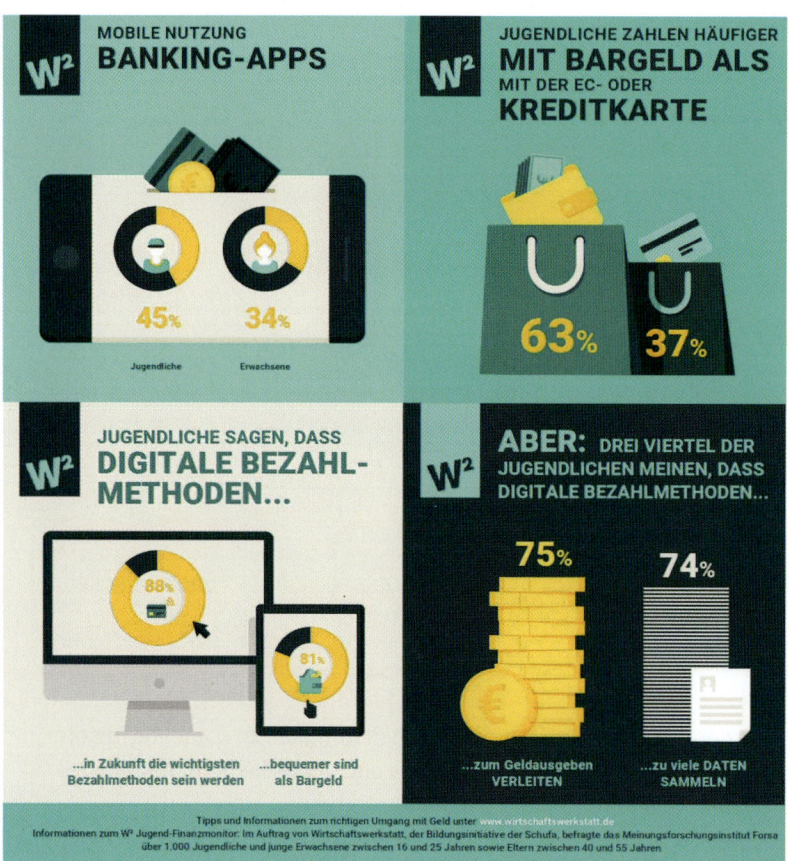

1. Macht eine Umfrage in eurer Klasse und vergleicht das Ergebnis mit den Ergebnissen, die in der Grafik dargestellt sind.

2. Tauscht euch über die Ergebnisse aus. Begründet eure jeweilige Entscheidung.

M2 Mobile Payment – Bezahlen mit dem Handy

Zahlungen sind auch ohne Internetverbindung möglich

Du kannst mit deinem Handy bis zu zehnmal auch offline bezahlen. Die Zahlungen werden automatisch verbucht, sobald dein Handy wieder online ist.

[5]

Verlust des Handys bedeutet nicht gleich Geldverlust

Das Geld ist nicht direkt auf deinem Handy gespeichert, sondern eine digitale Version deiner EC- oder Kreditkarte. Außerdem sind dein Smartphone und die App, mit der du bezahlst immer durch ein Passwort, deinen Fingerabdruck oder Face ID abgesichert.

[10]

Zahlungen können nicht „im Vorbeigehen" abgefangen werden

[15]

Wenn du mit deinem Smartphone bezahlst, wird die Transaktion per NFC übermittelt. Dafür ist es notwendig, dass du dein Handy mit nur wenigen Zentimeter[n] Abstand über das Zahlungsgerät hältst. Im Anschluss muss eine Zahlung von dir durch eine Sicherheitsprüfung bestätigt werden.

[20]

Fazit: Mobiles Bezahlen bringt viele Vorteile

Durch diese Absicherungen ist das Bezahlen mit dem Handy nicht weniger sicher als normale Zahlkarten.

[25]

Basierend auf: futurzone/CK: Keine Zahlung ohne Internet? 4 Mythen rund um das mobile Bezahlen, www.futurzone.de, 16.09.2019

 3. Beschreibe die Vorteile, die das Bezahlen mit dem Handy gegenüber Bargeld mit sich bringen kann, sowohl aus der Sicht des Kunden als auch aus der Sicht des Verkäufers.

4. Erläutere, welche Probleme und Gefahren sich aus dem Bezahlen mit dem Handy oder einer Zahlkarte ergeben können.

5. Recherchiere, was sich hinter „NFC", „PIN" und „Face ID" verbirgt.

6. Erkläre, warum das Bezahlen mit dem Handy relativ sicher ist.

M3 Onlinebanking

 7. Werte die Grafik aus und entscheide: richtig, falsch, keine Antwort möglich.

a) Mehr als drei Viertel aller Befragten nutzen im Jahr 2018 jeweils die Möglichkeit des Onlinebankings.

b) Onlinebanking wird am meisten von zuhause aus betrieben.

c) Onlinebanking wird am ehesten für tägliche Bankgeschäfte genutzt.

d) Von den Befragten überprüfen 99 % ihren Kontostand über Onlinebanking.

8. Nenne Vorteile, die Onlinebanking für die Kunden der Bank und für die Bank selbst mit sich bringen kann.

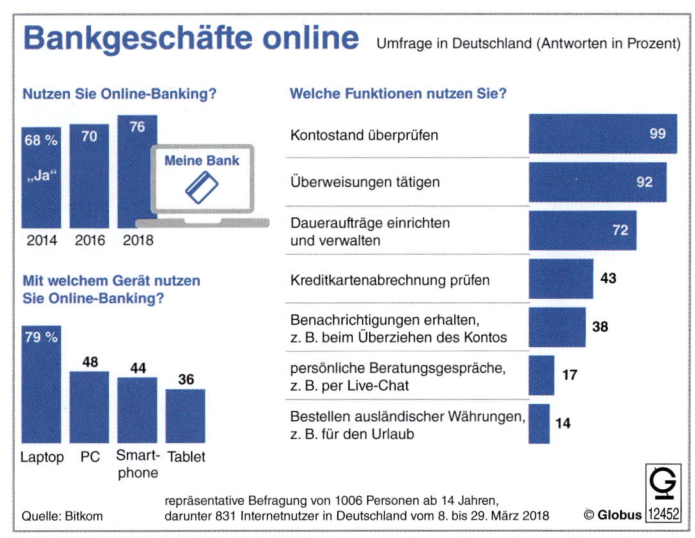

3.5 Ab wann werden Schulden gefährlich?

Du nutzt in unterschiedlichen Situationen beim Konsum Möglichkeiten der Kreditbeschaffung. Dabei ist dir die Gefahr einer Überschuldung bewusst. Im Falle einer Überschuldung zeigst du Möglichkeiten der Problemlösung auf.

Es gibt viele Wege, Geld schnell loszuwerden. Die Nutzung von Kreditkarten, das Onlineshopping und Angebote wie „Null-Prozent-Finanzierung", „Sofortkredit" oder „jetzt einkaufen, später bezahlen" verleiten oft dazu, mehr Geld auszugeben, als man eigentlich hat. Auch viele Jugendliche geraten damit in die Schuldenfalle. Worauf sollte man achten, um eine Überschuldung zu vermeiden und welche Möglichkeiten gibt es, sich aus der Schuldenfalle zu befreien?

 Kaufen auf „Pump"

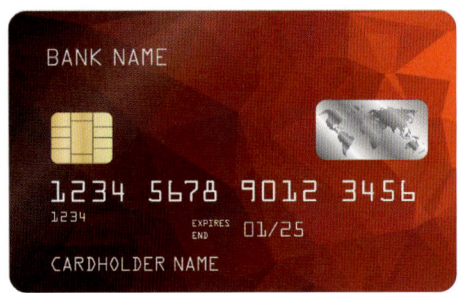

Überschuldung
wenn ein Schuldner seine Schulden nicht mehr zurückbezahlen kann, weil sein Einkommen und sein Vermögen dafür nicht ausreichen.

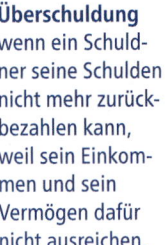

→ 1. Erkläre, warum es sich bei den gezeigten Möglichkeiten jeweils um einen Kredit handelt (vgl. Fachwissen S. 70).
2. Erläutere, warum gerade bei diesen Möglichkeiten die Gefahr einer Überschuldung groß ist.

M2 **Der Weg in die Schuldenfalle**

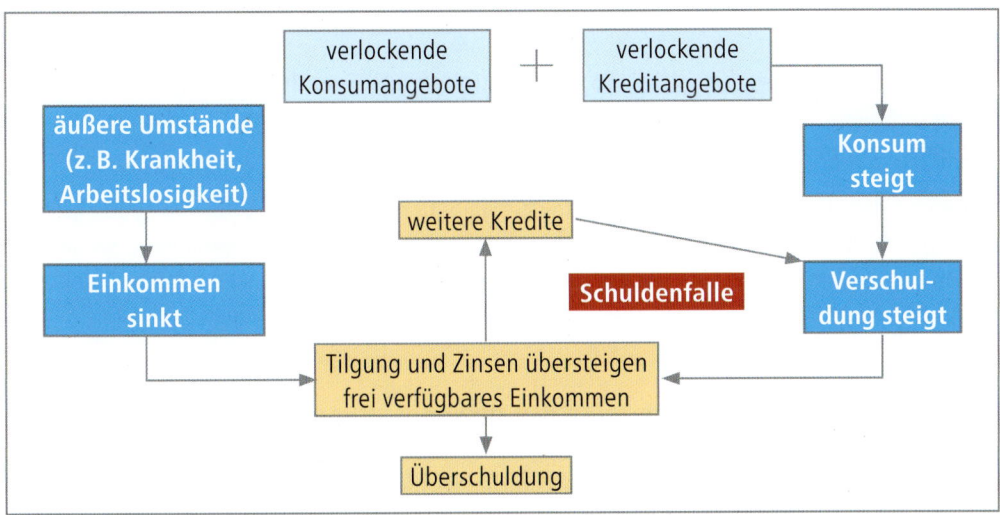

→ **3.** Erkläre den Weg in die Schuldenfalle.

4. Überprüfe dein eigenes Konsumverhalten hinsichtlich des Risikos einer Ver- oder Überschuldung.

5. Erstelle mit einem Partner eine Liste mit Vorschlägen, wie sich eine Überschuldung vermeiden lässt.

M3 **Wie komme ich aus der Schuldenfalle wieder raus?**

Um handlungsfähig zu bleiben und einen klaren Kopf zu behalten, ist es wichtig, sich die Situation offen einzugestehen und nicht vor dem Problem davonzulaufen. Auch wenn es unangenehm ist, muss eine Bestandsaufnahme gemacht werden, um Wege aus der Schuldenfalle zu finden. Dazu gehört es, alle Verbindlichkeiten aufzulisten und mit Gläubigern in Kontakt zu treten, um Lösungsmöglichkeiten zu suchen. Manche Gläubiger erklären sich unter Umständen mit einer Ratenzahlung einverstanden. Städte und Gemeinden unterstützen Betroffene und helfen ihnen, einen Weg aus der Schuldenfalle zu finden. Die staatliche Schuldnerberatung ist im Gegensatz zu einer privaten, die häufig von unseriösen Unternehmen angeboten wird, auch noch kostenlos. Scheitern auch mit Hilfe eines professionellen Experten von der Schuldnerberatung alle Versuche, die Verbindlichkeiten loszuwerden, bleibt nur der Weg in die Privatinsolvenz. Diese gewährt die Chance, nach sechs Jahren, unter Umständen auch früher, wieder schuldenfrei zu sein und wirtschaftlich neu anzufangen.

Wege aus der Schuldenfalle - Tipps und Informationen, www.die-neue-welle.de, 03.09.2019

→ **6.** Führe mit deiner Nachbarin bzw. deinem Nachbarn eine erste Sprechstunde einer fiktiven Schuldnerberatung durch. Übernehmt dabei die Rollen des Schuldners und des Beraters (**M3**).

3.6 Welche Geldanlage ist die richtige?

Du wählst für unterschiedliche Lebenssituationen und Sparziele sinnvolle Geldanlagemöglichkeiten aus.

Sparen auf den Urlaub, auf den Führerschein oder gar schon für das erste Auto. Wer später größere Ausgaben vorhat, überlegt sich oft schon rechtzeitig, wie er das dafür notwendige Geld sinnvoll beiseitelegen kann. Bei der Vielzahl der Anlagemöglichkeiten, die die Banken anbieten, stellt sich die Frage, welche Kriterien man bei der Geldanlage unbedingt berücksichtigen sollte.

 M1 So sparen Jugendliche und junge Erwachsene

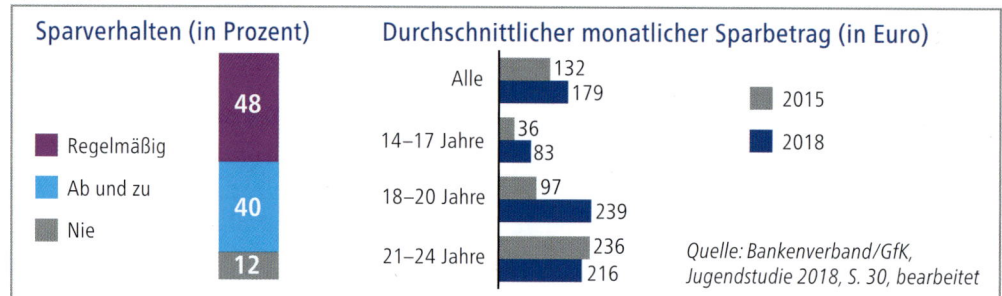

 M2 Dafür sparen Jugendliche und junge Erwachsene (Angabe in Prozent)

1. Stellt das Sparverhalten in eurer Klasse fest. Macht dazu eine Umfrage.
2. Vergleicht euer Sparverhalten und eure Sparmotive mit den in den Grafiken dargestellten Zahlen.
3. Nennt Gründe für euer Sparverhalten und eure Sparmotive. Tauscht euch in der Klasse darüber aus.

M3   Die Kriterien der Geldanlage

Bei Ihrer Anlage sollten Sie
folgende Kriterien berücksichtigen:

| Rentabilität | Sicherheit | Liquidität |

Wählen Sie aus folgenden Kombinationen:
a) Hohe Rentabilität und hohe Sicherheit hat leider keine hohe Liquidität
b) Hohe Liquidität und hohe Rentabilität hat leider keine hohe Sicherheit.
c) Hohe Sicherheit und hohe Liquidität hat leider keine hohe Rentabilität.
Alle drei Kriterien gleichzeitig zu erfüllen ist leider nicht möglich.

Rentabilität
eingesetztes
Kapital im Verhältnis zum damit
erzielten Erfolg

Liquidität
Verfügbarkeit
des eingesetzten
Kapitals

 4. Erkläre am Beispiel des Lottospielens, warum sich Sicherheit und Rentabilität nicht gleichzeitig erreichen lassen.

5. Das Geld auf deinem Sparbuch kannst du in einem bestimmten Umfang täglich abheben. Einlagen bei Banken gelten als sicher. Schließe aus beiden Informationen auf die Rentabilität der Geldanlage auf dem Sparbuch. Überprüfe dein Ergebnis, indem du den Zinssatz für Spareinlagen bei deiner Bank recherchierst.

M4   Die wichtigen Fragen des Lebens

Karikatur: Gerhard Mester

 6. Beschreibe und interpretiere die Karikatur. Leite daraus ein zusätzliches Kriterium ab, nach dem man eine Anlageentscheidung treffen könnte.

7. Finde weitere Kriterien, die deine Anlageentscheidung beeinflussen könnten.

Der TSV München von 1860 GmbH & Co. KGaA schuldet dem Inhaber dieser **Inhaberschuldverschreibung 2010/2015** den Betrag von einhundertfünfzig Euro. Dieser Betrag wird gemäß den auf der Rückseite abgedruckten Bedingungen jeweils am 2. Juli des Jahres verzinst. Die Rückzahlung ist am 2. Juli 2015 fällig.

Eine Aktie

Der Inhaber dieser Stückaktie ist an der Borussia Dortmund GmbH & Co. KGaA, Dortmund, mit einem anteiligen Betrag am Grundkapital nach Maßgabe ihrer Satzung als Kommanditaktionär beteiligt.

Dortmund, im Oktober 2000
Borussia Dortmund GmbH & Co.
Kommanditgesellschaft auf Aktien

Der Aufsichtsrat   Borussia Dortmund Geschäftsführungs-GmbH als Komp.

Vorsitzender   Die Geschäftsführer

→ 8. Erkläre am Beispiel der Anleihe des Münchner Sportvereins (**M5**) und der Aktie von Borussia Dortmund (**M6**) den grundsätzlichen Unterschied zwischen einem Gläubiger- und einem Teilhaberpapier. (vgl. Fachwissen S. 72)

9. Beurteile die 1860er-Anleihe und die BVB-Aktie nach den Kriterien der Geldanlage (**M3**).

M7 Geburtstagsüberraschung für Eva

Evas Patenonkel überrascht sie bei ihrer Geburtstagsfeier. Er schenkt ihr ein Sparbuch mit 3.000 Euro. „Seit deiner Geburt habe ich regelmäßig etwas für dich zurückgelegt. In 15 Jahren ist eine stattliche Summe zusammengekommen. Nun bist du alt genug, etwas Sinnvolles mit dem Geld anzufangen."

Ihre spontane Idee, erst einmal richtig shoppen zu gehen verwirft Eva schnell wieder. Schließlich hat sie vor, nach ihrem Realschulabschluss im nächsten Jahr eine Berufsfachschule in einem anderen Ort zu besuchen. Dafür will sie 1.000 Euro sparen. Außerdem steht in zweieinhalb Jahren der Führerschein an und der kostet bestimmt 1.500 Euro. Schließlich sollte ein Teil des Geldes auch eine vernünftige Rendite abwerfen. Dafür ist Eva auch bereit, ein höheres Risiko einzugehen. Ein paar neue Klamotten sollten aber trotzdem noch drin sein.

M8 Evas Anlagemöglichkeiten

Sichteinlagen

Zu den Sichteinlagen zählen das Girokonto und das Tagesgeldkonto. Wenn Sie Geld sicher anlegen und schnell darauf zugreifen wollen, ist ein Tagesgeldkonto eine gute Wahl.

Das Tagesgeldkonto auf einen Blick:

- ✔ mehr Zinsen als am Girokonto, jedoch meist sehr niedrig
- ✔ Guthaben jederzeit verfügbar
- ✔ sichere Anlage
- ✔ bequeme Kontoführung online

Termingeld

Sie haben eine größere Summe für absehbare Zeit zur Verfügung? Mit Termingeld legen Sie Ihr Geld bei begrenzter Laufzeit und garantierten Zinsen ohne Risiko an.

Termingeld auf einen Blick:

- ✔ feste Zinsen ohne Risiko
- ✔ flexible Laufzeiten
- ✔ garantierter Zins für die gesamte Laufzeit
- ✔ kostenlose Kontoführung

Sparbuch

Sie sparen auf ein konkretes Ziel wie den nächsten Urlaub? Das Sparbuch ist eine der einfachsten und sichersten Möglichkeiten, zu sparen.

Das Sparbuch auf einen Blick:

- ✔ hohe Sicherheit, jedoch geringe Verzinsung
- ✔ flexible Einzahlung oder in festen Raten
- ✔ unkomplizierte Sparmöglichkeit
- ✔ keine Gebühren

Aktien

Langfristig ist die Anlage in Aktien gegenüber anderen Geldanlagen unschlagbar. Sie nutzen die Hochphasen an der Börse und sitzen die schwachen Zeiten aus.

Die Anlage in Aktien auf einen Blick:

- ✔ hohe Gewinne aber auch Verluste möglich
- ✔ meist Anteil am Gewinn des Unternehmens (Dividende)
- ✔ direkte Beteiligung an einem Unternehmen
- ✔ immer an der Börse handelbar

Festverzinsliche Wertpapiere (Anleihen)

Sie möchten Geld anlegen und dabei ruhig schlafen können? Dann sind festverzinsliche Wertpapiere vielleicht genau das Richtige für Sie.

Vorteile festverzinslicher Wertpapiere:

- ✔ regelmäßig feste Zinsen
- ✔ immer an der Börse handelbar
- ✔ individuelle Laufzeit
- ✔ hohe Sicherheit bei guten Emittenten

Emittent
Ausgeber/
Aussteller von
Wertpapieren

Quelle: www.sparkasse.de, 02.10.19, bearbeitet

➡ **10.** Recherchiere im Internet nach der momentanen Verzinsung der genannten Anlagemöglichkeiten.

11. Beratet Eva, wie sie das Geld, das sie zum Geburtstag geschenkt bekommen hat (**M7**) sinnvoll anlegen sollte (**M8**). Beachtet dabei die Kriterien der Geldanlage (**M3**).

12. Recherchiere weitere Möglichkeiten der Geldanlage, die für Eva (**M7**) in Frage kommen könnten.

3.7 Wie sorgt man sinnvoll für das Alter vor?

> **Du wählst eine geeignete Anlageform für die Altersvorsorge aus. Dabei bist du dir der Notwendigkeit einer privaten Altersvorsorge bewusst.**

Die Rente sollte zu einem würdevollen Leben im Alter reichen. Doch das ist oftmals nicht der Fall – und der Druck auf das Rentensystem droht sich in den nächsten Jahren zu verstärken. Wie ist das System der Altersvorsorge aufgebaut und welche Möglichkeiten der Geldanlage sind für die private Vorsorge sinnvoll?

 Das deutsche System der Altersvorsorge

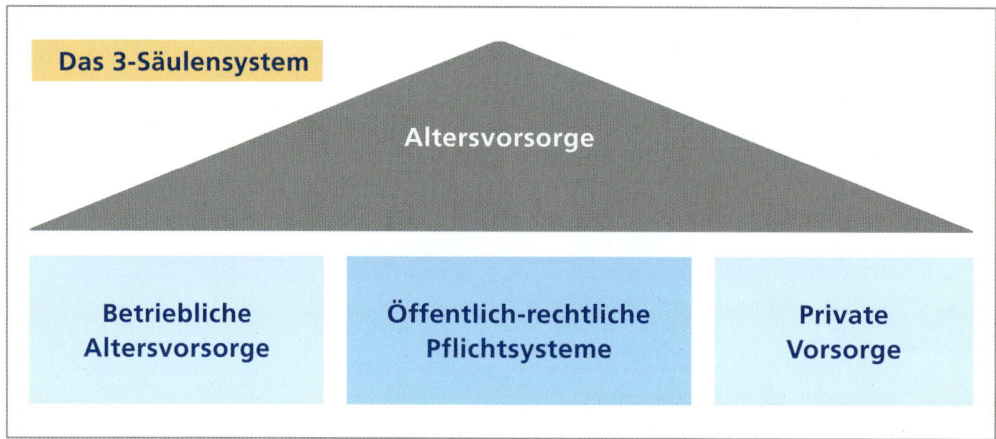

Für den größten Teil der Deutschen ist die **gesetzliche Rente** die wichtigste Einnahmequelle im Alter. Zusätzlich erhalten viele daneben Bezüge aus der betrieblichen Altersversorgung oder der privaten Vorsorge. Die Altersvorsorge in Deutschland nennt man deshalb auch „Drei-Säulen-Modell".

Arbeitnehmer haben grundsätzlich einen gesetzlichen Anspruch auf **betriebliche Altersvorsorge**. Da sie durch den Arbeitgeber organisiert wird, wählt er die Anlageform dafür aus und kümmert sich um die Beitragszahlung.

Nur die dritte, **private** Säule der **Altersvorsorge** wird ausschließlich von jedem selbst organisiert. Wie viel und in welcher Form man spart entscheidet jeder individuell.

1. Erkläre, warum eine Altersvorsorge grundsätzlich nötig ist.
2. Begründe, dass es auch im 3-Säulen-System nötig ist, private Vorsorge für das Alter zu treffen (vgl. Fachwissen S. 72 f., Kapitel 4 S. 88 f.).
3. Erläutere, welche Kriterien der Geldanlage für die private Altersvorsorge besonders wichtig sein sollten.

M2 Möglichkeiten der privaten Altersvorsorge

Wenn man nach seiner Pensionierung eine zusätzliche Rente erhalten möchte, hat man verschiedene Möglichkeiten: Als weitgehend sichere Anlageform gelten private Rentenver-
[5] sicherungen, Kapitallebensversicherungen, Banksparpläne oder private Gläubigerpapiere. All diese Formen versprechen aber nur eine geringe Rendite. Wer mit seiner Geldanlage höhere Gewinne erwirtschaften will,
[10] muss auch bereit sein, ein höheres Risiko einzugehen. Dabei bieten sich Aktien, Aktienfonds oder fondsgebundene Lebensversicherungen an. Je früher man sich für eine Form der privaten Vorsorge entscheidet, desto länger ist die Anlagezeit und desto geringer sind [15] die nötigen monatlichen Sparbeiträge.

Bestimmte Sparverträge werden auch vom Staat mit Steuervorteilen und Zulagen unterstützt. Aufgrund der weiterhin niedrigen Zinsen gelten auch die eigenen vier [20] Wände als ein sinnvoller Weg der privaten Altersvorsorge. Wer dafür in einen Bausparvertrag einbezahlt, erhält in der Regel eine Wohnungsbauprämie vom Staat.

Basierend auf: Kührt, Peter; Meyer, Eric: (T)räume finanzieren, www.bausparkassen.de, 2017, S. 26

→ **4.** Erkläre, warum man sich frühzeitig Gedanken über die Altersvorsorge machen sollte.
5. Recherchiert in Kleingruppen die unterschiedlichen Formen der privaten Altersvorsorge, zum Beispiel auf den Webseiten des Bundesministeriums für Arbeit und Soziales, der Deutschen Rentenversicherung oder privater Banken.
6. Stellt eure Ergebnisse in einem kurzen Referat vor.

M3 Die Riester-Rente

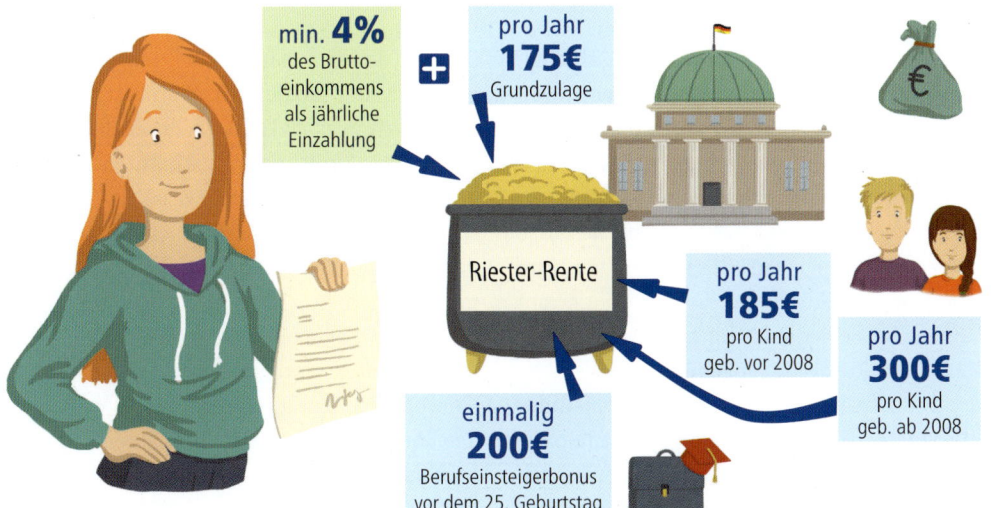

min. **4%** des Bruttoeinkommens als jährliche Einzahlung

➕ pro Jahr **175€** Grundzulage

Riester-Rente

pro Jahr **185€** pro Kind geb. vor 2008

pro Jahr **300€** pro Kind geb. ab 2008

einmalig **200€** Berufseinsteigerbonus vor dem 25. Geburtstag

Übrigens:
Die Beiträge, die du in einen Riester-Vertrag einzahlst, kannst du bei der Steuererklärung angeben. Bis zu 2.100 Euro im Jahr können so geltend gemacht werden.

Basierend auf: www.blog.union-investment.de Vereinfachte, schematische Darstellung der staatlichen bzw. steuerlichen Förderung und deren gesetzlichen Voraussetzungen, die jederzeit Änderungen unterworfen sein können. Sie ersetzt weder die individuelle Anlageberatung durch die Bank noch die individuelle, qualifizierte Steuerberatung. Stand: 31. März 2020.

→ **7. a)** Erläutere, wie der Staat die private Altersvorsorge bei der Riester-Rente fördert.
   b) Überprüfe, ob die Werte für 2018 zwischenzeitlich angepasst worden sind.
8. Recherchiere, was man unter der sogenannten Rürup-Rente versteht.

3.8 Was ist eine Börse und wie bildet sich dort der Aktienkurs?

Du grenzt Börsen anhand charakteristischer Merkmale von anderen Märkten ab und vollziehst die Kursermittlung am Aktienmarkt an Beispielen nach.

In der „Börse vor acht" vor der Tagesschau im Ersten wird regelmäßig über Aktuelles von der Frankfurter Börse berichtet. Dort ist von einem Bullen- oder einem Bärenmarkt die Rede, wenn die Kurse stark steigen oder fallen. Die Nachrichten berichten, dass die Preise an den Rohstoffbörsen wieder gestiegen sind. Was eigentlich ist eine Börse genau und wie kommt es dort zur Kursbildung?

M1 Was ist eine Börse?

Wenn man bei „wikipedia" nachforscht, was eine Börse ist, stößt man auf eine sehr kurze Antwort: „Eine Börse ist ein nach bestimmten Regeln organisierter Markt vertretbarer Sachen."

5 Vom Wochenmarkt, auf dem u. a. Gemüse, Obst, Fleisch und Eier gehandelt werden, haben wir eine Vorstellung, was ein Markt ist. Dort treffen die Anbieter (z. B. die Bauern
10 aus dem Umland) auf die Nachfrager (Käufer). Außerdem bildet sich dort, je nach Angebot und Nachfrage, der Preis für die Güter. Ist die Nachfrage hoch, das Angebot aber gering (z. B. bei Spargel oder Erdbeeren im
15 Frühjahr), ist auch der Preis hoch. Besteht ein Überangebot, ist er niedrig. Da an den Wochenmärkten die Preise im Gegensatz zu der Börse meist feststehen, gleicht die Börse aber wohl eher einem Basar. Dort wird um
20 die Preise gefeilscht. Wenn dem Käufer auf einem Basar der Preis zu hoch ist, kann er selbst ein Preisgebot abgeben.

Vertretbare Sachen sind Waren oder Wertpapiere, die untereinander austausch-
25 bar sind. An der Zapfsäule ist es egal, welchen Liter Benzin genau man aus dem großen Tank der Tankstelle in das Auto füllt. Auch ist es egal, welche Marke Benzin man tankt. Superbenzin bleibt Superbenzin. Eine
30 Siemens-Aktie bleibt eine Siemens-Aktie.

Bär und Bulle vor der Frankfurter Börse

Dadurch, dass die Güter, die an der Börse gehandelt werden, genau definiert und untereinander gegenseitig austauschbar sind, müssen sie beim Handel auch nicht körper-
35 lich am Markt (an der Börse) anwesend sein. Jeder weiß, was er kauft, wenn er dort eine bestimmte Aktie eines bestimmten Unternehmens oder ein Barrel (Fass) der Rohölsorte „Brent" kauft. Beim Wochenmarkt ist
40 das anders. Wenn man dort Spargel kauft, möchte man ihn in Augenschein nehmen, um festzustellen, ob er auch frisch ist.

Ein weiter Unterschied zu einem herkömmlichen Markt besteht darin, dass an der Börse die Teilnehmer als Käufer und als
45 Verkäufer auftreten können und der Handel nicht direkt stattfindet. Es gibt Vermittler wie Online Broker oder Banken. Außerdem gelten beim Börsenhandel feste Regeln und die Geschäfte werden von bestimmten Insti-
50 tutionen genau überwacht.

→ 1. Vergleiche einen Wochenmarkt mit der Börse.

2. Recherchiere, welche verschieden Arten von Börsen es gibt und welche Güter dort gehandelt werden.

3. Recherchiere, was es mit den Skulpturen des Bären und Bullen vor der Frankfurter Wertpapierbörse auf sich hat.

M2 Kursbildung

Der Kurs eines Wertpapiers ist der Preis, zu dem ein Wertpapier an der Börse entweder verkauft wurde oder den ein Marktteilnehmer bietet bzw. verlangt. Der Kurs, zu dem gehandelt wird, ergibt sich aus Angebot und Nachfrage. Die Kursfestsetzung durch die amtlichen oder auch freien Makler geschieht dabei nach der Maßgabe des größten möglichen Umsatzes. Der Makler stellt also die vorliegenden Kauf- und Verkaufsaufträge einander gegenüber und ermittelt den Kurs, zu dem die größte Stückzahl abgewickelt werden kann.

FAZ.net Börsenlexikon, www.boersenlexikon.faz.net, abgerufen am 10.01.2020

M3 Kauf- und Verkaufsaufträge der AG-Aktie

Kaufaufträge		Verkaufsaufträge	
Limit	Stück	Limit	Stück
9,95 Euro	30	bestens	30
10,10 Euro	50	10,00 Euro	40
10,15 Euro	110	10,10 Euro	50
10,30 Euro	40	10,30 Euro	80
10,45 Euro	50	10,40 Euro	120
billigst	60	10,50 Euro	80

Börsensprache
„Billigst" bedeutet, dass ein Käufer bereit ist, eine Aktie zu jedem Kurs zu kaufen, auch wenn dieser sehr hoch ist. „Bestens" bedeutet, dass ein Verkäufer bereit ist, seine Aktien zu jedem Kurs zu verkaufen, auch wenn dieser sehr niedrig ist.

→ 4. Begründe, dass bei den gegebenen Aufträgen (M3) bei einem angenommenen Kurs von 10,45 Euro insgesamt Kaufaufträge für 110 Stück der AG-Aktie vorliegen würden.

5. Bestimme den Kurs der AG-Aktie. Ermittle dafür für jeden einzelnen Kurs (Spalte 1) die gesamte Stückzahl der in M3 vorliegenden Kaufaufträge und der vorliegenden Verkaufsaufträge. Bestimme zu jedem Kurs den Umsatz in Stück und dann den Kurs mit der umsatzmaximalen Stückzahl (M2, M3).

6. Stelle den Verlauf der Angebotskurve (Verkaufsaufträge) und der Nachfragekurve (Kaufaufträge) grafisch im Marktmodell dar. (Hochachse: Kurs in Euro, Querachse: Stückzahl)

3.9 Warum ist der DAX ein wichtiges Barometer unserer Wirtschaft?

Du erklärst an Beispielen, wie sich wichtige wirtschaftliche und politische Ereignisse an der Börse widerspiegeln.

Wenn von der Börse berichtet wird, dann fallen immer wieder Begriffe wie DAX, DOW JONES oder NIKKEI, dann ist von Börsenthermometer oder von Wirtschaftsbarometern die Rede. Was verbirgt sich hinter den ominösen Abkürzungen oder Namen und wie lässt sich aus den Aktienkursen die wirtschaftliche Entwicklung in einem Land oder auf der ganzen Welt ablesen?

M1 Was sind Aktienindizes?

Ein Aktienindex gibt einen Überblick über den allgemeinen Kursverlauf mehrerer Aktien. Dabei kann sich der Index zum Beispiel auf ein Land oder eine bestimmte Branche beziehen.
5 Der wichtigste Index in Deutschland ist der Deutsche Aktienindex DAX30. Dieser enthält die 30 größten Aktiengesellschaften Deutschlands. Weitere bekannte Indizes sind u. a. der DOW JONES für die USA, der NIKKEI für Japan und der EURO STOXX50 für Europa. 10

Was sind Aktienindizes?, www.finanztreff.de, abgerufen am 24.01.2020

→ 1. Erkläre, warum es für einen Anleger sinnvoll ist, nicht nur die Kursentwicklung einzelner Aktien zu verfolgen, sondern auch Indizes, also die Gesamtentwicklung des Marktes zu betrachten.
2. Recherchiere welche Unternehmen im DAX30 vertreten sind.
3. Recherchiere die Entwicklung der genannten Indizes in der letzten Woche.

M2 Der Schwarze Freitag 1929: der Beginn der Weltwirtschaftskrise

In den Goldenen 1920er Jahren befand sich vor allem Amerika in einer viel versprechenden wirtschaftlichen Lage. Stand der US-amerikanische Aktienindex Dow Jones 1923
5 noch bei 100 Punkten, hatte er bald schon einen Rekordstand von 331 Punkten. Die Menschen dachten, der Aufschwung werde ewig anhalten und legten ihr Geld nun vermehrt in verschiedene Aktien an, um am
10 Boom teilzuhaben. Viele besaßen nicht genug eigenes Vermögen, um an der Börse einzusteigen, weshalb sie sich von den Banken Kredite holten. Sie hofften, mit den Aktien so viel Gewinn zu machen, dass sie davon das Darlehen zurückzahlen könnten. 15 [...]

Es entstand eine so genannte Spekulationsblase, die immer weiter anwuchs. Im Oktober 1929 wurden sich viele Anleger langsam der Unsicherheit ihres Investments 20 bewusst. [...] Überall war Unsicherheit und Angst bei den Anlegern zu spüren.

Gegen Donnerstagmittag, 24. Oktober, brach die große Panik aus. Die Anleger und
25 Unternehmen verkauften so viel wie möglich von ihren Aktien, egal zu welchem Preis, und der Aktienindex Dow Jones sackte immer weiter ab.

Die Nachricht vom Börsenkrach am Schwar-
30 zen Donnerstag kam in Europa erst am folgen-
den Freitag, 25. Oktober, an. […] Auch in Europa brachen nun die Aktienmärkte zusammen, da die Anleger auch hier Panik bekamen und ihre Aktien sofort verkaufen wollten. Es begann die Weltwirtschaftskrise.
35

Jan Wrede, Onlineredaktion www.wasistwas.de, Tessloff Verlag Nürnberg (abgerufen am 24.01.2020)

→ **4.** Erläutere anhand des „Schwarzen Freitag", warum Aktienindizes auch als Wirtschaftsbarometer bezeichnet werden.

M3 **Die Entwicklung des DAX**

DAX 2007–2020 (jeweils Monatsschlusskurse)

Quelle: www.boerse.de/historische-kurse/Dax, eigene Darstellung

M4 **Wirtschaftsnachrichten**

Der Tag, an dem die Welt fast unterging
Am 15. September 2008, ging die US-Bank Lehman Brothers pleite – die Finanzkrise begann.

DAX schafft sattes Jahresplus
Das deutsche Börsenbarometer verbuchte damit das sechste Gewinnjahr in Folge. In diesem Zeitraum erholte sich der Dax vollends von der 2008 ausgebrochenen Finanzkrise – und erklomm im Jahresverlauf einen Rekordstand von gut 13.525 Punkten. Zum Jahresgewinn trug auch die lockere Geldpolitik der Notenbanken weltweit bei.

Von einem Absturz zum nächsten
Der Dax bewegte sich in diesem Jahr zwischen einem Höchststand von 7.600 Punkten und einem Tief von 4.965 Punkten. Die Ursachen für die Schwankungen von mehr als 2.600 Punkten waren vielfältig. Im März ließen Nachrichten über den Tsunami und die drohende Atomkatastrophe in Japan die Aktienkurse einstürzen. Panikverkäufe in Japan schwappten auf andere große Börsen über.

→ **5.** Ordne die Schlagzeilen (**M4**) zeitlich in den Verlauf des DAX (**M3**) ein.

Die Banken im Wirtschaftskreislauf

Banken sind Unternehmen, die Geldgeschäfte tätigen. Im **Wirtschaftskreislauf** nehmen sie eine besondere Stellung zwischen den Haushalten und den anderen Unternehmen ein, denn sie haben wichtige Aufgaben in unserer Wirtschaft zu erfüllen. Sie sammeln meist kleinere Geldbeträge von denjenigen, die sparen wollen und geben sie an diejenigen als **Kredite** weiter, die Geld in größerer Menge benötigen. Dies können z. B. Haushalte sein, die damit Anschaffungen wie etwa ein Auto oder ein Haus finanzieren wollen. Aber auch Unternehmen finanzieren mit Bankkrediten oft ihre Investitionen. Außerdem wickeln die Banken einen Großteil des **Zahlungsverkehrs** zwischen Haushalten und Unternehmen ab. So werden die meisten Zahlungen (Gehalt, Konsumausgaben, Miete etc.) über Bankkonten getätigt.

Das deutsche Bankensystem

Bank ist nicht gleich Bank. Je nachdem, welche Hauptgeschäfte eine Bank macht oder in welcher Rechtsform sie organisiert ist, lassen sich die Banken unterschiedlich ins deutsche Bankensystem einordnen. Die **Geschäftsbanken** sind die Banken für die privaten Haushalte und für die Unternehmen. Bei ihnen unterscheidet man zwischen **Universalbanken**, die alle Bankgeschäfte anbieten, und **Spezialbanken**, die sich auf wenige Bankgeschäfte spezialisiert haben, wie z. B. Bausparkassen. Zu den Universalbanken zählen private Banken, die Sparkassen und Genossenschaftsbanken.

Deutsche Bundesbank
„Bank der Banken"

Geschäftsbanken
Dienstleistungsunternehmen für private Bankkunden und Firmenkunden

Universalbanken
bieten verschiedene Bankleistungen an, wie z. B. Einlagen- und Kreditgeschäfte, Wertpapiergeschäfte und die Abwicklung des Zahlungsverkehrs.

Spezialbanken
bieten nur eine oder wenige Bankleistungen an, wie z. B. Bausparfinanzierung und Bausparverträge.

Private Banken
Überregionale Banken mit der Rechtsform der Aktiengesellschaft (AG)

Genossenschaftsbanken
Regionalbanken mit der Rechtsform der Genossenschaft (e. G.)

Sparkassen
regionale öffentlich-rechtliche Kreditinstitute (gehören meist Gemeinden oder Landkreisen)

z. B.
- Deutsche Bank
- Commerzbank
- UniCredit

z. B.
- Volksbank Raiffeisenbank Bayern Mitte
- Genossenschaftsbank Unterallgäu
- Liga Bank

z. B.
- Stadtsparkasse München
- Sparkasse Bamberg
- Kreissparkasse Kelheim

z. B.
- KfW Bankengruppe
- Bausparkasse Schwäbisch Hall
- Münchener Hypothekenbank

Der **Deutschen Bundesbank** kommt im Bankensystem eine besondere Aufgabe zu. Sie ist die **deutsche Zentralbank** und damit die „Bank der Banken". Gemeinsam mit den anderen Zentralbanken in der Eurozone ist sie u. a. für die **Preisniveaustabilität** zuständig. Zu ihren weiteren Aufgaben zählen die Bereitstellung von Euro-Bargeld, die Sicherung und Überwachung des bargeldlosen Zahlungsverkehrs, die Bankenaufsicht und die Sicherung der Finanzstabilität.

Banken haben im Prinzip drei Einkommensquellen: Beim **Aktivgeschäft** vergeben sie **Kredite** an Haushalte oder Unternehmen, die das Geld für ihren Konsum oder für Investitionen benötigen. Das Geld, das sie für die Kreditvergabe benötigen, stammt von den **Einlagen** ihrer Kunden. Da die Einlagen für die Bank Schulden darstellen und damit die Passiva der Bilanz betreffen, heißen diese Geschäfte auch **Passivgeschäfte**.

Da die Banken für die Vergabe eines Kredits höhere Zinsen verlangen, als sie ihren Kunden für ihre Einlagen bezahlen, erwirtschaften sie Überschüsse. Den Unterschied zwischen den Einlagezinsen, die die Bank ihren Kunden bezahlt und den Kreditzinsen, die sie von ihnen verlangt, nennt man **Zinsmarge**. Sie stellt die wichtigste Einnahmequelle der Banken dar.

Eine weitere wichtige Einnahmequelle für die Banken sind die sogenannten **Dienstleistungsgeschäfte**. Darunter fallen z. B. die Führung eines Girokontos, die Abwicklung von Wertpapiergeschäften für die Kunden oder der Umtausch von fremden Währungen. Für alle diese Dienstleistungen verlangen die Banken in der Regel Gebühren.

Bankgeschäfte

Beim Bezahlen alltäglicher Käufe wird das Bargeld immer mehr vom Zahlen mit der Giro- oder Kreditkarte („**Plastic money**") oder dem sogenannten **Mobile Payment** abgelöst. Dabei handelt es sich um eine elektronische Zahlungsart, wobei mobile Endgeräte wie Smartphones, Smartwatches oder Tablets eingesetzt werden. Durch hohe Sicherheitsstandards bringt diese Art des Bezahlens kaum zusätzliche Risiken mit sich. Jedoch kann man, im Gegensatz zum Bezahlen mit Bargeld, leicht den Überblick über seine Ausgaben verlieren.

Beim sogenannten **Onlinebanking** werden Bankgeschäfte nicht mehr im Gebäude der Bank erledigt, sondern von zuhause aus am Computer oder von unterwegs per Smartphone über das Internet. Dies betrifft v. a. tägliche Geschäfte wie Überweisungen tätigen oder einen Dauerauftrag einrichten. Bankkunden können ihre Geschäfte dadurch rund um die Uhr und auch am Wochenende erledigen. Aber auch die Banken haben dadurch Vorteile. So können sie etwa Personal einsparen, das sonst in den Schalterräumen für die Bedienung der Kunden zur Verfügung stehen müsste.

Risiken und Gefahren bestehen dabei vor allem durch das sogenannte „**Phishing**" (Zusammensetzung aus „Password" und „Fishing"), wobei Betrüger meist über gefälschte E-Mails die Zugangsdaten und Passwörter oder Kreditkartennummern von den Kontoinhabern ausspähen. Aber auch über die Installation von **Schadsoftware**, sogenannten „**Trojanern**" oder „**Würmern**", bzw. **Spyware** auf den Computern der Nutzer können die Zugangsdaten der Bankkunden in falsche Hände geraten. Beachtet man aber die Sicherheitshinweise der Banken, sollte Onlinebanking relativ sicher sein.

Die Nutzung digitaler Medien beim Umgang mit Geld

Arten von Krediten

Ein **Kredit** ist Geld, das man sich von einem anderen „leiht". Der Begriff Kredit leitet sich vom lateinischen „credere" ab, was „glauben" bedeutet. Derjenige, der das Geld zur Verfügung stellt, ist der „**Gläubiger**". Er glaubt daran, dass er vom „**Schuldner**" bis zu einem festgelegten Zeitpunkt sein Geld zurückbekommt. Für die Überlassung des Kredits bezahlt der Schuldner dem Gläubiger **Zinsen**. Sie werden in Prozent des Kreditbetrags pro Jahr angegeben (z. B. 3 % p.a.). Von einem **Dispositionskredit** spricht man, wenn einem die Bank erlaubt, sein Konto zu „überziehen".

Kredite werden nach ihrer Laufzeit unterschieden, also ob man das „geliehene" Geld nach relativ kurzer oder langer Zeit zurückbezahlt haben muss. **Kurzfristige Kredite** mit einer Laufzeit unter einem Jahr dienen meist der Finanzierung von Konsumausgaben (z. B. Dispositionskredit, Ratenkredit). Von **mittelfristigen Krediten** spricht man bei einer Laufzeit von unter vier Jahren. Hierzu gehört z. B. ein Autokredit. Ein **langfristiger Kredit** mit einer Laufzeit von über vier Jahren ist z. B. der Baukredit.

Kreditsicherheiten

Wer einen Kredit vergibt, überprüft zu seiner eigenen Sicherheit zuerst die **Kreditwürdigkeit** (Bonität) seines Kunden. Eine wichtige Entscheidungsgrundlage sind hierbei Auskünfte von Institutionen wie der **Schufa** (Schutzgemeinschaft für allgemeine Kreditsicherung). Im Gegenzug informieren die Kreditgeber die Schufa über abgeschlossene Kreditverträge und über Unregelmäßigkeiten bei deren Ablauf. So erfährt die Schufa, ob ein Kreditnehmer seine Raten pünktlich zahlt oder ob Zahlungsausfälle vorliegen. Kreditsuchende, über die nachteilige Informationen gespeichert sind, bekommen häufig nur schwer einen neuen Kredit.

Bei einem **Personalkredit** verlangt der Kreditgeber keine weiteren Sicherheiten. Der Kredit wird aufgrund der **Bonität** des Kreditnehmers gewährt. Kredite können auch durch **Bürgschaften** gesichert werden. Bei einer Bürgschaft verpflichtet sich eine dritte Person gegenüber dem Kreditgeber, die Schuld zu begleichen, wenn der Kreditnehmer nicht mehr dazu in der Lage ist.

Sachkredite werden durch bewegliche Gegenstände oder durch Immobilien gesichert: Bei einer **Verpfändung** geht das Pfandobjekt (z. B. Schmuck oder Wertpapiere) in den Besitz des Gläubigers über. Bei einer **Sicherungsübereignung** wird das Eigentum an dem sicherungsübereigneten Gegenstand an den Kreditgeber übertragen. Der Schuldner kann diesen Gegenstand jedoch weiterhin nutzen, er bleibt also Besitzer. Eine Grundschuld bzw. eine Hypothek sind Pfandrechte an Grundstücken oder Gebäuden. Eine Grundschuld wird beim Grundbuchamt in das Grundbuch eingetragen. Kann der Schuldner sein Darlehen nicht vereinbarungsgemäß zurückzahlen, kann die darlehensgebende Bank das Gebäude unter Umständen zwangsversteigern lassen.

Gefahr der Überschuldung

Unüberlegte Käufe beim Onlineshopping, die Verwendung von Kreditkarten oder Werbeangebote mit günstigen Finanzierungsmöglichkeiten führen manchmal zur **Überschuldung**. Das heißt, dass der Schuldner nicht mehr in der Lage ist, seine Schulden unter normalen Umständen zurückzubezahlen. Häufig führen auch äußere Umstände wie plötzliche Arbeitslosigkeit oder Krankheit in die Schuldenfalle. Bei Fällen der Überschuldung sollte unbedingt professionelle Hilfe in Anspruch genommen werden. Diese bieten die sogenannten **Schuldnerberatungsstellen**.

3

Die Kriterien, die an eine Geldanlage angelegt werden, hängen von den **Sparmotiven** ab. Für den Anleger spielen zunächst drei Kriterien die Hauptrolle: **Sicherheit**, **Rentabilität** und **Liquidität**. Da es nur einem Zauberer gelingen könnte, alle drei Kriterien gleichzeitig zu erfüllen, spricht man auch vom „**magischen Dreieck der Geldanlage**".

Rentabilität
- In welcher Höhe werden Zinsen- bzw. Dividendenzahlungen geleistet?
- Sind zusätzliche Kursgewinne möglich?
- Welche Kosten/Gebühren entstehen?

Anlage-Kriterien

Sicherheit
- Ist die Anlage riskant?
- Ist der Anbieter seriös?
- Kann der Schuldner die fälligen Zinsen termingerecht bezahlen?
- Welche Kursverluste sind möglich?
- Wie wahrscheinlich ist ein Totalverlust?

Liquidität
- Wie lange läuft die Anlage?
- Besteht die Möglichkeit, die Anlage vorzeitig zu Bargeld zu machen?
- Welche Gebühren entstehen bei vorzeitiger Kündigung?

Manche Anleger legen bei ihrer Anlageentscheidung auch besonderen Wert auf **Nachhaltigkeit** oder **ethische Aspekte**. Dabei investieren sie gezielt in Unternehmen, die bestimmte Kriterien einhalten. Diese beziehen sich z. B. auf Umweltaspekte oder auf die Produktionsbedingungen.

Wer täglich über sein Geld verfügen möchte, sei es, um Rechnungen zu begleichen oder Bargeld abzuheben, belässt es auf dem **Girokonto**. Das dort liegende Geld wird normalerweise nicht verzinst und der Bankkunde muss in der Regel Gebühren für die Abwicklung des Zahlungsverkehrs bezahlen.

Eine geringe Verzinsung bietet das **Tagesgeldkonto**, über das zwar keine Überweisungen abgewickelt werden können, über dessen Guthaben man aber auch täglich verfügen kann. Gelder auf dem Giro- und dem Tagesgeldkonto werden auch als **Sichteinlagen** bezeichnet, da der Bankkunde sein Geld jederzeit „sehen", also darüber verfügen kann.

Ebenfalls hohe Sicherheit bei etwas höheren Zinsen gewährt eine **Termineinlage**. Dabei verzichtet der Anleger bis zu einem bestimmten Zeitpunkt völlig auf sein Geld.

Wer eine unkomplizierte Geldanlage mit sehr hoher Sicherheit sucht und bereit ist, weitestgehend auf Rendite zu verzichten, kann sein Geld auf einem **Sparbuch** anlegen. Dabei sind die von der

Bank bezahlten Zinsen meist sehr niedrig. Auch die Liquidität ist beim Sparbuch beschränkt: Lediglich 2.000 Euro können pro Kalendermonat ohne Kosten abgehoben werden. Benötigt man einen höheren Betrag, ist eine Kündigungsfrist von mindestens drei Monaten einzuhalten. Ansonsten werden von der Bank „Strafzinsen" in Rechnung gestellt.

Bei **Anleihen** oder **festverzinslichen Wertpapieren** „leiht" der Anleger Banken, Unternehmen oder Staaten Geld und erhält dafür ein Wertpapier. Bei der Ausgabe der Papiere werden die Laufzeit und der Zinssatz festgelegt. Entscheidend für die Sicherheit ist die Kreditwürdigkeit der herausgebenden Banken, Unternehmen bzw. Staaten. In der Regel bieten vor allem risikoreiche Wertpapiere eine hohe Verzinsung. Viele Papiere können an der Börse gehandelt werden. Steigt deren **Kurs** während der Laufzeit, kann man sie gewinnbringend verkaufen. Behält man die Papiere bis zum Ende der Laufzeit, so erhält man das eingesetzte Kapital plus Zinsen zurück. Während der Laufzeit ist also der Herausgeber Schuldner des Nennbetrags des Wertpapiers, der Anleger ist Gläubiger. Deshalb werden diese Papiere auch als **Gläubigerpapiere** bezeichnet.

Anders als bei Anleihen hat der Eigentümer einer **Aktie** (Aktionär) keinen Anspruch auf eine feste Verzinsung. Aktien stellen einen Anteil an einem Unternehmen dar. Der Aktionär ist damit Miteigentümer der Aktiengesellschaft. Als solcher wird er am Gewinn des Unternehmens beteiligt, er erhält eine sogenannte **Dividende**. Auch kann er in einem gewissen Umfang über die Geschäfte des Unternehmens mitbestimmen. Interessanter als die Dividende ist jedoch die Kursentwicklung einer Aktie. Anleger können ihre Aktien zwar jederzeit an der Börse verkaufen, ob sie dabei aber Gewinne oder Verluste machen, hängt vom **Kurs** zum Kauf- und Verkaufszeitpunkt ab. Sollte eine Aktiengesellschaft bankrottgehen, kann der Aktionär sein eingesetztes Kapital verlieren, da er als Miteigentümer das unternehmerische Risiko trägt.

Wer das Risiko einer Geldanlage verringern möchte, kann in sogenannte **Fonds** investieren. Dabei übernimmt ein professioneller Fondsmanager die Auswahl der Wertpapiere. So können sich Verluste in einer Anlage mit Gewinnen in einer anderen ausgleichen.

Das 3-Säulen-System der Altersvorsorge

In Deutschland beruht die Altersvorsorge auf drei Säulen: Die **gesetzliche Rentenversicherung**, die **betriebliche Altersvorsorge** und die **private Altersvorsorge**.

Bei der gesetzlichen Rentenversicherung gilt der „Generationenvertrag". Das heißt, die Leistungen für die Rentner werden jeweils aus den Beiträgen der Arbeitnehmer bezahlt (**Umlageverfahren**). Aufgrund des demografischen Wandels gerät der Generationenvertrag immer mehr in Gefahr. Zu viele Rentner müssen von zu wenigen Erwerbstätigen finanziert werden.

Für die **betriebliche Altersvorsorge** wird ein Vertrag zwischen dem Arbeitgeber und dem Arbeitnehmer geschlossen. Die Beiträge werden vom Einkommen des Arbeitnehmers bezahlt und können vom Unternehmen mitfinanziert werden. Die betriebliche Altersvorsorge wird staatlich unterstützt.

Bei der **privaten Altersvorsorge** kann Kapital angespart werden, das für die Altersrente genutzt werden kann. Der Staat fördert z. B. bei der Riester- und bei der Rürup- bzw. Basisrente. In Zeiten niedriger Zinsen ist auch die Finanzierung von Wohneigentum eine Möglichkeit, für das Alter vorzusorgen. Wer in einen Bausparvertrag einbezahlt, erhält in der Regel eine Wohnungsbauprämie vom Staat. Bei der privaten Altersvorsorge sollte der Anleger neben der Rentabilität v. a. auch die Sicherheit der Anlage im Auge behalten.

Die betriebliche und die private Altersvorsorge funktionieren nach dem **Kapitaldeckungsverfahren**.

Die Börse

Die **Börse** ist ein besonderer Markt, der nach ganz bestimmten strengen Regeln abläuft. An ihr wird mit **fungiblen Gütern** gehandelt, d. h. mit Waren oder Wertpapieren, die untereinander austauschbar sind. Der Preis, der sich für die Güter an der Börse ergibt, ist der **Kurs**.

An **Wertpapierbörsen** werden sogenannte **Effekten** gehandelt. Effekten sind fungible Wertpapiere, also in erster Linie **Aktien** und **Anleihen**. Neben den Wertpapierbörsen sind die bekanntesten Börsen die **Devisenbörsen** (Handel mit ausländischen Währungen) und die **Warenbörsen** (z. B. Handel mit landwirtschaftlichen Produkten, Rohstoffen).

Kursbildung an der Börse

Die **Kursbildung** an der Wertpapierbörse ist der Prozess, bei dem der Preis für die an der Börse gehandelten Papiere gebildet wird. Die **Kurse** ergeben sich aus **Angebot** und **Nachfrage**. Für die Käufer und Verkäufer kommt es darauf an, wie sie die zukünftige Entwicklung eines Wertpapiers einschätzen. Diese wird von Faktoren, wie z. B. von den Gewinnaussichten des Unternehmens oder von der gesamtwirtschaftlichen Lage, bestimmt.

Im ersten Schritt führt dies zu den Preisen, zu denen Marktakteure ein Wertpapier kaufen oder verkaufen würden. Der Käufer kann durch eine **Buy-Limit-Order** einen bestimmten Maximalpreis festlegen, zu dem er noch bereit wäre, das Wertpapier zu kaufen. Mit der Order „billigst" signalisiert er, dass er jeden Preis akzeptieren würde. Mit einer **Sell-Limit-Order** legt der Verkäufer einen Mindestpreis fest, zu dem er noch bereit wäre, sein Papier zu verkaufen. Verzichtet er darauf und verkauft zu jedem Preis, verkauft er „bestens".

Die Kursfestsetzung erfolgt durch einen **Makler** oder ein **elektronisches Handelssystem**, wobei die Aufträge zusammengeführt werden, mit denen zu einem bestimmten Kurs die höchsten Stückzahlen gehandelt werden.

Aktienindizes

Ein **Aktienindex** ist eine Kennzahl, die die Kursentwicklung unterschiedlicher Wertpapiere in einem „Aktienkorb" darstellt. Es gibt in der Welt unzählige Aktiengesellschaften aus den unterschiedlichsten Branchen. Ein Aktienkorb kann sich dabei aus den Aktien von Unternehmen eines Landes oder einer bestimmten Branche zusammensetzen. Der Index dieses Aktienkorbs stellt die Wertentwicklung aller Aktien dar, die sich darin befinden und solche Indizes finden sich in vielen Ländern weltweit. Der Wert wird in erster Linie von der Kursentwicklung aller Aktien beeinflusst, aber auch die Gewichtung der Einzelaktien spielt eine Rolle.

Ein Aktienindex kann einen sehr guten Eindruck über die wirtschaftliche Lage eines Landes oder einer Branche vermitteln und das auf einen Blick. Leitindizes der Industrieländer werden auch „Börsenbarometer" genannt. Aktienindizes wie der **Nikkei** oder der **Dow Jones** zählen zu den weltweit wichtigsten Indizes und repräsentieren ihrerseits die wirtschaftliche Lage der größten Volkswirtschaften – und somit der ganzen Welt.

Die wichtigsten Aktienindizes in Deutschland und weltweit:

DAX: Der Deutsche Aktienindex ist der Leitindex der Deutschen Börse. Er wurde 1988 eingeführt und bildet die Kursentwicklung der 30 größten und umsatzstärksten Unternehmen ab, deren Aktien an der Frankfurter Wertpapierbörse gehandelt werden. Im DAX sind Unternehmen wie BASF, Siemens oder Volkswagen vertreten.

TecDAX: Dieser Index enthält die 30 größten Technologieunternehmen, die im DAX nicht enthalten sind. Er wurde im März 2003 eingeführt.

MDax: Im Mid-Cap-DAX finden sich 50 Unternehmen, die in der Größe hinter denen im Dax stehen. Die Zusammensetzung des Index wird zwei Mal im Jahr neu ermittelt. Der MDax wurde im Jahr 1996 eingeführt.

Euro Stoxx 50: Dieser Index wird seit dem Jahr 1998 berechnet und beinhaltet Wertpapiere der 50 wichtigsten Unternehmen der Euroländer.

Dow Jones: Der wichtigste Index in den USA wurde bereits im Jahr 1896 eingeführt. Der Index berücksichtigt die Aktienkurse der 30 größten Unternehmen der USA.

S&P 500: Der Standard and Poor`s 500 ist neben Dow Jones und Nasdaq das drittgrößte Börsenbarometer der USA.

Nikkei: Hierbei handelt es sich um einen japanischen Index und dieser besteht aus den Aktien der 225 führenden Unternehmen des Landes. Dieser Index existiert seit dem Jahr 1949.

M1 **Sofortkredit**

Sofortkredit: Auszahlung schon nach 24 bis 72 Stunden auf Ihrem Konto!

Günstig und sicher zum passenden Angebot!

Schon ab **0,00 %** effektiver Jahreszins[1]

✓ 100 % kostenlos   ✓ 1 Million Kunden
✓ 99,5 % positive Bewertungen

Nettodarlehensbetrag	Laufzeit	Verwendung	
20.000	Euro	84 Monate	Freie Verwendung	Kredite vergleichen

→ 1. Ordne die Aufnahme eines „Sofortkredits" einem Geldstrom des erweiterten Wirtschaftskreislaufs zu.

2. Erläutere, welche gesamtwirtschaftliche Aufgabe die Bank hierbei übernimmt.

3. Ordne die Banken, die Sofortkredite vergeben, in das deutsche Bankensystem ein.

4. Erkläre, um welche Art von Bankgeschäften es sich bei der Vergabe von „Sofortkrediten" handelt.

5. Stelle Vorteile und Gefahren für den Kreditnehmer bei der Inanspruchnahme eines online-Sofortkredits gegenüber.

M2 **Sparverhalten deutscher Bürger**

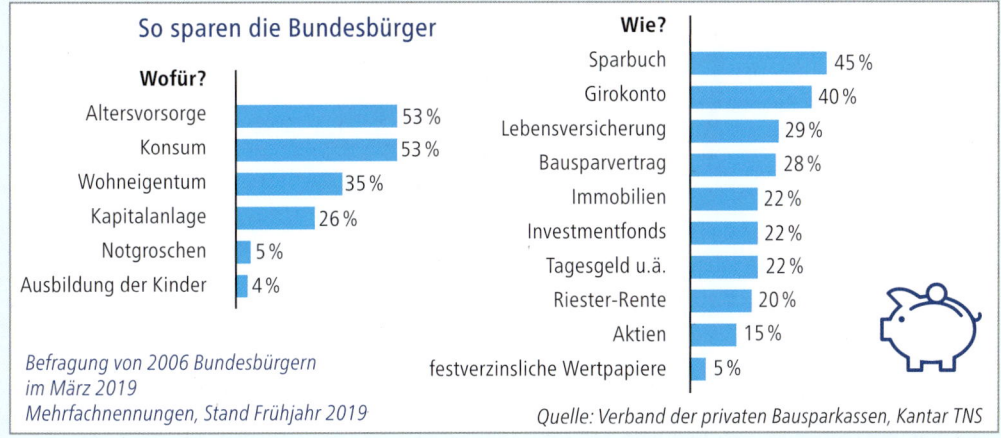

So sparen die Bundesbürger

Wofür?

Altersvorsorge	53 %
Konsum	53 %
Wohneigentum	35 %
Kapitalanlage	26 %
Notgroschen	5 %
Ausbildung der Kinder	4 %

Wie?

Sparbuch	45 %
Girokonto	40 %
Lebensversicherung	29 %
Bausparvertrag	28 %
Immobilien	22 %
Investmentfonds	22 %
Tagesgeld u.ä.	22 %
Riester-Rente	20 %
Aktien	15 %
festverzinsliche Wertpapiere	5 %

Befragung von 2006 Bundesbürgern im März 2019
Mehrfachnennungen, Stand Frühjahr 2019

Quelle: Verband der privaten Bausparkassen, Kantar TNS

→ 6. Werte die Grafik aus und erläutere, welche Kriterien bei der Geldanlage den Bundesbürgern offensichtlich wichtiger sind als andere.

7. Nenne mögliche Gründe dafür, dass Aktien als Anlagemöglichkeit bei den Deutschen offensichtlich wenig beliebt sind.

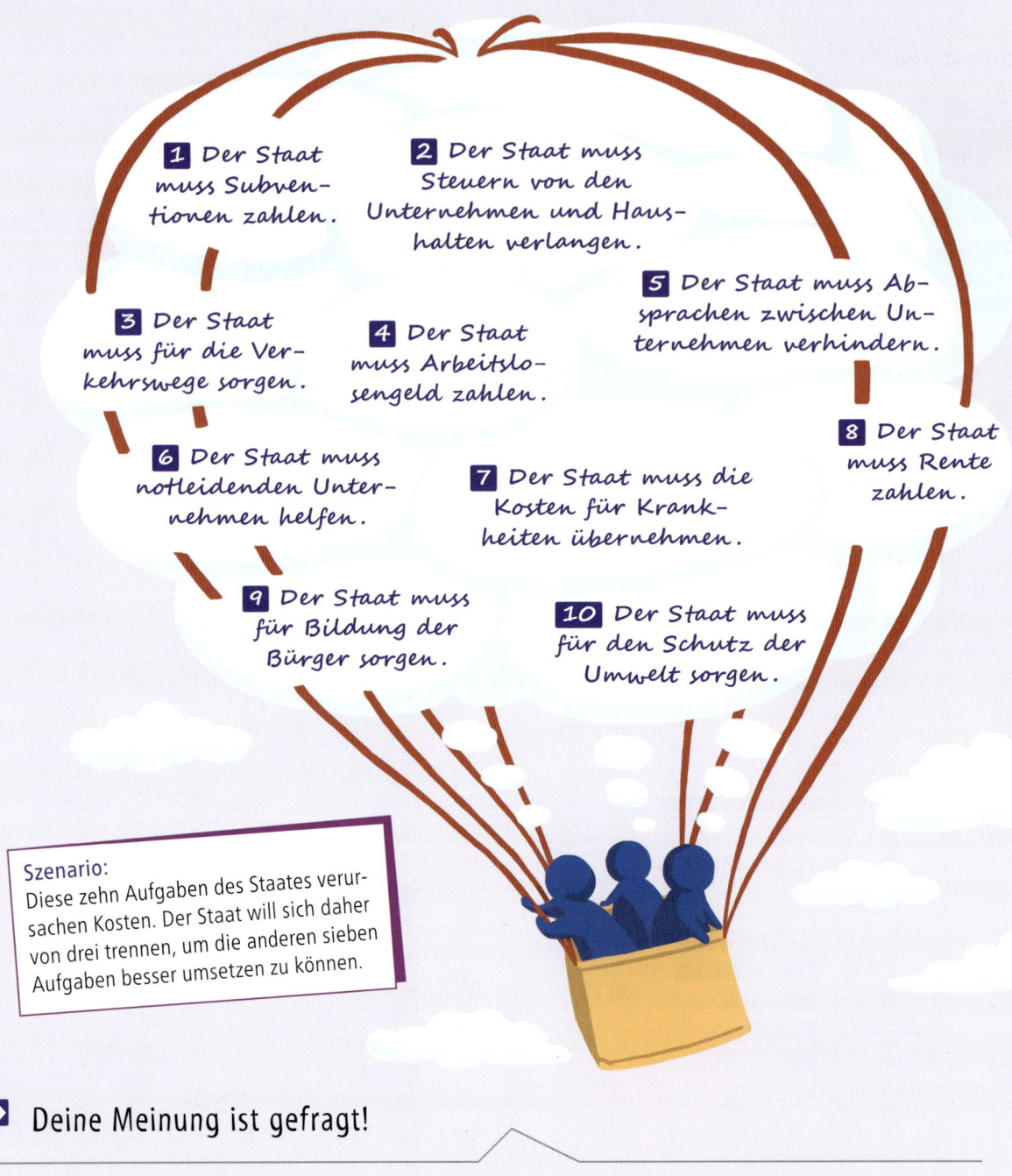

1 Der Staat muss Subventionen zahlen.

2 Der Staat muss Steuern von den Unternehmen und Haushalten verlangen.

3 Der Staat muss für die Verkehrswege sorgen.

4 Der Staat muss Arbeitslosengeld zahlen.

5 Der Staat muss Absprachen zwischen Unternehmen verhindern.

6 Der Staat muss notleidenden Unternehmen helfen.

7 Der Staat muss die Kosten für Krankheiten übernehmen.

8 Der Staat muss Rente zahlen.

9 Der Staat muss für Bildung der Bürger sorgen.

10 Der Staat muss für den Schutz der Umwelt sorgen.

Szenario:
Diese zehn Aufgaben des Staates verursachen Kosten. Der Staat will sich daher von drei trennen, um die anderen sieben Aufgaben besser umsetzen zu können.

→ **Deine Meinung ist gefragt!**

1. Notiere, von welchen drei Zielen sich der Staat trennen sollte (Flop 3) und welche drei Ziele er auf keinen Fall vernachlässigen sollte (Top 3).
2. Stellt euch gegenseitig eure Tops und Flops mit euren jeweiligen Begründungen vor.
3. Entwickelt aus euren Einzelergebnissen ein Gruppenergebnis mit den Top 3 und Flop 3 eurer Gruppe. Präsentiert diese am Ende vor der Klasse.

Soziale Marktwirtschaft

➡ Jeder Mensch konsumiert Güter und Dienstleistungen. Wer aber produziert diese? Wer gibt vor, was produziert werden soll? Wer legt die Preise fest? Es gibt Länder, in denen diese Entscheidungen vom Staat getroffen werden und andere, in denen diese vom Marktmechanismus durch Angebot und Nachfrage getroffen werden.

In Deutschland werden dagegen nur einige „Spielregeln" vom Staat vorgegeben, wie z.B. Steuerhöhe, Mindestlohn und Arbeitslosengeld. Diese Regeln, die das wirtschaftliche Handeln in einem Land vorgeben, machen die Wirtschaftsordnung eines Landes aus. Die Wirtschaftsordnung der Bundesrepublik Deutschland ist die Soziale Marktwirtschaft.

➡ Kompetenzen – Das kannst du nach diesem Kapitel:

… die Soziale Marktwirtschaft von der freien Marktwirtschaft abgrenzen.

… an Beispielen die Bedeutung der Sozialen Marktwirtschaft begründen.

… Chancen und Risiken eines freien Marktes für die wirtschaftlichen Akteure beurteilen.

… an Beispielen die Bedeutung der sozialen Sicherung begründen.

… an Beispielen die Zukunftsfähigkeit der gesetzlichen Sozialversicherung beurteilen.

… verschiedene Formen wirtschaftlicher Machtbildung im Hinblick auf das eigene Leben analysieren und daraus die Notwendigkeit staatlicher Maßnahmen begründen.

4.1 In welcher Wirtschaftsordnung möchtest du leben?

Du ordnest wirtschaftliche Gegebenheiten der passenden Wirtschaftsordnung zu.

Vielleicht hast du schon einmal davon geträumt, in einem anderen Land zu leben. Unter Palmen, direkt am Meer oder in einer Weltmetropole. Bei deinen Träumereien orientierst du dich vielleicht am Wetter oder an den jeweiligen Kulturen. Mindestens ebenso wichtig ist die Frage nach den wirtschaftlichen Sicherheiten und Möglichkeiten, denn auch in einem anderen Land musst du konsumieren, arbeiten und sparen. Was wäre dein Traumland?

 Wirtschaftsordnungen im Vergleich

	Praahta	Dyllen
Wirtschaftliche Freiheit	Alle Preise bilden sich auf dem Markt durch Angebot und Nachfrage.	Alle Preise werden durch den Markt festgelegt. Der Staat greift aber manchmal ein, wenn der Markt zu unerwünschten Ergebnissen führt.
Steuern und Sozialabgaben	Es werden wenig Steuern gezahlt. Sozialabgaben sind keine fällig.	Es werden Steuern und Sozialabgaben verlangt, die sich an der Höhe des Einkommens und Vermögens orientieren, d.h. wer mehr hat, zahlt auch mehr. Wer ganz wenig verdient, zahlt gar keine Steuern.
Risiken und Sicherheiten	Jeder entscheidet selbst, gegen welche Risiken (z. B. Krankheit, Arbeitslosigkeit) eine Versicherung abgeschlossen werden soll.	Der Staat verpflichtet die Bürger sich gegen viele Risiken abzusichern.

→ 1. Erläutere, in welchem Land du lieber leben würdest.
2. Ordne einem der beiden Länder die Wirtschaftsordnung der **freien Marktwirtschaft** zu.
3. Erkläre, warum man die Wirtschaftsordnung in Dyllen als sozial bezeichnen könnte.

 Die Soziale Marktwirtschaft

TONY: Hi, ich bin Tony. Ich komme aus Praahta und bin aktuell zu Besuch bei der Familie meines Cousins Frank in Dyllen.

FRANK: Hallo, ich bin Frank. Mit meinem Cousin gehe ich gerne Skateboard fahren. Gestern bin ich aber gestürzt und habe heute starke Schmerzen in der Hand. Wir fahren heute in ein Krankenhaus und lassen den Arm röntgen.

Im Krankenhaus angekommen...

TONY: Hast du nur diese Karte vorgezeigt? Musst du nichts zahlen?

FRANK: Ich weiß auch nicht genau, wie das funktioniert. Aber ich muss auf jeden Fall nichts zahlen. Wir können daheim mal meinen Vater fragen.

Wieder zuhause...

FRANKS VATER: Die Krankenkassenkarte hat jeder, der gesetzlich krankenversichert wird. Die Kosten der Behandlung zahlt die Krankenkasse, die das Geld von den Bürgern und vom Staat bekommt. Jeder Arbeitnehmer zahlt einen Teil seines Einkommens in die gesetzliche Krankenversicherung. Der Unterschied zu eurem System in Praahta ist folgender: Bei uns herrscht so viel freier Markt wie möglich, aber gleichzeitig auch so viel Staat wie nötig. Der Staat greift immer dann ein, wenn das soziale Wohl gefährdet ist und hilft denjenigen, die nicht in der Lage sind, sich selbst zu helfen. Das nennt man Soziale Marktwirtschaft.

TONY: Ich habe das alles immer noch nicht verstanden und werde das Ganze nochmal im Internet nachlesen.

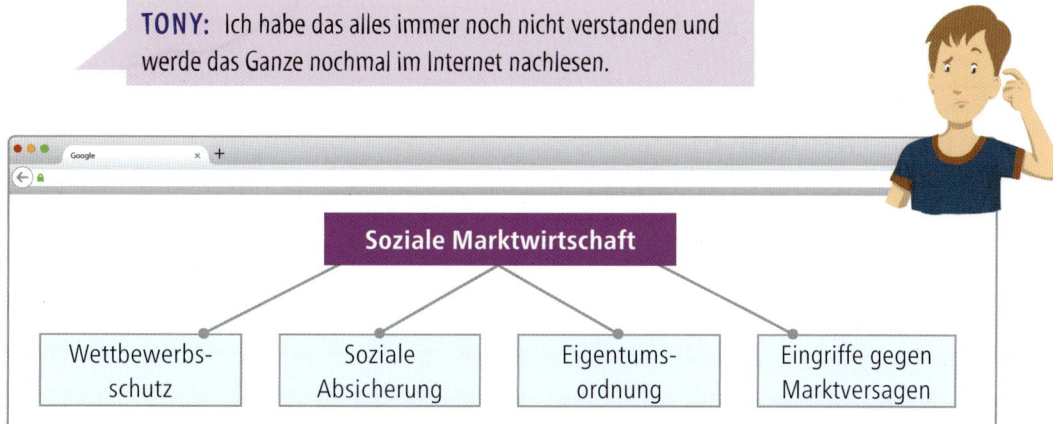

→ 4. Recherchiere im Internet nach Beispielen für die genannten staatlichen Eingriffe.
5. Diskutiert die folgende These: *In der freien Marktwirtschaft geht es den Menschen besser, weil jeder nur für sich selbst sorgen muss.*

4.2 Was sind die Ziele der Sozialen Marktwirtschaft?

> **Du begründest an Beispielen die Bedeutung der Sozialen Marktwirtschaft aus Sicht der privaten Haushalte und der Unternehmen.**

Wenn du mit der Schule fertig bist, beginnt für dich vielleicht schon das Arbeitsleben und du verdienst dein eigenes Geld. Damit es auch langfristig genug Arbeitsplätze in Deutschland gibt, ist der Staat in der Pflicht.

 Die Gründerväter der Sozialen Marktwirtschaft

Der erste Wirtschaftsminister der Bundesrepublik Deutschland hieß Ludwig Erhard. Zusammen mit Professor Alfred Müller-Armack entwickelte er das Konzept der „Sozialen Marktwirtschaft". Eines der bekannten Zitate von ihm lautet: *„Ich will, dass der Einzelne sagen kann: ‚Ich will mich aus eigener Kraft bewähren, ich will das Risiko des Lebens selbst tragen, will für mein Schicksal selbstverantwortlich sein. Sorge du, Staat, dafür, dass ich dazu in der Lage bin'."*

➡️ **1.** Nenne konkrete Beispiele aus den Bereichen Arbeit und Gesundheit, bei denen man sich aus eigener Kraft bewährt und für sein Schicksal selbstverantwortlich ist.
2. Entwickle Vorschläge, wie sich der Staat verhalten sollte, um dies zu gewährleisten.

 Die Soziale Marktwirtschaft im Grundgesetz

Freizügigkeit
Recht, seinen Wohn- und Aufenthaltsort frei zu wählen

Art. 2 GG Freiheit der Person (1) Jeder hat das Recht auf die freie Entfaltung der Persönlichkeit, soweit er nicht die Rechte anderer verletzt […].	**Art. 5 GG Meinungsfreiheit** (1) Jeder hat das Recht, seine Meinung in Wort, Schrift und Bild frei zu äußern […]. […] Eine Zensur findet nicht statt.
Art. 11 GG Freizügigkeit (1) Alle Deutschen genießen Freizügigkeit im ganzen Bundesgebiet.	**Art. 12 GG Berufsfreiheit** (1) Alle Deutschen haben das Recht, Beruf, Arbeitsplatz und Ausbildungsplatz frei zu wählen.
Art. 14 GG Eigentum und Erbrecht (1) Das Eigentum und das Erbrecht werden gewährleistet. (2) Eigentum verpflichtet. Sein Gebrauch soll zugleich dem Wohle der Allgemeinheit dienen.	**Art. 15 GG Sozialisierung** (1) Grund und Boden, Naturschätze und Produktionsmittel können […] durch ein Gesetz, das Art und Ausmaß der Entschädigung regelt, in Gemeineigentum […] überführt werden.

 3. Erläutere, inwiefern sich die Idee der Sozialen Marktwirtschaft im Grundgesetz wiederfindet.

M3 Was den Gründervätern wichtig war

Das übergeordnete Ziel der Sozialen Marktwirtschaft lässt sich im Titel des bekanntesten Buches von Ludwig Erhard erkennen. Diesem Ziel untergeordnet lassen sich drei Leitideen ableiten:

Beschränkung der Macht von Staat <u>und</u> Unternehmen	Soziale Sicherung	Bestmögliche Versorgung mit Gütern

→ **4.** Erläutere, wie die drei Leitideen zum „Wohlstand für Alle" führen könnten.

5. Vergleiche die in **M3** genannten Leitideen mit den Eigenschaften der Sozialen Marktwirtschaft (vgl. S. 79 **M2**).

M4 Wege zum Ziel

– staatliche Eingriffe in den Markt
– freier Wettbewerb
– Verankerung der Berufsfreiheit im Grundgesetz (siehe M2)
– Verhinderung von Betrug und Absprachen
– freier Gütermarkt

– Wirtschaftswachstum
– Sozialversicherung, in die Arbeitnehmer
  und -geber einzahlen
– freier Marktmechanismus
– Solidarität in der Gesellschaft
– Eigentumsrechte

→ **6.** Kläre die unbekannten Begriffe. Recherchiere dazu ggf. im Internet.

7. Ordne die in **M4** genannten Aspekte den passenden Leitideen aus **M3** zu.

8. Zeige die Bedeutung eines funktionierenden Bildungssystems für die Erreichung der Ziele und Prinzipien in **M3** und **M4**.

9. Begründe, dass sich die Merkmale der Sozialen Marktwirtschaft mit folgendem Spruch zusammenfassen lassen (**M3**, **M4**): *So viel Markt wie möglich, so viel Staat wie nötig.*

M5 Aktuelle Herausforderungen

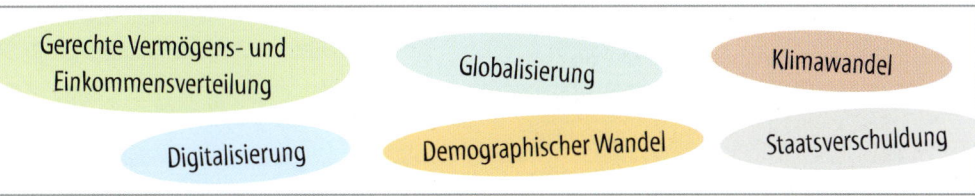

→ **10.** Bildet Gruppen und wählt jeweils ein Thema pro Gruppe. Bereitet eine kurze Präsentation vor, bei der ihr euer Thema erklärt und aktuelle Risiken und Lösungsideen für die Soziale Marktwirtschaft in Deutschland vorstellt.

4.3 Welche Bedeutung haben marktwirtschaftliche Freiheiten in der Sozialen Marktwirtschaft?

> Du beurteilst an Beispielen die Bedeutung freiheitlicher Elemente in der Sozialen Marktwirtschaft, indem du Chancen und Risiken für private Haushalte und Unternehmen vergleichst.

In Deutschland gibt es ca. 35.000 Kfz-Betriebe. In vielen Orten gibt es für die jeweilige Automarke ein Autohaus. Zusätzlich existieren zahlreiche kleine Werkstätten, in denen Autos repariert werden können. Welche Automobilbetriebe (Hersteller, Autohäuser, Werkstätten,…) kennst du in deiner Nähe?

M1 Autohaus Köhler

Martina Köhler arbeitet seit 15 Jahren im Familienbetrieb ihrer Eltern. Diese hatten vor 30 Jahren in Ingolstadt das Autohaus Köhler gegründet. Es beschäftigt insgesamt 26 Angestellte in den Bereichen Verwaltung, Reparatur und Verkauf. Martina hat viele Ideen, wie sie ihr Unternehmen umwandeln und im Konkurrenzkampf mit anderen Autohäusern vor Ort bestehen will.

5

→ 1. Entwickle Ideen, wie Martina Köhler ihr Unternehmen gegenüber Konkurrenten in eine gute Position bringen könnte.
2. Vergleiche Chancen und Risiken des Internets als Verkaufsplattform für lokale Autohäuser.
3. a) Entscheide begründet, ob der Staat in der Sozialen Marktwirtschaft bei folgenden Entscheidungen von Frau Köhler eingreifen sollte.

> Frau Köhler will mehr Werbung machen und dadurch mehr Autos verkaufen.

> Frau Köhler will während einer schlechten Auftragslage den Angestellten das Gehalt halbieren.

> Frau Köhler will eine zweite Verkaufshalle bauen, um mehr Autos ausstellen zu können.

> Frau Köhler will im kommenden Herbst vier neue Auszubildende einstellen.

   b) Beurteile mithilfe des Wirtschaftskreislaufs die Auswirkungen der Entscheidungen jeweils aus Sicht des Unternehmens und privater Haushalte.

M2 Wirtschaftliche Entscheidungen eines Autoherstellers

Frau Köhler bezieht sämtliche Autos von einem großen Autohersteller in der Nähe. Dieser hat angekündigt, in den kommenden Jahren 9.500 Stellen abzubauen. Bei aktuell ca. 61.000 Arbeitsplätzen in Deutschland bedeutet das eine Streichung von knapp jeder sechsten Stelle. Das Unternehmen erklärte, dass Jobprofile wegfallen und neue entstehen werden. So ist geplant, bis zu 2.000 neue Expertenstellen in den Bereichen Digitalisierung und Elektromobilität zu schaffen, welche primär von internen Fachkräften besetzt werden sollen.

 4. Nenne mögliche Gründe, weshalb so viele Stellen gestrichen werden müssen.

5. Nimm Stellung zu folgender Aussage: *Bei der Streichung einer so großen Menge an Arbeitsplätzen muss der Staat einschreiten.*

6. Stelle Chancen und Risiken des Stellenabbaus für die Region gegenüber.

M3 Nachhaltige Investments – Wird die Autobranche grün?

Das Thema Ökologie beschäftigt die Automobilbranche spätestens, seitdem die Medien intensiv über den Klimawandel und die Erderwärmung berichten. Tatsächlich trägt derzeit der Verkehrssektor mit ungefähr 13 % zu den weltweiten Treibhausgas-Emissionen bei. [...] Insbesondere in den Schwellen- und Entwicklungsländern wird das Mobilitätsbedürfnis weiter zunehmen. Das ist völlig legitim. Allerdings wird sich der steigende Bewegungsdrang der Weltbevölkerung nicht durch den schwerpunktmäßigen Einsatz von Verbrennungsmotoren befriedigen lassen. Vor allem die Umweltverschmutzung und die Begrenztheit von Rohöl sprechen gegen die [...] Antriebsart, die von der Automobilindustrie immer noch als Spitzentechnologie gepriesen wird. [...] Es wird spannend zu beobachten sein, welche Unternehmen den technologischen Wandel bewältigen und welche an ihm scheitern werden.

Limacher, Roman: Nachhaltige Investments – Wird die Autobranche grün?, www.n-tv.de, 16.11.2009

 7. Erläutere, welche wirtschaftliche Bedeutung „nachhaltige Investments" für die Autobranche in Deutschland haben könnten.

8. Begründe folgende Aussage: *Der Staat als übergeordnete Instanz sollte langfristig denken und nachhaltiges Handeln einfordern.*

9. Recherchiere im Internet und erstelle zu einem der drei Themen einen kurzen Hefteintrag. Präsentiere die Ergebnisse anschließend.

a) Staatliche Vorgaben für mehr Nachhaltigkeit bzw. weniger CO_2-Emission in der Automobilbranche

b) Entwicklung der Verkaufszahlen alternativer Antriebstechnologien (z. B. Hybrid, Elektro)

c) Aktuelle Nachhaltigkeitsziele der großen deutschen Automobilhersteller.

4.4 Was ist das Soziale an der Sozialen Marktwirtschaft?

Du begründest an verschiedenen Beispielen die Bedeutung und Notwendigkeit der sozialen Sicherung.

In Deutschland bekommen Erziehungsberechtigte für jedes Kind vom Staat monatlich einen festen Betrag, das Kindergeld. Deine Eltern bekommen auch für dich Kindergeld. Warum entscheidet sich der Staat für eine solche Maßnahme, die ihm viel Geld kostet? Weißt du, wie viel Kindergeld der deutsche Staat für dich bis zum 25. Geburtstag zahlt?

 Wenn es zur Kündigung kommt …

Hannas Mutter Christa arbeitet als Fahrzeugtechnikerin bei einem bayerischen Automobilhersteller. Durch die Energiewende ist das Unternehmen zu Umbaumaßnahmen und Einsparungen gezwungen. Daher wird Christa am 14.04. gekündigt. Die Kündigung ist durch den Kündigungsschutz erst mit einer Frist von zwei Monaten zum Quartalsende möglich, daher erfolgt die Kündigung erst zum 30.06. Christa begibt sich auf Jobsuche, findet aber zum 01.07. nicht sofort eine neue Arbeitsstelle.

 1. Erkläre aus Sicht von Christa und ihrem Arbeitgeber, warum ein Kündigungsschutz sinnvoll ist (Wiederholung).
2. Erläutere, wie Christa ihren Lebensunterhalt ab Juli finanzieren könnte.
3. Begründe anhand von Christas Fall die Bedeutung der gesetzlichen Arbeitslosenversicherung.
4. Informiere dich im Internet über die Regelungen zum Arbeitslosengeld in Deutschland (z. B. Voraussetzungen, Höhe, Dauer).

 Was passiert im Krankheitsfall?

Im Juli ist Christa krank und muss zum Arzt. Bei ihr wird eine Allergie festgestellt, wodurch weitere Untersuchungen und Medikamente nötig werden.

CHRISTA: „Ich will eigentlich gar nicht mehr zum Arzt, weil das Geld im Moment so knapp ist. Die ganzen Behandlungen sind sicher sehr teuer."

HANNA: „Das zahlst du nicht selbst, die Kosten werden von deiner Krankenkasse übernommen."

CHRISTA: „Das macht doch keinen Sinn. Ich zahle aktuell ja gar nichts in die gesetzliche Krankenversicherung ein, da ich keine Arbeit habe."

 5. Nimm Stellung, ob Christa oder Hanna Recht haben sollten.

6. Das Solidarprinzip besagt: *Einer für alle und alle für einen*. Erkläre anhand von **M1** und **M2**, wo dieses Prinzip in der Kranken- und Arbeitslosenversicherung zu erkennen ist.

7. Die gesetzliche Sozialversicherung besteht aus fünf Säulen. Neben der gesetzlichen Arbeitslosenversicherung (**M1**) und der gesetzlichen Krankenversicherung (**M2**) gibt es noch drei weitere Elemente. Erläutere, welche der folgenden Versicherungen deiner Meinung nach für alle Arbeitnehmer verpflichtend sein sollten. Begründe deine Antwort jeweils.

> · *Rentenversicherung*   · *Unfallversicherung*   · *Reiseversicherung*
> · *Hausratversicherung*   · *Pflegeversicherung*   · *Autoversicherung*

8. Erläutere, wie durch die Zwangsmitgliedschaft in der gesetzlichen Sozialversicherung das im Grundgesetz verankerte Recht auf freie Entfaltung der Persönlichkeit (S. 80, **M1**, Art. 2 GG) gewährleistet wird.

M3 **Ausbildung für alle**

Hanna macht dieses Jahr ihre Mittlere Reife. Im Herbst wird sie eine Ausbildung zur Physiotherapeutin an einer Berufsfachschule beginnen. Da ihre Mutter sie derzeit finanziell nicht unterstützen kann, recherchiert sie zum Thema BAföG:

BAföG in der Ausbildung

1. Was ist BAföG?

Die Abkürzung BAföG leitet sich von dem Wort Bundesausbildungsförderungsgesetz ab. Dieses Gesetz regelt in Deutschland die staatliche Unterstützung für die Ausbildung von Schülern und Studierenden. Das heißt, wenn deine Eltern nicht genug Geld haben, um dich in der Ausbildung zu unterstützen, kannst du finanzielle Hilfe vom Staat erhalten.

2. Wer bekommt BAföG?

Du kannst BAföG beantragen, wenn du

– nach der 10. Klasse weiterhin auf eine gemeinbildende Schule gehst. Dazu gehören Fachschulen, Berufsfachschulen, Akademien und Hochschulen.

– ein duales Studium absolvierst.

– in deiner ersten Ausbildung (Ausnahme: duale Berufsausbildung) bist.

– bei Beginn der Ausbildung jünger als 30 Jahre bist.

BAföG in der Ausbildung, www.azubi.de, abgerufen am 13.01.2020

---

 9. Begründe, warum auf dem BAföG-Antrag zusätzlich das Einkommen der Eltern angegeben werden muss.

10. Diskutiert die Sinnhaftigkeit des BAföG für euch selbst und Auszubildende in Hannas Situation.

4.5 Wie funktioniert die gesetzliche Sozialversicherung?

Du ordnest einzelne Sachverhalte begründet der passenden Sozialversicherung zu. Dabei wirst du dir sowohl der Finanzierung als auch der vielseitigen Absicherung durch die gesetzliche Sozialversicherung bewusst.

Wenn du krank bist, kannst du zu einem Arzt gehen, ohne die Kosten selbst zu tragen. Wenn du alt bist, bekommst du monatlich eine Rente, die dir deinen Lebensunterhalt ohne Arbeitseinkommen sichern soll. Wenn du deinen Arbeitsplatz verlieren solltest, bekommst du Arbeitslosengeld als Absicherung. Aber woher nimmt der Staat das Geld für alle diese Leistungen?

Welchen Beitrag leisten wir selbst?

Hadiye Mustafi arbeitet in der Marketingabteilung eines Münchner Leuchtenherstellers. Sie ist sehr überrascht, dass sie monatlich nur 1.834,50 Euro überwiesen bekommt, obwohl ihr Gehalt bei 2.800 Euro liegt. Daher schaut sie sich die letzte Gehaltsabrechnung genauer an:

Lohn- und Gehaltsabrechnung Gilt als Verdienstbescheinigung. Bitte sorgfältig aufbewahren.			

Abrechnung für	August 2021	Eintrittsdatum	15.09.2018
Bundesland	BY	Geb.datum	13.09.1997
Sozialversicherung		St.-Kl.	I
SV-Nummer	14301075V132	**Urlaub**	
RV	18,60 %	Anspr. VJ	0
KV	15,70 %	Anspr. LJ	30
PV	3,30 %	genommen	16
AV	2,40 %	verbl.	14
Religion	isl	Kinderfreibeträge	0,0
Krankenkasse	BEK Betriebskrankenkasse		
Freibetrag			
jährlich	0,0	monatlich	0,0
Kreditinstitut	Stadtsparkasse München		
IBAN	DE16701500000060101234		
BIC	SSKMDEMMXXX		

Lichtqualität GmbH
Schützenstr. 1, 82008 Unterhaching

Frau Hadiye Mustafi
Peitinger Str. 110
81379 München

			Gesamt-Brutto
Jahresgehalt			33.600,00 €
Monatsgehalt			2.800,00 €

Abzüge		Jährlich	Monatlich
Lohnsteuer		4.279,92 €	356,66 €
Solidaritätszuschlag		235,32 €	19,61 €
Kirchensteuer		342,36 €	28,53 €
Summe der Steuern		4.857,60 €	404,80 €
Rentenversicherung	9,300 %	3.124,80 €	260,40 €
Krankenversicherung	7,850 %	2.604,00 €	217,00 €
Pflegeversicherung	1,775 %	596,40 €	49,70 €
Arbeitslosenversicherung	1,200 %	403,20 €	33,60 €
Summe Sozialversicherung		6.728,40 €	560,70 €
Summe der Abzüge		11.586,00 €	965,50 €

Differenz	Betrag
Gesamt-Brutto	2.800,00 €
Gesamte Abzüge	965,50 €
Netto:	1.834,50 €

1. Erkläre Hadiye mithilfe von **M1**, welche Abzüge sie von ihrem Gehalt hat.
   Gib Hadiyes Daten in einen Brutto-Netto-Rechner ein und ermittle damit, wovon die Höhe der Sozialversicherungsbeiträge abhängt.
2. Ermittle die aktuelle Höhe der Beiträge zu den jeweiligen Sozialversicherungen.
3. Diskutiert, ob das Ergebnis aus Aufgabe 2 aus Sicht von privaten Haushalten und Unternehmen gerecht ist.
4. Ordne die Leistungen der jeweils passenden Sozialversicherung zu.

Mediencode:
82212-10
Brutto-Netto-
Rechner

> *Gesetzliche Rentenversicherung*
> *Gesetzliche Krankenversicherung*
>
> - *Ärztliche Behandlung*
> - *Altersrente*
> - *Arbeitslosengeld*
> - *Kosten für ein Pflegeheim*
> - *Reha-Maßnahmen*
> - *Weiterbildungen*
>
> *Gesetzliche Pflegeversicherung*
> *Gesetzliche Arbeitslosenversicherung*
>
> - *Krankenbett*
> - *Berufsberatung*
> - *Umschulungen*
> - *Entbindung*
> - *Pflegegeld*
> - *Erwerbsunfähigkeitsrente*

M2 Wie wir bei Unfällen abgesichert sind

Die gesetzliche Unfallversicherung ist die am wenigsten bekannte deutsche Sozialversicherung. Sie hat im Gegensatz zu den anderen vier Säulen der gesetzlichen Sozialversicherung eine Besonderheit: Der Arbeitgeber muss den kompletten Beitrag alleine zahlen. Jeder, der in einem Arbeits- oder Ausbildungsverhältnis steht, ist versichert. Der Versicherungsschutz umfasst neben den typischen Arbeitsunfällen auch Wegeunfälle sowie Berufskrankheiten.

5. Erkläre, warum die gesetzliche Unfallversicherung nur Sache des Arbeitgebers ist (**M1, M2**).
6. Entscheide, bei welchen Unfällen die gesetzliche Unfallversicherung zuständig ist:
   a) Hadiye rutscht auf dem Weg in die Arbeit aus und zieht sich eine Knieverletzung zu.
   b) Hadiye stolpert beim Joggen am Nachmittag und bricht sich das Bein.
   c) Hadiye schneidet sich in der Arbeit mit einem Cutter-Messer in den Finger.
   d) Hadiye wird auf dem Weg von der Arbeit von einem Fahrradfahrer angefahren. Sie fällt hin und ihre Brille geht kaputt.
7. Ein Unfall auf dem Weg zur Betriebstoilette ist durch die gesetzliche Unfallversicherung abgedeckt. Diskutiert, ob man auch abgesichert ist, wenn man im Homeoffice auf die Toilette geht.

4.6 Welche Herausforderungen erwartet die gesetzliche Rentenversicherung?

Du beurteilst die Zukunft der gesetzlichen Rentenversicherung. Dabei wird dir die Notwendigkeit einer privaten Altersvorsorge bewusst.

Du hast noch dein ganzes Arbeitsleben vor dir. Dabei zahlst du als Angestellter Monat für Monat in die gesetzliche Rentenversicherung ein. Aber wird deine zukünftige Rente ausreichen, um deinen Lebensunterhalt zu decken?

 Der Generationenvertrag der staatlichen Altersvorsorge

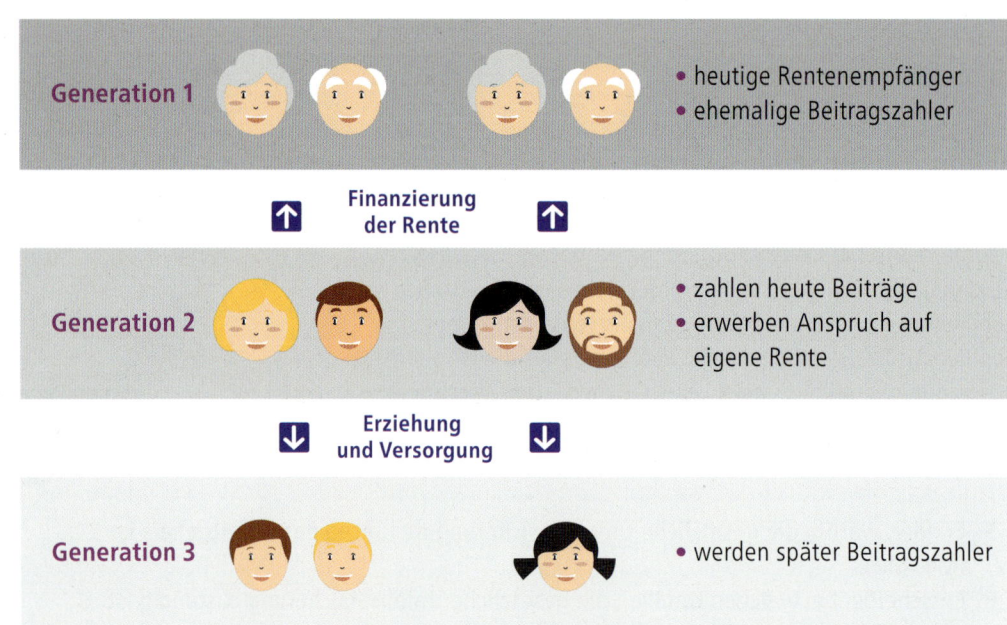

Generation 1
• heutige Rentenempfänger
• ehemalige Beitragszahler

Finanzierung der Rente

Generation 2
• zahlen heute Beiträge
• erwerben Anspruch auf eigene Rente

Erziehung und Versorgung

Generation 3
• werden später Beitragszahler

© STC Research

1. Beschreibe die Funktionsweise der gesetzlichen Rentenversicherung.
2. Erläutere, wie durch den Generationenvertrag das Solidarprinzip der Sozialversicherung gewährleistet wird.
3. Entscheide begründet, ob die folgenden Aussagen wahr oder falsch sind.
   a) Die heutige Arbeitnehmergeneration (Generation 2 in **M1**) zahlt die Beiträge für ihre eigene Rente später.
   b) Die eigene Rente hängt nur von der Höhe der eigenen Einzahlungen in die Rentenversicherung ab.
4. Hadiye zahlt bei ihrem Gehalt von 2.800,00 Euro brutto monatlich 260,40 Euro in die gesetzliche Rentenversicherung und 560,70 Euro insgesamt in die gesetzliche Sozialversicherung (vgl. S. 86, **M1**). Nimm mithilfe von **M1** Stellung zur Höhe dieser Abgaben.

 M2 **Heute arbeiten für die Rente von morgen**

Hadiyes Opa Erol hat sich ihre Abrechnung auch einmal angeschaut und sagt zu ihr: „Du zahlst ja nur 260,40 Euro Beiträge zur Rentenversicherung im Monat." Hadiye ist nur erstaunt und sagt: „Ich finde das viel zu viel, denn durch die vielen Abzüge vom Lohn bleibt mir kaum genug Geld zum Leben." Erol ärgert sich über die Argumente seiner Enkelin: „Das sehe ich komplett anders. Ich habe mein ganzes Arbeitsleben eingezahlt und bekomme heute nur eine Rente von 750,00 Euro. Wir haben früher so viel eingezahlt, dass die Rentner eine ausreichende Rente bekommen haben."

➡ **5.** Erkläre anhand von Hadiyes Gespräche mit Erol, wie aus dem Generationenvertrag ein Generationenkonflikt werden könnte.

 M3 **Der demografische Wandel in Deutschland**

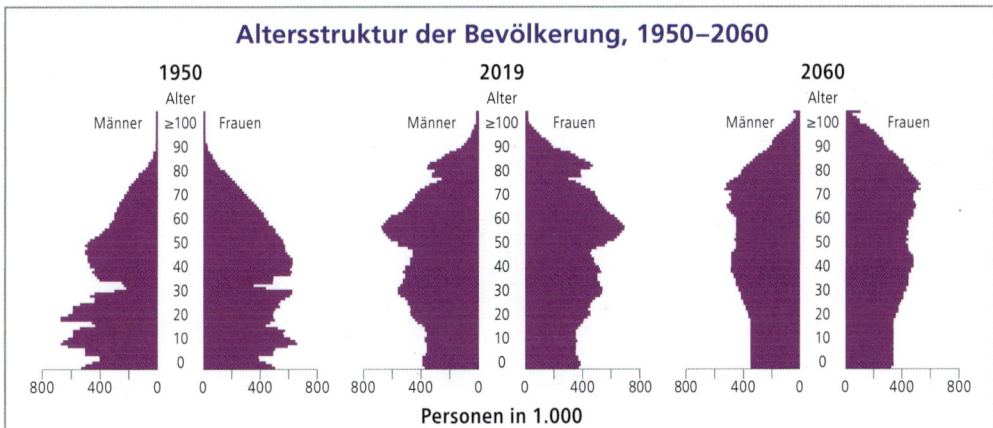

Altersstruktur der Bevölkerung, 1950–2060

Personen in 1.000

2060: 14. koordinierte Bevölkerungsvorausberechnung, Variante 2
Datenquelle: Statistisches Bundesamt
© Bundesinstitut für Bevölkerungsforschung/Demografieportal (2020)

Mediencode:
82212-11
Interaktive Bevölkerungspyramide des Statistischen Bundesamts

➡ **6.** Erläutere Auswirkungen auf die gesetzliche Rentenversicherung.
7. Diskutiert folgenden Vorschlag: *Das Renteneintrittsalter muss angehoben werden.*
8. Recherchiere weitere aktuelle Vorschläge zur Lösung des Rentenproblems.
9. Erläutere, warum durch die Entwicklung in **M3** auch Belastungen für andere Zweige der gesetzlichen Sozialversicherung entstehen können.

 M4 **Zusätzlich privat vorsorgen?**

Erol erklärt Hadiye weiter: „Deine Rentenhöhe ist sehr unsicher, daher solltest du noch private Altersvorsorge betreiben." Hadiye erwidert: „Aber Opa, wie soll ich das machen? Mein Geld ist doch auch so schon jeden Monat sehr knapp." Erol: „Schau mal, ich habe mir vor 40 Jahren mit deiner Oma eine Wohnung gekauft, in der wir heute ohne Miete leben können. Dadurch habe ich vorgesorgt, weil meine 750,00 Euro Rente heute niemals für eine Mietwohnung zusätzlich reichen würden."

➡ **10.** Erkläre, warum ein Immobilienkauf von vielen Personen als eine gute Form der privaten Altersvorsorge eingestuft wird.

4.7 Warum sollte die Macht von Unternehmen eingeschränkt werden?

> Du analysierst die Auswirkungen von Kartellen auf das eigene Leben. Dabei wirst du dir der Bedeutung von Gesetzen zum Schutz des Wettbewerbs und der Verbraucher bewusst.

Im Land Monopolien gibt es nur ein Unternehmen. Dieses Unternehmen produziert und verkauft alles selbst. Die Preise setzt das Unternehmen frei fest, wie auch die Gehälter und Zusatzleistungen für die Arbeitnehmer. Das Unternehmen bietet viele Arbeitsplätze an, daher geht es den Menschen gut. Würdest du gerne in Monopolien leben?

 Steigende Eispreise

Die Geschwister Louis und Nele wohnen in einer Kleinstadt in Oberbayern. An einem warmen Frühlingstag wollen beide das erste Eis des Jahres kaufen und fahren in die Innenstadt. Vor den drei Eisdielen im Stadtzentrum finden sie ähnliche Preisschilder.

Louis ist entsetzt, denn letztes Jahr kosteten die Kugeln noch 1,20 Euro. „Das kann doch kein Zufall sein, die haben sich bestimmt abgesprochen", antwortet Nele.

 1. Erläutere Neles Aussage am Ende von **M1**.
2. Beurteile Chancen und Risiken für Anbieter und Nachfrager durch eine solche Absprache zwischen den Eisdielen der Stadt.

 Der Staat als Schiedsrichter

Ebenso wie beim Fußballspiel der Schiedsrichter nicht mitspielen darf, hat auch der Staat nicht mitzuspielen. Die Zuschauer würden es den Spielpartnern auch außerordentlich übel nehmen, wenn diese vorher ein Abkommen geschlossen und dabei ausgehandelt haben würden, wieviel Tore sie dem einen oder anderen zubilligten. Die Grundlage aller Marktwirtschaft bleibt die Freiheit des Wettbewerbs.

Erhard, Ludwig: Regierungserklärung vom 18. Oktober 1963

→ **3.** Erkläre, was Ludwig Erhard mit der „Freiheit des Wettbewerbs" meinen könnte.

4. Entscheide begründet, ob die folgende Aussage wahr oder falsch ist: *Durch eine Absprache zwischen Unternehmen gibt es keinen Wettbewerb mehr.*

 M3 Ein Aufruf gegen Preisabsprachen

≡

👤 **Bürgermeister der Stadt**

Letzte Woche war eine Gruppe von Schülerinnen und Schülern bei mir im Rathaus, um sich über den gestiegenen Eispreis zu beschweren. Das ist heute natürlich die Schlagzeile in der Zeitung. Darin wird behauptet, dass sich unsere Eisanbieter alle zusammen abgesprochen hätten, den Preis pro Kugel auf 1,50 Euro zu erhöhen.

Es ist aber nicht nur unfair, die Kunden durch Preisabsprachen auszunehmen, es ist sogar verboten! Liebe Eisdielenbesitzer, ich würde euch empfehlen, euer Verhalten nochmal zu überdenken. Sonst wird der Fall womöglich vom Kartellamt geprüft und Strafen werden verhängt.

Kartellamt
Amt, das überprüft, ob Unternehmen durch Zusammenschlüsse oder Absprachen den Wettbewerb einschränken

→ **5.** Erkläre, warum der Bürgermeister behauptet, es sei „nicht nur unfair", sondern „sogar verboten" die Preise abzusprechen.

6. Entscheide in der Rolle des Kartellamts, ob die Eisdielenbesitzer für ihre Absprache bestraft werden sollten.

 M4 Das Eismonopol

Zwei Jahre später gibt es in Louis und Neles Kleinstadt nur noch eine Eisdiele. Die beiden anderen Eisdielen mussten ihr Geschäft aus gesundheitlichen bzw. Altersgründen aufgeben. Seitdem wächst in der Bevölkerung die Eis-Unzufriedenheit.

→ **7.** Erkläre am Beispiel von **M4**, warum die Unzufriedenheit der Nachfrager mit dem fehlenden Wettbewerb zu tun haben könnte.

8. Erläutere allgemein, warum der Staat in der Sozialen Marktwirtschaft das Interesse hat, Monopole zu verhindern.

9. Recherchiere im Internet nach einem Fall, bei dem das Kartellamt aufgrund von Absprachen eine Strafe gegen Unternehmen ausgesprochen hat.

Freie und Soziale Marktwirtschaft

	Freie Marktwirtschaft	Soziale Marktwirtschaft
Lenkung	Steuerung durch den Markt über Angebot und Nachfrage	Steuerung durch den Markt mit staatlichen Eingriffen
Preisbildung	Angebot und Nachfrage	Angebot und Nachfrage mit wenigen staatlichen Vorgaben (z. B. Mietpreisbremse)
Zielsetzung der Unternehmen	Gewinnmaximierung	Sozialverträgliche Gewinnmaximierung
Wettbewerb	Sehr stark ausgeprägt, keine staatlichen Eingriffe	Wettbewerb wird durch den Staat gefördert (z. B. Verbot von Preisabsprachen).
Löhne und Gehälter	Werden zwischen Arbeitgebern und -nehmern frei ausgehandelt	Werden zwischen Arbeitgebern und -nehmern ausgehandelt unter Einhaltung der staatlichen Vorgaben (z. B. Mindestlohn)
Eigentum	Privateigentum wird durch den Staat geschützt.	Privateigentum wird durch den Staat geschützt.

Idee und Voraussetzungen der Sozialen Marktwirtschaft

Nach Ende des Zweiten Weltkriegs bestand bezüglich der Neugestaltung der Wirtschaftsordnung große Unsicherheit. Die erste Idee war eine stark regulierte Wirtschaft. Der Wirtschaftspolitiker Ludwig Erhard erkannte jedoch, dass neben einem starken Staat ein freier Markt entscheidend sei. Die neu entstandene **Soziale Marktwirtschaft** sollte daher das **Prinzip des Marktes mit dem des sozialen Ausgleichs verbinden**. Ziel war eine Wirtschaftsordnung mit „**so viel Markt wie möglich, so viel Staat wie nötig**" zu schaffen.

Die Soziale Marktwirtschaft ist verfassungsrechtlich zwar nicht vorgeschrieben, der Gesetzgeber ist aber an die **Grundrechte** (Art. 1–19 GG) und das **Sozial- und das Rechtsstaatsgebot** (Art. 20 Abs. 3 GG und Art. 28 Abs. 1 GG) gebunden, d. h. die Soziale Marktwirtschaft entspricht am ehesten den gebotenen freiheitlichen und demokratischen Grundsätzen.

Ziele der Sozialen Marktwirtschaft

Die Soziale Marktwirtschaft strebt, Mitbegründer Ludwig Erhard zufolge, nach **Wohlstand für Alle.** Dieses Hauptziel soll durch folgende drei Leitideen erreicht werden:
- **Soziale Sicherung** (z.B. Sozialversicherung)
- **Beschränkung der Macht von Staat und Unternehmen** (z. B. staatliche Eingriffe in den Markt, Verhinderung von Betrug und Absprachen)
- **Bestmögliche Versorgung mit Gütern** (z. B. Wirtschaftswachstum, freier Wettbewerb)

Die Soziale Marktwirtschaft ist ein Wirtschaftssystem, bei dem sowohl ökologische als auch soziale Standards verfolgt werden, um langfristig wirtschaftlich erfolgreich zu sein.

Nachhaltiges Wirtschaften

In einer zerstörten Umwelt ist kein Wohlstand möglich. Daher hat der Staat ein Interesse daran, durch Umweltvorgaben z. B. eine gute Wasserqualität zu erhalten oder den CO_2-Ausstoß zu minimieren.

Zusätzlich führen soziale Stabilität und Sicherheit zu einer besseren wirtschaftlichen Leistungsfähigkeit und damit zu Wachstum. In einer Zeit gesellschaftlicher Unruhen oder großer Ungerechtigkeiten kommt auch die wirtschaftliche Aktivität zum Erliegen.

Eine zentrale Säule der Sozialen Marktwirtschaft ist das **freie Spiel der Marktkräfte** (Angebot und Nachfrage).

Freiheitliche Bausteine der Sozialen Marktwirtschaft

Freiheitliche Bausteine				
Man kann frei entscheiden, wann und mit wem man welche Verträge schließt (Konsumfreiheit).	Man kann den Beruf und den Arbeitsplatz frei wählen (Berufswahlfreiheit).	Man kann sich als Unternehmer selbstständig machen (Gewerbefreiheit).	Unternehmen können bestimmen, was und wie viel sie produzieren (Produzentensouveränität).	Unternehmer dürfen die Preise für ihre Güter und Dienstleistungen selbst festlegen (Marktpreisbildung).

Die eben genannten marktwirtschaftlichen Freiheiten sollen durch den Staat beschränkt werden, wenn die soziale Gerechtigkeit oder Sicherheit gefährdet ist.
Beispiele für **soziale Elemente**:

Soziale Bausteine der Sozialen Marktwirtschaft

- Gesetzliche Sozialversicherung (Arbeitslosenversicherung, Krankenversicherung, Pflegeversicherung, Rentenversicherung, Unfallversicherung)
- Kindergeld
- Bundesausbildungsförderungsgesetz (BaföG)/Berufsausbildungshilfe (BAB, finanzielle Förderung bei dualen Ausbildungen)
- Steuerprogression (höhere Einkommen werden höher besteuert als niedrige Einkommen)

Die **gesetzliche Sozialversicherung** besteht aus **fünf Säule**n. Pflichtversichert sind grundsätzlich alle Arbeitnehmer sowie Bezieher von Arbeitslosengeld I und II. Die Arbeitnehmer zahlen Beiträge in die Sozialversicherung gemäß ihrem Einkommen und erhalten im Gegenzug von der Gemeinschaft Hilfe entsprechend ihres Bedarfs. Daher solidarisieren sich die Gesunden mit den Kranken (in der Kranken- und Pflegeversicherung), die Jungen mit den Alten (in der Rentenversicherung) und die Arbeitenden mit den Arbeitslosen (in der Arbeitslosenversicherung) (**Solidarprinzip**). Die Sozialversicherungsbeiträge werden zur Häfte vom Arbeitgeber und zur Hälfte vom Arbeitnehmer getragen.

Die gesetzliche Sozialversicherung

	Funktion	Leistungen
Gesetzliche Arbeitslosenversicherung	Finanzielle Absicherung gegen Arbeitslosigkeit	z. B. Arbeitslosengeld, Umschulungen
Gesetzliche Krankenversicherung	Kostenübernahme im Falle von Erkrankung oder Schwangerschaft	z. B. Arztbehandlung, Arzneimittel, Krankenhausaufenthalt
Gesetzliche Pflegeversicherung	Absicherung bei Pflegebedürftigkeit	z. B. Kosten für stationäre oder häusliche Pflege
Gesetzliche Rentenversicherung	Schutz bei Gefährdung oder Verlust der Erwerbsfähigkeit	z. B. Rentenzahlungen, Rehabilitationsmaßnahmen
Gesetzliche Unfallversicherung	Absicherung im Falle von Arbeitsunfällen oder Berufskrankheiten	z. B. Heilbehandlung (bei Berufskrankheiten), Renten (bei Arbeitsunfällen)

Grenzen der Belastbarkeit

In den letzten Jahrzehnten ist die gesetzliche Sozialversicherung z.B. durch den demografischen Wandel an ihre Grenzen gestoßen. Besonders deutlich wird dies bei der Betrachtung der gesetzlichen Rentenversicherung, die auf dem **Generationenvertrag** beruht. Dieser „Vertrag" steht für die Solidarität der arbeitenden Generationen, die mit ihren Beiträgen die Renten der vorherigen Generation zahlen.

Infolge der immer älter werdenden Bevölkerung, müssen immer weniger Beitragszahler für immer mehr Rentner aufkommen. Die arbeitenden Menschen fühlen sich benachteiligt, da immer höhere Beiträge von ihnen gefordert werden. Die Rentnergeneration ihrerseits möchte nach einem langen Arbeitsleben eine angemessene Rente bekommen, um ihren Lebensabend ohne Existenzängste finanzieren zu können. So entwickelt sich der Generationenvertrag aktuell zunehmend zu einem **Generationenkonflikt**.

Diese Probleme der gesetzlichen Rentenversicherung führen zu einer immer größeren Bedeutung der **privaten Altersvorsorge**. Dazu kann man beispielsweise **Geld privat ansparen,** um es im Alter verfügbar zu haben. Auch ein Immobilienkauf ist eine gute Option, da im Idealfall nur noch die laufenden Kosten einer Immobilie getragen werden müssen (vgl. Kapitel 3 S. 58–63).

Einfluss- und Kontrollmöglichkeiten des Staates

Der Staat hat verschiedene Möglichkeiten, das wirtschaftliche Miteinander zu beeinflussen oder zu kontrollieren. Zwei Beispiele:

- **Kartellrecht:** Das Kartellamt soll den Erhalt des Wettbewerbs kontrollieren und schreitet bei illegalen Absprachen zwischen Unternehmen ein (z. B. Preisabsprachen) oder Unternehmenszusammenschlüssen (z. B. um Monopolbildung zu verhindern).
- **Arbeitsrecht:** Der Staat kann Vorgaben machen, die sozialen Grundsätzen gerecht werden sollen (z. B. Kündigungsschutz, gesetzlicher Mindestlohn).

M₁ Geteilte Verantwortung

Karikatur: Waldemar Mandzel

→ 1. Beschreibe und interpretiere die Karikatur.
2. Erkläre aus wirtschaftlichen und sozialen Gesichtspunkten, warum in der Sozialen Marktwirtschaft der Generationenvertrag eine wichtige Rolle spielt.
3. Seit 2014 gilt in Deutschland ein flächendeckender gesetzlicher Mindestlohn. Diskutiere
   aus Sicht von privaten Haushalten und Unternehmen die Einführung eines flächendecken-
   den Mindestlohns in Deutschland.
4. Recherchiere die aktuelle Höhe des Mindestlohns sowie seine Entwicklung seit der Einführung im Jahr 2014.
5. Wiederholt das Spiel auf der Einstiegsseite dieses Kapitels (vgl. S. 76).
6. Beschreibe, wie sich die Ergebnisse der ersten Spielrunde verändert haben.

→ **Deine Meinung ist gefragt!**

1. Beschreibe die Bedeutung der vier Bilder.
2. Erkläre, was die Situationen in den einzelnen Bildern mit Recht zu tun haben.

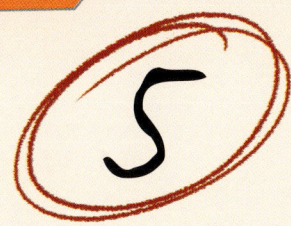

Partnerschaft und Erbfall

➡ Es gibt ganz verschiedene Familienverhältnisse: Die einen wachsen in einer „typischen" Familie mit Vater, Mutter und vielleicht noch mit einem oder mehreren Geschwistern auf. Andere Jugendliche haben geschiedene oder alleinerziehende Eltern, Stiefgeschwister, neue Partner der Elternteile. Manche führen auch ein Leben zwischen der Wohnung ihrer beiden Elternteile. Das ist alles keine Seltenheit mehr.

Die verschiedenen Familienkonstellationen haben rechtliche Auswirkungen, z. B. auf die Erbfolge im Todesfall. Wer erbt, wenn Großeltern, Tanten, Onkel oder gar die Eltern sterben?

Viele Menschen beschäftigen sich nicht oder nur wenig mit diesen Themen. Familienverhältnisse und Erbfälle können verzwickt und kompliziert sein. Denn Partnerschaft und Familie ist eben nicht nur etwas Schönes, das uns Geborgenheit gibt, sondern es steckt auch ganz viel Recht in diesen Themen.

➡ **Kompetenzen – Das kannst du nach diesem Kapitel:**

… an Beispielen aufzeigen, dass Ehe und Familie besonders schutzwürdig sind.

… wichtige Rechtsnormen zum Thema Ehe und Familie analysieren.

… an Beispielen die Voraussetzungen und Rechtsfolgen einer Ehe aufzeigen.

… in unterschiedlichen Fällen die Wirkung der ehelichen Gemeinschaft nach außen und innen darlegen.

… anhand von Quellen die Gleichberechtigung der beiden Partner und die Entwicklung weiterer Lebensgemeinschaften nachvollziehen.

… aktuelle Fragen zu Partnerschaft und Gleichberechtigung diskutieren.

… anhand von Fallbeispielen die rechtliche Stellung der Erben gemäß der gesetzlichen Erbfolge bestimmen.

… an Beispielen die Bedeutung eines Testaments für die Erbschaft aufzeigen.

5.1 Welche Bedeutung haben Ehe und Familie in Deutschland?

Du zeigst den besonderen Schutz der Ehe und Familie auf.

Es gibt für alle Dinge, um die sich der Staat kümmern soll, ein entsprechendes Ministerium. Darunter ist auch das Bayerische Staatsministerium für Familie, Arbeit und Soziales. Aber warum ist das so? Was gibt es bei uns für die Familien denn zu regeln und zu entscheiden?

 M1 Der Staat und Ehe und Familie

→ 1. Erkläre die Bedeutung des Schirms im Bild.
2. Finde gesetzliche Regelungen, die die Bedeutung des Schirms aufzeigen.

 M2 Aus dem Grundgesetz und der Bayerischen Verfassung

 Artikel 6 Grundgesetz
(1) Ehe und Familie stehen unter dem besonderen Schutze der staatlichen Ordnung.
(2) Pflege und Erziehung der Kinder sind das natürliche Recht der Eltern und die zuvörderst ihnen obliegende Pflicht. [...]
(3) Gegen den Willen der Erziehungsberechtigten dürfen Kinder nur auf Grund eines Gesetzes von der Familie getrennt werden, wenn die Erziehungsberechtigten versagen oder wenn die Kinder aus anderen Gründen zu verwahrlosen drohen.

 Artikel 124 Bayerische Verfassung
(1) Ehe und Familie sind die natürliche und sittliche Grundlage der menschlichen Gemeinschaft und stehen unter dem besonderen Schutz des Staates.

Artikel 126 Bayerische Verfassung

(1) Die Eltern haben das natürliche Recht und die oberste Pflicht, ihre Kinder zur leiblichen, geistigen und seelischen Tüchtigkeit zu erziehen. Sie sind darin durch Staat und Gemeinden zu unterstützen. In persönlichen Erziehungsfragen gibt der Wille der Eltern den Ausschlag.

➡ **3.** Ordne die beiden Rechtsquellen in die Hierarchie der Rechtsquellen ein (Wiederholung).

4. Beschreibe die Rechte und Pflichten der Familienmitglieder laut Grundgesetz und der Bayerischen Verfassung.

5. Beschreibe konkrete Fälle, so dass Art. 6 Abs. 3 GG zur Anwendung kommen könnte.

6. Begründe, dass der Staat Ehe und Familie unter einen besonderen Schutz stellt.

M3 **Die Bedeutung der Ehe**

Karikatur: tiff.any GmbH Idee: chrisa.de

➡ **7.** Beschreibe und interpretiere die Karikatur.

8. Erläutere, weshalb das Eingehen einer Ehe für beide Partner etwas Positives ist, aber auch eine große Herausforderung sein kann.

M4 **Finanzielle Regelungen für Familien in Bayern** (Stand: 2021)

Mutterschutz	Sechs Wochen vor und acht Wochen nach der Geburt arbeitet die (werdende) Mutter nicht und bekommt volles Gehalt vom Arbeitgeber.
Familiengeld	Alle Eltern von 1- und 2-jährigen Kindern erhalten 250 Euro je Monat (ab dem 3. Kind mehr).
Kindergeld	Alle Eltern erhalten 219 Euro je Kind je Monat (ab dem 3. Kind mehr).
Elternzeit und -geld	Vater und Mutter können in Summe 14 Monate nach Geburt mit staatlicher Lohnersatzleistung zu Erziehungszwecken zuhause bleiben.

➡ **9.** Begründe, weshalb der Staat Familien mit Kindern finanziell unterstützt.

10. Diskutiere, ob sich dadurch eine Benachteiligung von kinderlosen Personen ergibt.

5.2 Welche Rechte und Pflichten entstehen durch eine Ehe?

Du analysierst wichtige Rechtsnormen, um die Rechte und Pflichten, die sich aus einer Ehe ergeben, zu beschreiben.

Warst du schon einmal auf einer Hochzeit? Stellt man Verlobten die Frage, weshalb sie sich entschieden haben, zu heiraten, wird man oft hören, dass dies aus Liebe geschehen sei. Und doch ist die Ehe ein Vertrag, aus dem sich rechtliche Konsequenzen ergeben. Wozu haben sich die Ehepartner verpflichtet? Und welche besonderen Rechte haben sie?

 **M1** Gute Gründe für die Ehe

Ehegattensplitting
Verfahren bei der Steuererklärung, durch das sich bei unterschiedlich hohem Einkommen der Ehepartner aufgrund des Einkommensteuertarifs ein Steuervorteil ergibt. Keinen Splittingvorteil gibt es, wenn beide gleich viel verdienen.

Nicht nur der Liebe wegen zieht es Paare ins Standesamt. Auch rechtliche und steuerliche Vorteile sind klare Argumente.

Steuerliche Vorteile entstehen zum einen durch das sogenannte Ehegattensplitting, zum anderen sind auch die Schenkung- und Erbschaftsteuer bei Verheirateten deutlich geringer. So können Ehepartner sich gegenseitig steuerfrei Vermögen bis zu 500.000 Euro schenken und auch beim Erben gilt dieser hohe Freibetrag nur für Verheiratete und nicht für Paare ohne Trauschein.

Rechtliche Vorteile sind ebenso zahlreich. Verheiratete Eltern haben automatisch das gemeinsame Sorgerecht für das Kind, während bei Unverheirateten das Sorgerecht zunächst allein bei der Mutter liegt und nur durch eine Erklärung der Eltern auf beide übergehen kann. Stirbt einer der Eheleute,

Eine Hochzeit ist mehr als eine romantische Verbindung zweier Menschen.

erhält der andere eine Witwen- beziehungsweise Witwerrente, wenn der verstorbene Partner Beiträge in die gesetzliche Rentenversicherung gezahlt hat. Ist einer der Ehepartner gesetzlich krankenversichert, kann der andere unter Umständen kostenlos mitversichert werden. Das geht, wenn er selbst als geringfügig Beschäftigter nicht mehr als 450 Euro im Monat verdient. Wird der eine Ehepartner in einen Unfall verwickelt oder erkrankt er schwer, erhält der andere im Krankenhaus leichter Auskunft über den Gesundheitszustand. Denn bei Angehörigen kann der Arzt in der Regel sicher sein, dass der Patient möchte, dass sie über seinen Gesundheitszustand informiert werden.

Stiftung Warentest: Was für eine Ehe spricht – und was Unverheiratete wissen sollten, www.test.de, 21.08.2018

→ **1.** Nenne die in **M1** aufgeführten rechtlichen und steuerlichen Vorteile für verheiratete Paare.
2. Gib Gründe für die rechtlichen Vorteile bei Verheirateten an.
3. Beschreibe, weshalb der Steuervorteil der Gleichberechtigung der beiden Partner zuwiderläuft.

M2 **Die Ehe im Bürgerlichen Gesetzbuch (BGB)**

Arian verbietet seiner Ehefrau Jila zu arbeiten. Er verdiene genug und irgendwer muss sich schließlich um die Kinder kümmern.

Die Ehegatten Maria und Paul führen getrennte Konten. Paul kauft Lebensmittel für die gesamte Familie ein. Maria weigert sich, davon die Hälfte zu bezahlen.

Rahel meldet während des Zusammenlebens mit ihrem Ehemann Marius heimlich die Hausratsversicherung für die gemeinsame Ehewohnung auf eine allein in ihrem Eigentum stehende Wohnung um.

→ 4. Beurteile die Fälle jeweils mithilfe der §§ 1353, 1356 f. BGB und konstruiere weitere Situationen, bei denen Ehegatten gegen die Normen verstoßen.

M3 **Wie würdest du entscheiden?**

Toni und Andrea Weser sind seit 15 Jahren verheiratet und haben zwei Kinder im Alter von 14 und 10 Jahren. Herr Weser hat bereits vor seiner Hochzeit ein Haus geerbt, in dem die Familie wohnt. Weil sich Frau Weser um die Kinder kümmern wollte, arbeitet sie seit der Geburt des ersten Kindes nur in Teilzeit und verdient daher auch nur halb so viel wie ihr Mann.

Herr und Frau Weser möchten sich nun scheiden lassen, da sie ihre Ehe als gescheitert ansehen. Sie einigen sich darauf, dass beide Elternteile die Kinder gleich oft sehen können, die Kinder jedoch bei der Mutter wohnen sollen. Dadurch muss Frau Weser ihre Arbeitszeit aber nochmals reduzieren.

→ 5. Entwickelt zu zweit eine gerechte Lösung für das Problem.
6. Erläutere, weshalb es „fair" ist, dass Herr Weser nach der Scheidung Frau Weser finanziell unterstützt. Gib Möglichkeiten an, wie diese Unterstützung konkret aussehen könnte.

M4 **Entscheidungen im Falle einer Scheidung**

Unterhaltspflicht
Verpflichtung, für die Lebensbedürfnisse einer anderen Person finanziell sorgen zu müssen, falls der Unterhaltsberechtigte bedürftig und der Unterhaltspflichtige leistungsfähig ist

→ 7. Beschreibe anhand der Bilder, welche Entscheidungen im Falle einer Scheidung getroffen werden müssen.
8. Recherchiere in den §§ 1570 ff. BGB und zeige Möglichkeiten auf, bei denen ein Partner im Falle einer Scheidung dem anderen Unterhalt schuldet.
9. Zeige anhand konkreter Beispiele auf, dass man mit der Ehe eine lebenslange Verpflichtung eingeht.

5.3 Wer darf heiraten?

Du entscheidest in konkreten Situationen, ob eine Eheschließung rechtlich möglich ist.

Du kennst bereits wichtige Altersstufen bei der Geschäftsfähigkeit und Strafmündigkeit. Doch ab welchem Alter darf man heiraten? Wen darf man eigentlich heiraten? Und ist die Ehe nach wie vor nur zwischen Mann und Frau möglich oder dürfen auch gleichgeschlechtliche Partner heiraten?

M1 Ehemündigkeit und Eheverbote im BGB

1 Die 18-jährige Amelie möchte den 16-jährigen Adam heiraten.

2 Der volljährige Carl will die ebenfalls volljährige Celina heiraten, obwohl seine und ihre Eltern dagegen sind.

3 Tarik möchte seine Freundin Tamara heiraten – jedoch vorerst 1 Jahr zur Probe.

5 Ella will ihren Bruder Emil heiraten.

4 Ronny will mit seiner Cousine Roberta eine Ehe eingehen.

1. Entscheide begründet mithilfe der §§ 1303, 1306, 1307 BGB, ob in den Fällen jeweils rechtsgültig eine Ehe geschlossen werden kann.
2. Vergleiche die Altersgrenzen bei der Eheschließung mit denen der Geschäftsfähigkeit und begründe die Abweichungen.

M2 Eheschließungen zwischen Verwandten

Cousin/Cousine zweiten Grades
Bei einer Verwandtschaft zweiten Grades besteht das verwandtschaftliche Verhältnis über die gemeinsamen Urgroßeltern.

Weltweit leben eine Milliarde Menschen in Ländern, in denen eine Verwandtenehe üblich ist. Von dieser einen Milliarde ist ein Drittel der Menschen mit einem Cousin zweiten Grades oder mit einem engeren Verwandten verheiratet. Familienforscher erklären dies mit der vorherrschenden Tradition: innerhalb der engsten Familie zu heiraten garantiere einen Partner mit ähnlichem sozialen und ökonomischen Status. Für die in Deutschland bestehenden Verbote gibt es eine Vielzahl von Gründen. Hier sind vor allem biologische Gründe zu nennen: Erb-krankheiten können durch die enge genetische Verwandtschaft leichter weitergegeben werden und auch Krankheitsveranlagungen können gehäuft auftreten. Zudem besteht die erhebliche Gefahr einer geistigen oder körperlichen Behinderung bei gemeinsamen Kindern. Es lassen sich außerdem Aspekte wie die Psyche und die Ordnung der Gesellschaft anführen: Die Beziehung zwischen Eltern und Kinder, aber auch zwischen Geschwistern sollte grundsätzlich eine andere sein als zwischen einem Liebespaar.

Autorentext

3. Diskutiere auch anhand der genannten Argumente, ob eine Ehe zwischen Cousine und Cousin in Deutschland verboten sein sollte.

M3 Eingetragene Partnerschaften und Ehen

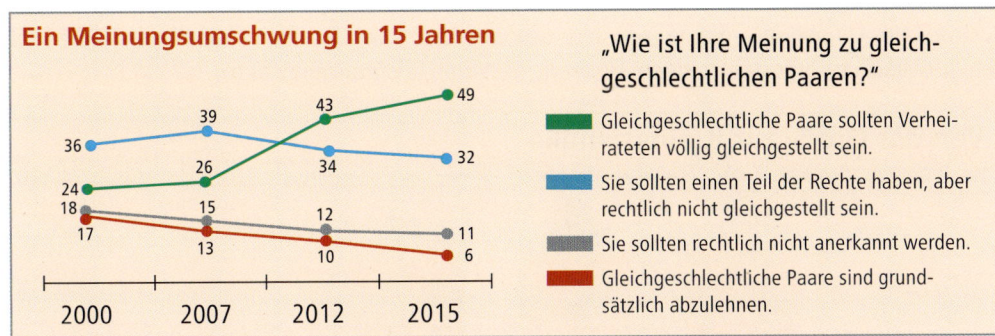

Ein Meinungsumschwung in 15 Jahren

„Wie ist Ihre Meinung zu gleichgeschlechtlichen Paaren?"

■ Gleichgeschlechtliche Paare sollten Verheirateten völlig gleichgestellt sein.

■ Sie sollten einen Teil der Rechte haben, aber rechtlich nicht gleichgestellt sein.

■ Sie sollten rechtlich nicht anerkannt werden.

■ Gleichgeschlechtliche Paare sind grundsätzlich abzulehnen.

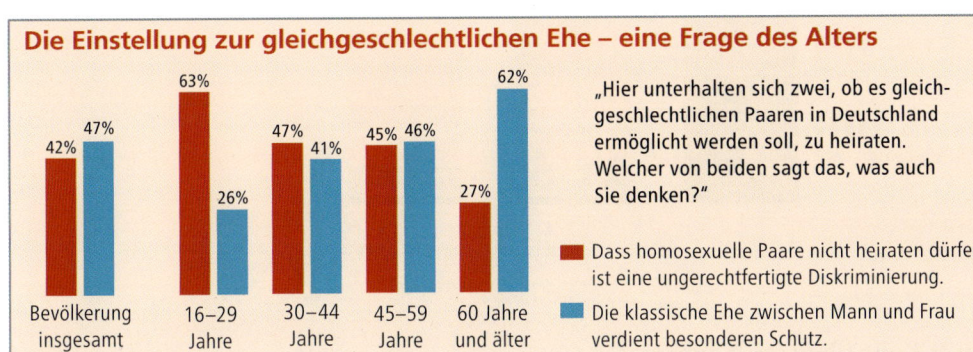

Die Einstellung zur gleichgeschlechtlichen Ehe – eine Frage des Alters

„Hier unterhalten sich zwei, ob es gleichgeschlechtlichen Paaren in Deutschland ermöglicht werden soll, zu heiraten. Welcher von beiden sagt das, was auch Sie denken?"

■ Dass homosexuelle Paare nicht heiraten dürfen, ist eine ungerechtfertigte Diskriminierung.

■ Die klassische Ehe zwischen Mann und Frau verdient besonderen Schutz.

Basis: Bundesrepublik Deutschland, Bevölkerung ab 16 Jahre

Quelle: Allensbacher Archiv, IfD-Umfragen, zuletzt 11041/V

Während in Deutschland bis in die 1960er-Jahre Homosexualität noch verboten war, wurde ab den späten 1990er-Jahren für eine staatliche Anerkennung gleichgeschlechtlicher Paare gekämpft. 2001 wurde dann das Lebenspartnerschaftsgesetz verabschiedet, mit dem gleichgeschlechtliche Paare ihre Partnerschaft eintragen lassen konnten und so rechtlich Verheirateten fast gleichgestellt waren. In den folgenden Jahren setzten sich viele dafür ein, dass gleichgeschlechtliche Paare auch heiraten können.

Im Sommer 2017 beschloss der Bundestag die „Ehe für alle". Das Gesetz trat zum 1. Oktober 2017 in Kraft. Seitdem können auch gleichgeschlechtliche Paare vor dem Standesamt eine Ehe schließen. [...] Bundesweit liegt der Anteil der gleichgeschlechtlichen Trauungen an allen Eheschließungen bei rund sieben Prozent.

Inhoffen, Lisa: Homo-Ehe: Mehrheit der Deutschen für gleichgeschlechtliche Heirat, www.yougov.de, 23.06.2017

➡ **4.** Analysiere die Grafiken hinsichtlich des Zustimmungsverhaltens der verschiedenen Bevölkerungsschichten zur „Ehe für alle" (Methode S. 104).

5. Finde mögliche Gründe, dass 2001 zunächst die „eingetragene Lebenspartnerschaft" ohne „Ehe" eingeführt wurde.

6. Begründe anhand Art. 6 GG, dass die „Ehe für alle" auch ohne Änderung des Grundgesetzes eingeführt werden konnte.

Wie werte ich eine Infografik aus?

Sachverhalte können mit Infografiken, also Schaubildern, über Zusammenhänge und Zahlen oft sehr anschaulich dargestellt werden. Doch wie liest man Infografiken richtig?

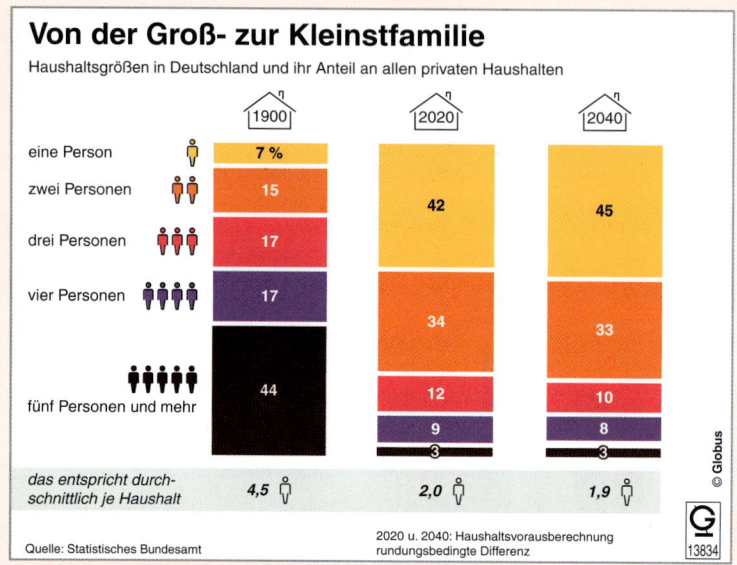

Schritt 1: Die Überschrift analysieren
Die Überschrift gibt einen Hinweis auf das Thema. Aber aufgepasst, diese ist manchmal irreführend formuliert. *Von der Groß- zur Kleinstfamilie*

Schritt 2: Teilüberschriften und Größen analysieren
Diese geben wichtige Informationen zu den einzelnen Diagrammen. Oft geben sie auch die Einheit (z. B. Euro, Prozent etc.) an.
Haushaltsgrößen in Deutschland und ihr Anteil an allen privaten Haushalten
Angabe der verschiedenen Haushaltsgrößen (Einpersonenhaushalte, Zweipersonenhaushalte etc.) und deren prozentuale Verteilung

Schritt 3: Thema identifizieren
Welches Thema behandelt das Diagramm?
Für die Jahre 1900, 2017 und 2035 (die letzten beiden als Prognose) werden zum einen die prozentualen Anteile der verschiedenen Haushaltsgrößen und zum anderen die durchschnittliche Anzahl an Personen je Haushalt verglichen.

Schritt 4: Quelle und Herausgeber prüfen
Wer hat die Zahlen und die Infografik veröffentlicht? Daran erkennst du, ob eine Infografik seriös ist oder nicht. Das Statistische Bundesamt ist beispielsweise eine seriöse Quelle oder Globus ein neutraler Herausgeber.
Herausgeber: Globus Infografiken; Quelle: Statistisches Bundesamt

➡ 1. Beschreibe die Entwicklung der Haushaltsgrößen in Deutschland.
2. Finde Ursachen für diese Entwicklung und erkläre Auswirkungen dieser Entwicklung.

5.4 Wie entwickelt sich das gesellschaftliche Rollenbild in Partnerschaft und Familie?

Du diskutierst Fragen zu Partnerschaft und Gleichberechtigung vor dem Hintergrund der gesellschaftlichen und rechtlichen Entwicklungen von Lebensgemeinschaften.

Vor hundert Jahren war das Rollenbild von Männern und Frauen in Deutschland meist noch so: Der Mann ging zur Arbeit und verdiente das Einkommen für die Familie während die Frau die Kinder erzog und sich um den Haushalt kümmerte. Heute sind die Lebensmodelle vielfältiger geworden. Wie ist das Rollenverständnis heute?

M1 **Arbeitende Eltern**

So viel Prozent der Mütter und Väter mit Kindern unter drei Jahren in Deutschland arbeiteten im Jahr 2019		
beide Vollzeit → 8,5 %	Vater Vollzeit, Mutter Teilzeit → 24,6 %	Vater Vollzeit, Mutter nicht berufstätig* → 50,3 %
Vater Teilzeit, Mutter Vollzeit → 0,6 %	Vater Teilzeit, Mutter Teilzeit → 1,7 %	Vater Teilzeit, Mutter nicht berufstätig* → 4,0 %
Vater nicht berufstätig, Mutter Vollzeit → 1,1 %	Vater nicht berufstätig, Mutter Teilzeit → 0,9 %	beide nicht berufstätig* → 8,2 %

*einschließl. Mütter in Mutterschutz und Mütter/Väter in Elternzeit   Zahlen nach: Statistisches Bundesamt, Mikrozensus 2019

1. Begründe die beiden häufigsten Aufteilungen zwischen Arbeit und Kindererziehung.
2. Diskutiere verschiedene Maßnahmen des Staates, wie man hier eine bessere Gleichberechtigung erreichen könnte.

M2 **Elternzeit: Männer sind noch immer eher die Ausnahme**

Elternzeit ist vor allem Mütterzeit. Inzwischen bleiben zwar auch mehr Väter zuhause, wenn es Nachwuchs gibt. Doch die Mehrheit ist es nicht. Eine wesentliche Rolle spielt dabei das Geld. Zudem befürchten viele Männer Nachteile im Job. [...] 2018 haben 1,4 Millionen Mütter Elterngeld bekommen – aber nur 430.000 Väter – also deutlich weniger. Und wenn Papa zuhause bleibt, dann im Durchschnitt nicht mal vier Monate. An die Mütter kommen sie auch nicht ran. Und: Da sollte man sich auch nichts vormachen, viele Väter nehmen gar keine Elternzeit, in Schätzungen ist von zwei Drittel die Rede.

Fröndrich, Sina: Männer sind noch immer eher die Ausnahme , www.deutschlandfunk.de, 28.05.2019

3. Nenne Gründe, weshalb deutlich mehr Mütter als Väter Elternzeit nehmen.
4. Beschreibe Möglichkeiten, wie hier eine gleichere Verteilung erreicht werden könnte.
5. Wie würdest du dich als Vater bzw. Mutter entscheiden? Nimm Stellung und begründe.

5.5 Wer erbt im Todesfall?

> Du wendest in Beispielfällen die gesetzlichen Regelungen zur Erbfolge an. Dabei bestimmst du konkret, wer welchen Anteil erbt.

Hast du schon einmal von kuriosen Erbfällen gehört? Jemand erbt ein Vermögen von einem entfernten Großonkel, den er selbst noch nie gesehen hat. Wie kommt es dazu? Nach welchen Regelungen erben die Verwandten des Verstorbenen und wer bekommt wie viel?

 Kuriose Erbfälle

Mein Testament

München, 8.1.2020

Da ich keine Nachkommen habe, vererbe ich mein Vermögen von
80.000 Euro der Polizeidirektion Konstanz in Baden-Württemberg.
Der Dienststellenleiter Schwarz soll es für soziale Zwecke ausgeben.

Käthe Klemm

TESTAMENT   New York City, 12.1.2020

Mein geliebter Hund, der kleine Malteser „Trouble", soll mein Vermögen von 7 Millionen US-Dollar erben. Er soll davon bis zu seinem Tod
in einem Luxushotel im warmen Florida leben und sehr gut betreut
werden.   Leona Helmsley

Basierend auf: kg: Das sind die 12 skurrilsten Erbschaftsfälle, www.stern.de, 03.09.2016

1. Bewerte die zwei kuriosen Erbfälle aus deinem rechtlichen Gefühl heraus.
2. Erläutere anhand der Beispiele den Sinn eines Testaments.
3. Erkläre unter Einbeziehung der §§ 1922 f. BGB, wer in Deutschland erben kann. Vergleiche dies mit § 1 BGB (Rechtsfähigkeit).

 Fall 1: Jochen Rehles Erbe
Jochen Rehle ist verwitwet und hat zwei Kinder, Kian und Karina. Diese haben wiederum Kinder (Herrn Rehles Enkelkinder): Sahra ist die Tochter von Kian, Sina und Simon sind die Kinder von Karina.

5

M3 Fall 2: Glücklich verheiratet mit Kindern

Stefanie und Peter Wirth sind schon sehr lange ein Paar. Sie haben jung geheiratet, dann kamen die Kinder. Seit ihre drei Söhne ausgezogen sind, wohnen sie alleine in einem Einfamilienhaus. Es gehört ihnen jeweils zur Hälfte. Den Wirths ist vor allem eines wichtig: Wenn einer von beiden stirbt, soll der andere abgesichert sein und Alleineigentümer des Hauses werden.

Löse die folgenden Aufgaben mithilfe der Paragrafen §§ 1922–1925, 1930f., 1371 BGB:

4. Begründe, dass es gemäß der gesetzlichen Erbfolge in beiden Fällen nicht darauf ankommt, ob die Erblasser Geschwister haben oder ob ihre Eltern noch am Leben sind.
5. Ermittle, wer im Todesfall von Herrn Rehle welchen Anteil an seinem Erbe erhält.
6. Zeige, was sich an deinem Ergebnis ändern würde, wenn zum Zeitpunkt des Erbfalls
   Jochen Rehles Tochter Karina bereits verstorben wäre.
7. Analysiere, wer im Falle des Todes von Herrn Wirth welchen Anteil von dessen Hälfte des
   Einfamilienhauses bekommt.
8. Beschreibe Probleme, die mit diesem Ergebnis einhergehen könnten.
9. Begründe die Absichten des Gesetzgebers bei der gesetzlichen Erbfolge.

Erblasser
Verstorbener, der vererbt

M4 Minderjährige Erben

Um zu erben, benötigt ein beschränkt Geschäftsfähiger die Zustimmung seines gesetzlichen Vertreters. Und obwohl ihm das geerbte Vermögen gehört, kann er es nicht unmittelbar für eine Spielekonsole oder Klamotten ausgeben. Pflicht der Eltern ist es, für das Vermögen des Kindes zu sorgen. Das Familiengericht kontrolliert dabei, dass die Eltern mit dem Vermögen ihres Kindes verantwortungsvoll umgehen.

10. Erläutere, weshalb Jugendliche nicht frei über geerbtes Vermögen verfügen können.

M5 Deutschland erbt

Die Deutschen werden in den kommenden Jahren deutlich mehr erben als bisher angenommen. [...] Schätzungen zufolge werden in Deutschland jedes Jahr 400 Milliarden Euro vererbt. [...] „Ob sich aus dem Erbvolumen deutlich höhere Steuereinnahmen ergeben, ist fraglich", schreiben die Autoren der Studie. „Wegen der hohen Freibeträge könne die Mehrzahl der Erbschaften steuerfrei übertragen werden." [...] Bei Privatvermögen gilt pro Elternteil und Kind ein Freibetrag von 400.000 Euro, sodass jedes Kind alle zehn Jahre 800.000 Euro steuerfrei bekommen kann.

Freiberger, Harald: Deutsche vererben 400 Milliarden Euro im Jahr, www.sueddeutsche.de, 05.07.2017

11. Bestimme, wie viel im Schnitt jeder Bundesbürger jedes Jahr erbt.
12. *„Erben ist ungerecht, weil man nichts für seine Herkunft kann."* Diskutiere die Aussage hinsichtlich Gerechtigkeit und Chancengleichheit.

5.6 Welche Möglichkeiten gibt es, von der gesetzlichen Erbfolge abzuweichen?

Du zeigst in Beispielen auf, welche Möglichkeiten und Grenzen für die Abweichung von der gesetzlichen Erbfolge bestehen. Dabei berücksichtigst du die formalen Kriterien eines Testaments.

Wahrscheinlich hast du dir noch keine Gedanken über ein Testament gemacht – ist doch bestimmt nur für sehr alte und reiche Leute wichtig, oder? Durch ein Testament lassen sich die gesetzlichen Erbfolgeregeln ändern – zumindest bis zu einem bestimmten Grad. Aber welche Regelungen muss man dabei berücksichtigen?

 Kann man jemanden von der gesetzlichen Erbfolge ausschließen?

Jochen Rehle möchte nicht, dass seine Kinder Kian und Karina erben, denn er hat bereits seit Längerem keinen Kontakt mehr zu ihnen. Deshalb setzt er ein Testament auf:

> *Mein letzter Wille*
>
> *Ich, Jochen Rehle, setze meinen Freund Frank Schuster zu 50 % und meine Haushälterin Frieda Mader sowie meinen Klavierlehrer Fabian Buchal zu je 25 % als Erben ein. Meine beiden Kinder sollen nichts bekommen.*
>
> *Jochen Rehle*   *Ingolstadt, den 6. April 2021*

 Fünf wichtige Regeln für das Schreiben eines Testaments

HANDSCHRIFT:	ERBQUOTE:	ERGÄNZUNGEN:	AUFFINDBARKEIT:	NOTAR:
Wenn Sie Ihr Testament allein aufsetzen, müssen Sie es eigenhändig und handschritlich schreiben – nicht am Computer. […] Unterschreiben Sie am Ende mit Ort und Datum.	Legen Sie in Ihrem Testament eindeutig fest, wer mit welcher Erbquote erben soll, also zum Beispiel ein Erbe alles oder zwei Erben je zur Hälfte.	Sie können Ihr Testament jederzeit verändern und ergänzen. Die Ergänzungen müssen Sie unterschreiben. Ein gemeinschaftliches Testament können Sie nur mit Ihrem Ehepartner gemeinsam verändern.	Sorgen Sie dafür, dass Ihr Testament nach Ihrem Tod schnell gefunden werden kann, zum Beispiel, indem Sie den Ablageort einem Vertrauten nennen oder es beim für Sie zuständigen Amtsgericht hinterlegen.	Wer das Testament nicht selbst verfassen will, geht zum Notar. Das notarielle Testament ist vor allem ratsam, wenn es um Immobilien, größere Vermögen und komplizierte Familienverhältnisse geht.

Finanztest: „Keine Frage des Alters", 12.08.2019

 1. Begründe, weshalb das Testament handschriftlich verfasst sein muss.

2. Recherchiere das Berufsfeld eines Notars und wäge Vor- und Nachteile einer Erstellung des Testaments durch einen Notar ab.

3. Überprüfe, ob das Testament in **M1** den Anforderungen aus **M2** genügt.

4. Bestimme anhand § 2303 BGB den Personenkreis, der stets Anspruch auf einen Pflichtteil hat.

5. Erkläre, weshalb der Gesetzgeber mit dem Pflichtteil dem Erblasser in seiner Gestaltung Grenzen setzt.

6. Ermittle mithilfe der Regelung des § 2303 BGB im Fachwissen die Erbteile für die einzelnen Personen.

7. Formuliere ein gemeinschaftliches Testament für Stefanie und Peter Wirth, das den länger lebenden Ehepartner zum Alleinerben des Einfamilienhauses macht (vgl. S. 107 **M3**).

8. Berechne den Pflichtteil der einzelnen Kinder für den Fall, dass das Einfamilienhaus einen Wert von 480.000 Euro hat, und beschreibe die Problematik, die sich nun für den Alleinerben des Einfamilienhauses ergeben kann.

9. Analysiere § 2229 BGB und vergleiche die Unterschiede zu den Regelungen zur Geschäftsfähigkeit.

M3 Gestaltungsmöglichkeiten beim Testament

> *Von meinen vier Kindern soll derjenige mein alleiniger Erbe sein, der zum Zeitpunkt meines Versterbens der bessere Mensch ist und das Erbe deshalb am meisten verdient hat.*

> *Von meinen vier Kindern soll derjenige mein alleiniger Erbe sein, der zum Zeitpunkt meines Versterbens die meisten Kinder hat.*

 10. Entscheide jeweils begründet, ob die beiden Testamente rechtlich wirksam sein sollten.

11. Begründe, dass die anderen drei Kinder in beiden Fällen nicht vollständig leer ausgehen werden.

M4 Digitaler Nachlass

Der digitale Nachlass umfasst nicht nur zu Lebzeiten gespeicherte Daten auf Computer oder Smartphone, sondern auch online geschlossene Verträge. Darunter fallen zum Beispiel Verträge mit Telekommunikationsdienstleistern, eigene Webseiten, E-Mail- und Social-Media-Konten, Guthaben bei Zahlungsdienstleistern, Cloud-Daten sowie virtuelle Adressbücher.

Finanztest: „Keine Frage des Alters", 12.08.2019

12. Erläutere, wie man schon zu Lebzeiten regeln kann, was mit seinem „digitalen Erbe" passieren soll.

FACHWISSEN

Bedeutung von Ehe und Familie in Deutschland

Im Bürgerlichen Gesetzbuch regeln die Paragrafen im vierten Buch ab § 1297 BGB das Zusammenleben in Ehe und Familie. Denn eine gesetzliche Ehe ist ein rechtlicher Akt, mit dem zahlreiche Rechte und Pflichten verbunden sind. Auch im Grundgesetz und in der Bayerischen Verfassung steht, dass Ehe und Familie vom Staat besonders geschützt werden. Die Unterstützung von Ehen und Familien erfolgt dabei vor allem finanziell. Neben steuerlichen Vergünstigungen von Ehepaaren gibt es für die Familien **Kindergeld**, Zuschüsse bei einer Betreuung der Kinder zuhause, **Elterngeld** usw. Diese finanziellen Leistungen sind nicht nur notwendig, weil auch Kinder Bedürfnisse (Lebensmittel, Kleidung, Wohnen) haben, sondern auch, weil oft einer oder beide Elternteile nicht mehr Vollzeit arbeiten gehen können, um sich um die Kinder zu kümmern.

Durch eine möglichst familienfreundliche Politik versucht der Staat auch, die Geburtenrate zu erhöhen, denn eine Gesellschaft braucht im Schnitt etwas mehr als zwei Kinder je Frau, um nicht zu schrumpfen.

Rechte und Pflichten durch die Ehe

Aus der Ehe entstehen vielfältige Rechte und Pflichten, die im Bürgerlichen Gesetzbuch verankert sind. So tragen die Ehepartner füreinander Verantwortung, sie dürfen Geschäfte zur Deckung des Lebensbedarfs für den anderen besorgen, regeln die Haushaltsführung gemeinschaftlich, dürfen einen gemeinsamen Ehenamen wählen und tragen gemeinsam Sorge für die Kinder. Beide Ehegatten sind gleichberechtigt und dürfen einer Erwerbstätigkeit nachgehen, wobei sie auf die Belange des anderen und der Familie Rücksicht nehmen müssen.

Auch im Falle einer **Scheidung** kann es zu Verpflichtungen kommen. So kann einer von beiden verpflichtet sein, dem anderen monatlich Unterhalt zu zahlen, vor allem dann, wenn die gemeinsamen Kinder beim anderen Teil leben und dieser Partner damit finanziell belastet ist.

Bei einer Scheidung muss entschieden werden, wie das gemeinsame Vermögen aufgeteilt wird. Haben die Eheleute keinen Ehevertrag geschlossen, gilt in Deutschland die **Zugewinngemeinschaft** (gesetzlicher Güterstand): Das in die Ehe eingebrachte Vermögen bleibt getrennt. Im Falle einer Scheidung wird durch einen Vergleich des Anfangs- und Endvermögens jeweils ermittelt, wer den höheren Zugewinn während der Ehe erwirtschaftet hat. Die Hälfte des Zugewinns muss bei einer Scheidung an den anderen ausgezahlt werden.

Wurde ein **Ehevertrag** beim Notar geschlossen, kann beispielsweise eine Gütertrennung (keinerlei Vermögensausgleich im Falle einer Scheidung) oder eine Gütergemeinschaft (alles Vermögen wird je zur Hälfte aufgeteilt) vereinbart werden.

Ehemündigkeit und gleichgeschlechtliche Ehen

In Deutschland herrscht das Verbot von Kinder- und Jugendlichen-Ehen, d. h. Heiraten ist erst ab der Volljährigkeit, also ab dem 18. Geburtstag erlaubt. Heiraten kann nur, wer sich nicht oder nicht mehr in einer anderen Ehe befindet.

Verwandte in gerader Linie dürfen in Deutschland nicht heiraten, da im Falle einer Kindszeugung das Risiko von körperlichen oder geistigen Fehlbildungen zu groß wäre.

Während früher Ehen nur zwischen Mann und Frau denkbar waren, wurde in Deutschland (und auch in anderen Ländern) im Jahr 2001 das Gesetz zur **eingetragenen Lebenspartnerschaft** beschlossen, bei der homosexuelle Paare ihre Lebensgemeinschaft eintragen lassen konnten und so in vielen Bereichen die gleichen Rechte und Pflichten hatten. Seit 1. Oktober 2017 wurde dieses Gesetz durch die „Ehe für alle" ersetzt. Seitdem können in Deutschland gleichgeschlechtliche Paare heiraten und haben so die gleichen Rechte und die volle rechtliche Anerkennung seitens des Staates. Man erwartet, dass die Öffnung der Ehe so zu einem Abbau der Vorbehalte gegen homosexuellen Menschen in der Gesellschaft beiträgt.

Veränderung von Ehe und Partnerschaft im Laufe der Zeit

Früher gab es viele Großfamilien, die gemeinsam unter einem Dach gewohnt haben. Kinder begannen im Jugendalter zu arbeiten, heirateten früh und gründeten früh eine eigene Familie. Als das Bürgerliche Gesetzbuch im Jahr 1900 in Kraft trat, beschrieb § 1354 damals das Verhältnis zwischen Mann und Frau in Rechtsfragen folgendermaßen: „Dem Manne steht die Entscheidung in allen das gemeinschaftliche Leben betreffenden Angelegenheiten zu". Seit 1958 steht in Artikel 3 Abs. 2 im Grundgesetz der Bundesrepublik Deutschland: „Männer und Frauen sind gleichberechtigt." Dies wurde 1994 noch weiter ergänzt: „Der Staat fördert die tatsächliche Durchsetzung der **Gleichberechtigung** von Frauen und Männern und wirkt auf die Beseitigung bestehender Nachteile hin."

Seit einigen Jahrzehnten ist eine stärkere Individualisierung der Gesellschaft zu erkennen, die sich u. a. darin äußert, dass sich gerade in den Städten die Zahl der Single-Haushalte erhöht, die Menschen immer später heiraten und Kinder bekommen und es sehr unterschiedliche Lebensentwürfe gibt. Der Staat kann diese Entwicklung unter anderem durch die Förderung kostenloser Kinderbetreuung und flexibler Arbeitszeiten unterstützen.

Erben und die gesetzliche Erbfolge

In Deutschland werden jedes Jahr Milliardenvermögen vererbt. Dabei kann jeder lebende Mensch sowie gezeugte, aber noch nicht geborene Menschen erben. Das Bürgerliche Gesetzbuch regelt exakt, wer im Todesfall wie viel erbt:

Das Schaubild auf der nächsten Seite fasst die gesetzliche Erbfolge zusammen:
Zunächst erben die Kinder des **Erblassers** zu gleichen Teilen. Sind diese bereits verstorben, treten an deren Stelle deren Kinder, also die Enkelkinder und dann die Urenkel des Erblassers. Nur wenn es keine dieser Erben erster Ordnung gibt, können Erben zweiter Ordnung erben. Das sind die Eltern des Erblassers. Sind diese verstorben, treten an deren Stelle deren Kinder, also die Geschwister des Erblassers etc.

War der Erblasser verheiratet, so erbt der Ehegatte neben Erben erster Ordnung ein Viertel, neben Erben zweiter oder dritter Ordnung die Hälfte und neben Erben fernerer Ordnungen hundert Prozent der Erbschaft. Im Regelfall der Zugewinngemeinschaft erhöht sich der gesetzliche Erbteil des überlebenden Ehegatten um ein Viertel der Erbschaft (§ 1371 BGB).

Erbfolge – Stirbt ein Erbberechtigter, rücken seine nächsten Nachkommen in der Erbfolge nach. Lebt ein Erbe einer näheren Ordnung, erben Verwandte aus einer entfernteren Ordnung nichts.

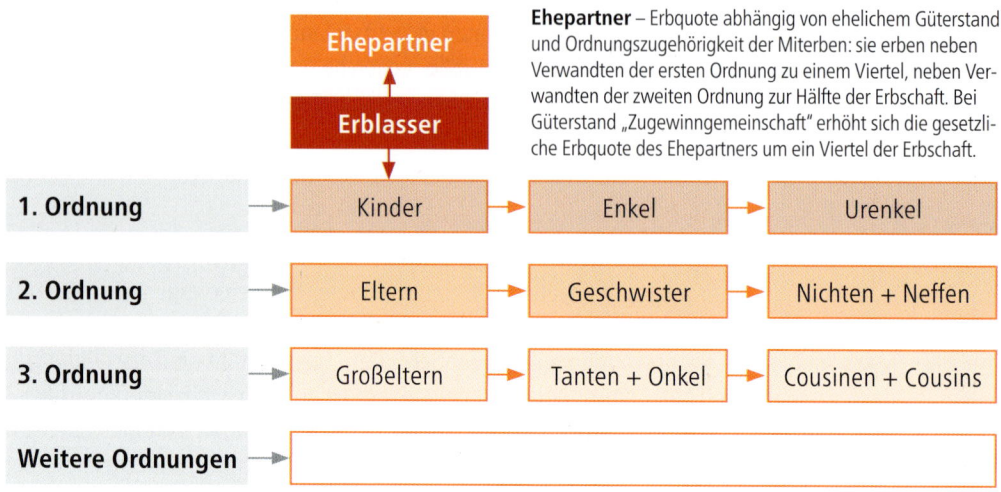

Ehepartner – Erbquote abhängig von ehelichem Güterstand und Ordnungszugehörigkeit der Miterben: sie erben neben Verwandten der ersten Ordnung zu einem Viertel, neben Verwandten der zweiten Ordnung zur Hälfte der Erbschaft. Bei Güterstand „Zugewinngemeinschaft" erhöht sich die gesetzliche Erbquote des Ehepartners um ein Viertel der Erbschaft.

1. Ordnung	Kinder	Enkel	Urenkel
2. Ordnung	Eltern	Geschwister	Nichten + Neffen
3. Ordnung	Großeltern	Tanten + Onkel	Cousinen + Cousins
Weitere Ordnungen			

Quelle: © Finanztest

Da Minderjährige nicht oder nur beschränkt geschäftsfähig sind, können sie zwar erben, jedoch nicht frei über das Vermögen verfügen. Dies ist Aufgabe der Eltern.

Das Testament als Möglichkeit der Abweichung von der gesetzlichen Erbfolge

Personen, die das 16. Lebensjahr vollendet haben, können einen „**Letzten Willen**" (Testament) verfassen, mit dem sie innerhalb gesetzlicher Grenzen die Aufteilung ihres Erbes selbst bestimmen können. Das Testament muss zwingend handschriftlich geschrieben und mit Datum und Unterschrift versehen sein. Es sollte so aufbewahrt werden, dass es im Todesfall auch gefunden wird. Am sichersten ist es, es von einem Notar schreiben zu lassen und beim Amtsgericht zu hinterlegen. Getippte Testamente sind rechtlich nicht gültig.

Grundsätzlich kann der Erblasser beliebig bestimmen, wer was erbt. Allerdings steht bestimmten Personengruppen ein Pflichtteil zu, nämlich in Höhe der Hälfte des Werts des gesetzlichen Anspruchs. Allerdings muss hier der Erbe den **Pflichtteil** in Geld leisten. Das Erbe an sich ist unabhängig von Pflichtteilen.

Unterschiede zwischen Testament und Erbvertrag

Testament	Erbvertrag
• einseitige Erklärung durch den Erblasser • nur vom Erblasser erstellt (➜ kostenlos) • leicht zu ändern oder zu widerrufen	• Vertrag zwischen Erblasser und Erben • muss zwingend vom Notar erstellt werden (➜ Notarkosten) • Abänderung sehr aufwendig

Falls sich Erbvertrag und Testament inhaltlich widersprechen, zählt der Erbvertrag.

KOMPETENZ-CHECK

M1 **Familienforum**

> **Frage stellen**   👤 ≡
>
> **Wer erbt in meinem Fall?**
> Hallo liebe Community,
> ich bin erst 50 Jahre alt und habe mir nie Gedanken darüber gemacht, was passiert, falls mir
> etwas zustößt. Nun habe ich in einem Ratgeber gelesen, dass es auch unabhängig vom Alter
> Sinn macht, zu regeln, dass mein Vermögen im Todesfall an „den Richtigen" geht. Zu meiner
> Situation: Ich bin von der Mutter meiner beiden Kinder (Moritz, 18 Jahre und Lisa, 14 Jahre)
> geschieden und habe nun eine neue Freundin, mit der ich schon seit längerem zusammen-
> lebe. Da meine Ex-Frau gut abgesichert ist und in ihrem Beruf sehr gut verdient, möchte ich
> nicht, dass sie etwas von meinem Vermögen bekommt. Am liebsten wäre es mir, alle drei
> (also meine Freundin und meine beiden Kinder) würden jeweils ein Drittel erben. Ist das
> vom Gesetzgeber auch so vorgesehen? Oder muss ich ein Testament machen? Und wie
> müsste das dann aussehen? Muss ich meine Freundin heiraten, um sie auch als Erbin
> einzusetzen?
> Über Tipps und Ratschläge würde ich mich sehr freuen!
> Viele Grüße, Thilo

➡ 1. Ermittle die Aufteilung des Erbes ohne Testament einmal für den Fall, dass Thilo seine
   Freundin heiratet und einmal ohne Ehe.
2. Erläutere, weshalb Thilo besser ein Testament schreiben soll anstatt nur wegen der Erbfolge im Falle eines frühen Ablebens seine Freundin zu heiraten, indem du Thilo auf die
   Pflichten in einer Ehe hinweist.
3. Verfasse ein Testament für Thilo so, dass er ohne Hochzeit seinen Wunsch nach Aufteilung
   des Vermögens auf alle drei Personen zu gleichen Teilen umsetzen kann.
4. Stell dir vor, du wärst Moritz oder Lisa: Nimm Stellung zum Wunsch deines Vaters, dass
   auch seine neue Freundin ein Drittel erben soll.

M2 **Und wie machen Sie es falsch?**

	Er bleibt daheim	Er geht arbeiten
Sie bleibt daheim	Und das Geld kommt vom Staat? Schmarotzer!	Gefällt's Dir in den 50ern? Pascha!
Sie geht arbeiten	Ein Kind braucht seine Mama! Rabenmutter!	Und das Kind in die Kita abschieben? Karrieristen!

➡ 5. Erkläre die vier verschiedenen Vorwürfe mit eigenen Worten.
6. Erläutere das Dilemma, in dem sich viele junge Familien heute befinden.

➡️ **Deine Meinung ist gefragt!**

1. Entwickle aus den Bildern eine möglichst reale Geschichte.
2. Diskutiert in der Klasse, welche Strafen ihr für die Täter im obigen Fall für fair halten würdet.

Strafrecht

➡ Die häufigsten Straftaten bei Jugendlichen sind Diebstahl, Gewalttaten und Sachbeschädigungen. Sicher hast du auch schon einmal von einem missglückten Ladendiebstahl gelesen oder gehört – oftmals als Mutprobe gedacht, um zu einer Clique dazuzugehören. Oder das illegale Graffiti an der Hauswand: für den Sprayer ist es Kunst, für die Polizei meist ein klarer Fall von Sachbeschädigung. Leider gibt es in den Nachrichten auch immer wieder Meldungen über Schlägereien, oft angefangen aus nichtigem Grund, aber mit zum Teil fatalen Konsequenzen. Sobald Messer und andere Waffen verwendet werden, können diese Auseinandersetzungen tödlich enden. Eher selten macht man sich Gedanken darüber, welche Folgen so eine Handlung für das Leben des Täters und das seiner Familie haben kann. Deshalb sollte sich jeder mit den Grundlagen des Strafrechts, dem Ablauf eines Strafverfahrens und den möglichen Konsequenzen auseinandersetzen – aber auch mit Möglichkeiten, erst gar nicht in strafrechtlich relevante Situationen zu gelangen!

➡ **Kompetenzen – Das kannst du nach diesem Kapitel:**

… anhand von Beispielen die Notwendigkeit des staatlichen Strafmonopols begründen.

… kritisch an Beispielen den Zweck staatlicher Strafen beurteilen.

… einschätzen, ob eine Tat den Voraussetzungen der Strafbarkeit genügt.

… anhand von realen Fällen prüfen, ob strafrechtliche Tatbestandsmerkmale erfüllt sind.

… mithilfe des Strafgesetzbuches strafbaren Handlungen mögliche Rechtsfolgen zuordnen.

… unterschiedliche Phasen eines Strafverfahrens und die Aufgaben der Beteiligten beschreiben.

… Straftaten und Ordnungswidrigkeiten an realen Beispielen voneinander abgrenzen.

… zwischen straf- und zivilrechtlichen Folgen strafbarer Handlungen an realen Beispielen unterscheiden.

… die Besonderheiten des Jugendstrafrechts vor allem im Hinblick auf den Erziehungsgedanken bewerten.

… die Folgen widerrechtlichen Handelns eines Jugendlichen abschätzen.

… gewaltfreie Lösungsansätze bei Konflikten und Maßnahmen der Gewaltprävention verwenden.

6.1 Wie wird in unserer Gesellschaft Selbstjustiz vermieden?

Du begründest anhand von Beispielen die Notwendigkeit des staatlichen Strafmonopols.

Viele Konflikte in die du gerätst, kannst du ohne Probleme selber lösen. Man spricht mit dem Gegner, manchmal geht es vielleicht etwas lauter zu, aber oftmals einigt man sich doch am Schluss. Warum sollte also der Ladendetektiv nicht auch die erwischte Ladendiebin bestrafen dürfen? Oder der Hausmeister den erwischten Graffitisprayer?

 M1 Lynchaufruf auf Facebook

Jugend-schöffengericht
besonderes Gericht, welches über bestimmte Verfehlungen von Jugendlichen sowie Heranwachsenden entscheidet

Zwei Wochen Dauerarrest sowie eine Verwarnung hat das Jugendschöffengericht am Amtsgericht Emden gegen einen 18-Jährigen ausgesprochen. Er hatte nach dem Mord an dem Mädchen Lena im März via Facebook zur Erstürmung der Polizeiwache und Ermordung eines Tatverdächtigen aufgerufen. „Aufstand! Zu den Bullen. Lasst uns das Schwein tothauen", hatte der 18-Jährige am Abend des 27. März in dem sozialen Netzwerk geschrieben. Von seinen 900 Freunden bei Facebook klickten laut Staatsanwaltschaft 33 auf „Gefällt mir". Später versammelten sich bis zu 50 Menschen vor der Polizeiwache in Emden und forderten die Herausgabe des Tatverdächtigen, der tagsdrauf wegen erwiesener Unschuld wieder freigelassen werden musste.

Fisser, Dirk: Mob vor Polizeiwache, www.noz.de, 30.05.2012

→ **1.** Sammelt in eurer Klasse Situationen, in denen ihr selber bereits solche Aufrufe bekommen habt. Wie habt ihr reagiert?
2. Beurteilt das Vorgehen des 18-Jährigen. Bezieht dabei mögliche Folgen seines Posts mit ein.

 M2 Selbstjustiz von Bruder und Vater

Selbstjustiz
selbst ausgeübte Vergeltung für erlittenes Unrecht

Strafmonopol
alleinige rechtliche Zuständigkeit des Staates, Straftaten zu definieren, zu verfolgen und Täter zu bestrafen

Unter einem Vorwand sollen Bruder und Vater eines Vergewaltigungsopfers den unter Tatverdacht stehenden Vergewaltiger in eine Falle gelockt und ihn dort umgebracht haben. Beide stehen nun unter Anklage vor dem Landgericht in Freiburg.

Wegen Vergewaltigung hatte die Polizei bereits gegen den dringend tatverdächtigen Mann ermittelt. Jedoch verschwand der mutmaßliche Vergewaltiger spurlos. Daraufhin machten sich Bruder und Vater des vergewaltigten Mädchens selbst auf die Suche. Bereits kurze Zeit später kam es zum Aufeinandertreffen der Männer und dabei wohl zum Tötungsdelikt.

Basierend auf: Süddeutsche.de/dpa/feko/afis/kfu/jobr: Selbstjustiz nach Vergewaltigung, www.sueddeutsche.de, 08.04.2015

→ **3.** Nimm vor dem Hintergrund von **M2** kritisch Stellung zum Thema Selbstjustiz.

M3 Grundsätze eines Rechtsstaates

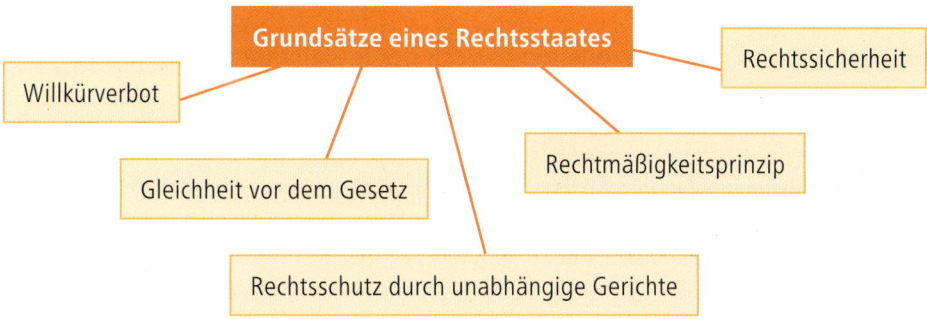

Grundsätze eines Rechtsstaates

- Willkürverbot
- Rechtssicherheit
- Gleichheit vor dem Gesetz
- Rechtmäßigkeitsprinzip
- Rechtsschutz durch unabhängige Gerichte

→ 4. Recherchiere die Bedeutung der einzelnen Begriffe und notiere deine Ergebnisse in deinem Heft.

5. Erkläre, wie du die Ordnungs- und die Schutzfunktion des Rechts in den Grundsätzen eines Rechtsstaates wiedererkennst.

6. Erläutere, warum man auch von einer Ordnungs- und Schutzfunktion des Staates sprechen kann.

7. Begründe vor dem Hintergrund von **M1**, **M2** und **M3**, warum der Staat das alleinige Strafmonopol haben sollte.

8. Begründe (anhand des Strafmonopols), dass es sich beim Strafrecht um Öffentliches Recht handeln muss.

M4 Recht schaffen

Karikatur: Bearbeitet, nach: Pfohlmann, 2016

→ 9. Interpretiere die Karikatur und nimm vor dem Hintergrund von **M1–M3** kritisch Stellung zu der Aussage.

10. Entwickle Szenarien, wie die Welt ohne Polizei, Gerichte und Gesetze aussehen würde.

6.2 Welchen Zweck verfolgen Strafen?

> **Du erklärst anhand realer Urteile den Zweck der jeweiligen Strafe.**

Wusstest du, dass in Deutschland im November 2018 über 63.000 Menschen im Gefängnis saßen, davon allein ein Sechstel in Bayern? Und dass 2017 über 700.000 Menschen zu einer Strafe verurteilt wurden? Was will man damit bezwecken, wenn man Menschen die Freiheit entzieht oder anders bestraft? Und kann man eine Strafe überhaupt rechtfertigen?

M1 Jugendliche Randalierer greifen Autobesitzer an

Das Amtsgericht München hat im Juni zwei 16-jährige Münchner verurteilt, die im April dieses Jahres in München-Nymphenburg randaliert und den Halter eines BMW attackiert
5 *und schwer verletzt hatten. Wie das Amtsgericht München mitteilt, sprangen die beiden alkoholisierten Schüler am 15. April gegen 01:30 Uhr auf die Motorhaube und das Dach eines BMW in Nymphenburg und verursach-*
10 *ten dadurch einen Schaden von über 8.000 Euro. Der Besitzer des Pkw wurde aufgrund des Lärms auf die Randale aufmerksam und versuchte die Jugendlichen zu stellen.*
Die 16-Jährigen attackierten den Mann,
15 *schlugen ihm mit der Faust ins Gesicht und*

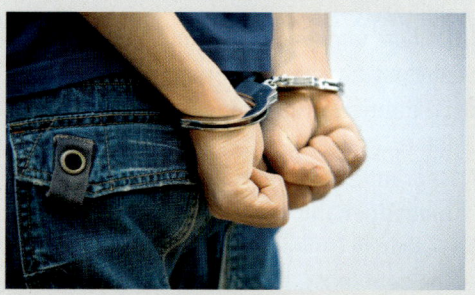
Jugendlicher in Handschellen

traten mehrmals auf ihn ein. Das Opfer erlitt dabei eine Platzwunde, Schürfwunden und Prellungen am ganzen Körper. Die Jugendlichen konnten von einer vorbeifahrenden Polizeistreife festgenommen werden. ... (→ M2) 20

➡ **1.** Einigt euch in der Klasse auf ein geeignetes Strafmaß für die beiden Randalierer. Begründet dabei eure Vorschläge.
  2. Erklärt, welchen Zweck die von euch verhängte Strafe erfüllen soll.

M2 Schüler verurteilt – Opfer hält Strafe für zu milde

... Am 13. Juni verurteilte das Jugendgericht des Amtsgerichts München die Schüler „wegen gefährlicher Körperverletzung und Sachbeschädigung zur Mitwirkung an einem Tä-
5 ter-Opfer-Ausgleich zu Art und Umfang der Schadenswiedergutmachung, zur Teilnahme

am Vortrag ‚Folgen von Gewalt‘ beim Stadtjugendamt München sowie an einem sozialen Trainingswochenende."
  Die Richterin begründete ihr Urteil damit, „dass sie den Sachverhalt vollumfänglich eingeräumt haben und das Geständnis 10

sichtlich von Reue geprägt war. Beide Angeklagten entschuldigten sich beim Geschädigten [...] in der Sitzung." Aus Sicht des Opfers
ist diese Strafe zu milde. Er hatte Arbeits-
stunden als Strafmaß favorisiert. Trotzdem
war auch er laut Gericht der Meinung, dass
es sich um eine Ausnahmetat der Münchner
Schüler handelte.

AZ: Geschädigter hält Strafe für zu milde,
www.abendzeitung-muenchen.de, 08.07.2019

3. Vergleiche das Gerichtsurteil mit eurem Ergebnis und begründe die Abweichung.

4. Erkläre, welchen Zweck …
   a) … die Strafe des Gerichts wohl erfüllen soll.
   b) … die vom Opfer favorisierte Strafe wohl erfüllen sollte.

5. Recherchiere, worum es sich bei einem Täter-Opfer-Ausgleich handelt.

M3 Strafzwecktheorien

Welchen Zweck hat eigentlich Strafe? Mit welcher Begründung greift der Staat mit zum Teil großen Auswirkungen in das Leben von Menschen ein? Hier gibt es verschiedene Erklärungsansätze. Diese nennt man auch Strafzwecktheorien. Man unterscheidet hier zwei Sichtweisen:

Eimal betrachtet man nur die Tat als ein entstandenes Unrecht – und dieses Unrecht muss bestraft werden. Es geht hier also um Vergeltung, oder, salopp gesprochen, um Rache. Der Blick richtet sich auf **bereits begangene Straftaten**.

Die andere Sichtweise sieht den Zweck des Strafens in der Prävention, also dem Verhindern **zukünftiger Straftaten**. Dabei gibt es zwei Ansatzpunkte, einmal das direkte Einwirken auf den Täter (hier spricht man dann von Individualprävention) und zum anderen die indirekte Wirkung einer Strafe auf die restliche Gesellschaft (hier spricht man von Generalprävention).

Die Individualprävention will grundsätzlich auf eine Besserung und Resozialisierung oder Abschreckung des Täters hinwirken. Ein Mittel dazu kann aber auch der Freiheitsentzug sein, falls man die Gesellschaft vor dem Täter schützen muss.

Die Generalprävention zielt einerseits auf die abschreckende Wirkung einer Strafe auf die restliche Gesellschaft ab, möchte aber auch das Vertrauen in die Rechtsordnung durch das Verhängen von Strafen stärken.

Da jedoch alle Ansätze für sich gesehen jeweils Schwachpunkte haben, werden sie in der deutschen Rechtsprechung bei der Strafzumessung verbunden. Das nennt man Vereinigungstheorie.

Quelle: Autorentext

Prävention
Vorbeugung, Verhütung

Resozialisierung
Wiedereingliederung in die Gesellschaft

6. Erstelle ein übersichtliches Schaubild zu den Strafzwecktheorien.

7. Ordne das Urteil der Richter und die Forderung des Opfers (**M2**) einer Strafzwecktheorie zu.

8. Ordne den Täter-Opfer-Ausgleich in die Systematik der Strafzwecktheorien ein.

6.3 Was sind die Voraussetzungen der Strafbarkeit?

Du schätzt ab, ob eine Tat den Voraussetzungen der Strafbarkeit genügt.

„Hey, du machst dich strafbar, wenn du ..." – So einen Satz hast du bestimmt auch schon einmal gehört. Aber was macht eine Handlung eigentlich zu einer Straftat? Und in welchem Gesetz sind die Voraussetzungen für eine Straftat aufgeschrieben?

M1 **Auszüge aus dem Strafgesetzbuch**

§ 223 StGB Körperverletzung
(1) Wer eine andere Person körperlich mißhandelt oder an der Gesundheit schädigt, wird mit Freiheitsstrafe bis zu fünf Jahren oder mit Geldstrafe bestraft.
(2) Der Versuch ist strafbar.

§ 242 StGB Diebstahl
(1) Wer eine fremde bewegliche Sache einem anderen in der Absicht wegnimmt, die Sache sich oder einem Dritten rechtswidrig zuzueignen, wird mit Freiheitsstrafe bis zu fünf Jahren oder mit Geldstrafe bestraft.
(2) Der Versuch ist strafbar.

Mediencode:
82212-12
Methode Paragrafen analysieren

1. Erstelle zu beiden Paragrafen eine Tabelle mit den Tatbestandsmerkmalen und den Rechtsfolgen (Wiederholung).

M2 **Prügelei auf dem Volksfest**

Kira und Serdar wollten sich einen schönen Abend auf dem örtlichen Volksfest machen. Die Stimmung war ausgelassen, es wurde gefeiert, bis ein leicht angetrunkener Mann anfing, Kira anzufassen und ihr unverschämte Angebote zu machen. Nun schritt Serdar ein und forderte den Mann auf, die Finger von seiner Freundin zu lassen und zu verschwinden. Voller Wut nahm daraufhin der Mann seinen Maßkrug, um auf Serdar loszugehen. Dieser war jedoch schneller und schlug den Mann k. o. Der Mann verlor dabei zwei

Durch Alkohol kann die Stimmung beim Feiern kippen

Zähne, erlitt eine Gehirnerschütterung und eine Platzwunde am Hinterkopf.
Quelle: Autorentext

2. Prüfe, ob der beschriebene Sachverhalt alle Tatbestandsmerkmale des § 223 StGB erfüllt.
3. Diskutiere, ob Serdar bestraft werden sollte.

M3 Ladendiebstahl

BERGRHEINFELD – Am Donnerstag, gegen 14:15 Uhr, gingen drei 13-jährige Mädchen in einem Einkaufsmarkt in der Schweinfurter Straße auf Diebestour. Insgesamt entwendeten sie Waren im Wert von 9 Euro.

Mh: Sachbeschädigung in der Kleingartenanlage und andere Delikte, www.in-und-um-schweinfurt.de, 23.08.2019

Vorsatz
Wissen und Wollen der Tatbestands-
5 verwirklichung

→ 4. Zeige, dass der beschriebene Sachverhalt alle Tatbestandsmerkmale des § 242 StGB (**M1**) erfüllt.
5. Diskutiere, ob die beiden Mädchen für ihre Tat bestraft werden können.
6. Begründe, weshalb der Gesetzgeber grundsätzlich nur vorsätzliche, also mit „Wissen und Wollen" begangene Straftaten unter Strafe stellt.

M4 Tatbestandsmäßigkeit, Rechtswidrigkeit und Schuld

Tatbestandsmäßigkeit, Rechtswidrigkeit und Schuld: Nach diesem Schema prüfen Juristen, ob sich jemand strafbar gemacht hat.

5 Bei der Tatbestandsmäßigkeit unterscheidet man zwischen dem objektiven (von außen erkennbaren) und subjektiven (inneren, also die Psyche und den Vorstellungsbereich des Täters betreffenden) Tatbestand. Tatbestands-
10 mäßigkeit liegt demnach vor, wenn alle objektiven Tatbestandsmerkmale der Rechtsnorm erfüllt sind und die subjektiven Tatbestandsmerkmale (wie z. B. der Vorsatz bei sogenannten Vorsatzdelikten oder Fahrlässigkeit bei Fahrlässigkeitsdelikten) beim Tä-
15 ter erkennbar sind. Die Unterscheidung zwischen Vorsatz- und Fahrlässigkeitsdelikten spielt eine große Rolle, denn „strafbar ist nur vorsätzliches Handeln, wenn nicht das Ge-
setz fahrlässiges Handeln ausdrücklich mit 20
Strafe bedroht." (§ 15 StGB).
Rechtswidrig ist grundsätzlich jede Tat, die tatbestandsmäßig ist. Allerdings gibt es Rechtfertigungsgründe wie z. B. Notwehr oder Notstand. 25

Bei der Schuldfrage wird überprüft, ob die Tat dem Täter persönlich vorwerfbar ist. Hier geht es also um die persönliche Verantwortung des Täters für die Tat. Wie bereits bei der Rechtswidrigkeit geht man grund- 30
sätzlich davon aus, dass schuldhaft gehandelt wurde, sobald der Tatbestand erfüllt ist. Doch auch hier gibt es Ausnahmen, einerseits Schuldausschließungsgründe wie z. B. die Schuldunfähigkeit, andererseits Ent- 35
schuldigungsgründe wie z. B. entschuldigender Notstand.

Quelle: Autorentext

→ 7. Erstelle eine grafische Übersicht zu den Voraussetzungen einer Straftat.
8. Überprüfe abschließend, ob in den Fällen **M2** und **M3** durch die jeweiligen Täter Straftaten begangen wurden. Beziehe dabei auch **M1** und die §§ 19, 32 StGB mit ein.

6.4 Wie überprüfe ich einen Fall auf Strafbarkeit?

> **Du prüfst in realen Fällen, ob strafrechtliche Tatbestandsmerkmale erfüllt sind und schätzt die Rechtswidrigkeit der Tat sowie die Schuld des Täters ein.**

Bereits im letzten Schuljahr hast du überprüft, ob man eine Rechtsnorm auf einen Tatbestand anwenden kann, indem du subsumiert hast. Damals waren es vor allem Paragrafen aus dem Zivilrecht. Im Strafrecht musst du neben der Tatbestandsmäßigkeit auch noch die Rechtswidrigkeit und die Schuld einschätzen – hier gilt das Sprichwort: Übung macht den Meister!

M1 **Finde den Unterschied!**

➡️ 1. Erkläre den Unterschied in der Tathandlung der beiden Bilder.
2. Ordne den Bildern anhand der objektiven Tatbestandsmerkmale der Rechtsnormen die Begriffe Diebstahl (§ 242 StGB) und Raub (§ 249 StGB) zu.
3. Entwickle eine Geschichte zu einem der Bilder, sodass der Täter eindeutig eine Straftat begeht.

M2 **Bierflasche verletzt 24-Jährigen**

Aus einer Entfernung von etwa 15 Metern soll ein 25-Jähriger am Sonntag gegen 02.15 Uhr in der Sportplatzstraße in Tiefenbach eine Bierflasche in Richtung eines 24 Jahre alten Mannes geworfen haben. Der junge Mann wurde
5 oberhalb des linken Auges getroffen und musste in einem Krankenhaus behandelt werden. Das Polizeirevier Bad Schönborn ermittelt nun wegen gefährlicher Körperverletzung.
10 Zunächst waren bei der Polizei Hinweise auf eine Schlägerei mit mehreren beteiligten Personen eingegangen [...]. Schließlich fanden die Beamten [...] den Geschädigten, der

dort mit stark blutender Wunde saß. Zeugen wie auch der Verletzte konnten den 25-jähri- 15 gen deutschen Tatverdächtigen benennen, der von [den] Beamten [...] vorläufig festgenommen wurde. Er stand laut Vortest mit 0,86 Promille unter Alkoholeinwirkung. Bislang ließ sich insbesondere das Vorgesche- 20 hen im Zusammenhang mit der Schlägerei nicht eindeutig klären. Weitere Ermittlungen dauern hierzu noch an.

Minet, Ralf: POL_KA: (KA) Östringen-Tiefenbach – Bierflasche gegen Kopf geworfen – 24-Jähriger verletzt, www.presseportal.de, 02.09.2019

4. Überprüfe, ob die objektiven Tatbestandsmerkmale einer Körperverletzung nach § 223 StGB erfüllt sind.

5. Begründe, dass es sich in diesem Fall sogar um eine gefährliche Körperverletzung handelt.

6. Entwickle den Fall so weiter, dass die Tatbestandsmerkmale einer schweren Körperverletzung erfüllt sind.

7. Schätze ein, ob der Täter eine Straftat begangen hat.

M3 Aufkleber Vandalismus: Meistens sind die Schilder kaputt

8. Überprüfe, ob die objektiven Tatbestandsmerkmale einer Sachbeschädigung nach § 303 StGB erfüllt sind.

9. Formuliere zwei kurze Zeitungsartikel zum Bild, sodass der Täter einmal eine Straftat begeht, einmal nicht.

M4 Randale im Strandbad

Kurz nach Mitternacht informierten Zeugen die Polizeistation Bad Arolsen, dass es am Strandbad zu Auseinandersetzungen gekommen sei. Vor Ort stellten die Beamten fest, dass zwei Zeugen einen jungen Mann festhielten, der zuvor randaliert haben soll.

Nach den Befragungen von mehreren Zeugen stellte sich heraus, dass der Mann zunächst die Tische und Stühle des Strandbadcafés umhergeworfen haben soll. Durch den Lärm aufmerksam geworden, eilten mehrere Personen zum Strandbad – der Randalierer sollte zur Rede gestellt werden.

Er zeigte sich aber aggressiv und schlug zwei Männern mit der Faust in das Gesicht. Letztlich gelang es ihnen aber, den Mann zu überwältigen und bis zum Eintreffen der Polizei festzuhalten.

red: Randale und Schläge am Strandbad des Twistesees, www.wlz-online.de, 25.07.2019

10. Überprüfe, welche Straftaten der Täter begangen haben könnte.

6.5 Welche Strafen gibt es im deutschen Strafrecht?

> **Du ordnest strafbaren Handlungen mögliche Rechtsfolgen zu und erklärst diese.**

Hast du dich schon einmal mit Strafen des Mittelalters auseinandergesetzt? Zu dieser Zeit wurde Dieben z. B. die Hand abgehackt, Räuber wurden gerädert, Mörder in der Öffentlichkeit enthauptet. Straftaten müssen bestraft werden – keine Frage. Aber welche möglichen Rechtsfolgen von strafrechtlich relevanten Taten sieht das deutsche Strafrecht heute überhaupt vor?

 M1 **Mord und Freispruch**

Wie im Wahn:
Mann schießt Nachbarn in den Rücken –
Täter wird freigesprochen
Bei einem Feuerwehrfest in Giebelstadt bei Würzburg im Juni 2018 hat ein damals 70-Jähriger seinem 55-jährigen Nachbarn in den Rücken geschossen. Das Opfer ist seither querschnittsgelähmt. [...] Darüber hinaus war dies nicht die erste Tat des Angeklagten und dieser hätte unter anderen Umständen bereits eine Haftstrafe absitzen müssen. Trotzdem ist der Mann nun vor Gericht freigesprochen worden. Die Richter am Landgericht Würzburg hielten die Tat und die Mordabsicht in ihrem Urteil am Donnerstag für bewiesen, den 71-jährigen Deutschen jedoch für schuldunfähig. Laut einem Gutachten leidet er an psychotischen Wahnvorstellungen. ...   (→ M2)

 1. Begründe, ob das Urteil in deinen Augen gerecht ist.
2. Nimm auch mit Bezug zum Text Stellung zu der in Deutschland gültigen Aussage „Keine Strafe ohne Schuld".
3. Diskutiert in der Klasse, wie man den Fall gerecht lösen könnte.

 M2 **Freispruch und Unterbringung**

Maßregeln der Besserung und Sicherung
vom Verschulden unabhängige Rechtsfolgen für eine rechtswidrige Tat

... Frei ist er dennoch nicht. [...] Wegen Wiederholungsgefahr ordneten die Richter die dauerhafte Unterbringung in einer Psychiatrie an. Den Prozess verfolgte der Angeklagte weitgehend reglos, wenn überhaupt sieht er sich als Opfer.

dpa: Schüsse bei Feuerwehrfest, www.infranken.de, 01.08.2019

4. Beschreibe, wie das Gericht bei seinem Urteil versucht, der Tat, dem Täter, dem Opfer und der Allgemeinheit gerecht zu werden.
5. Erkläre den Unterschied zwischen Strafen und Maßregeln anhand des Falles in **M1** und **M2**.

M3 Sekundenschlaf mit Folgen

Nach einem folgenschweren Sekundenschlaf auf der Autobahn hat das Amtsgericht Bochum am Montag einen Mechaniker (46) zu einer Geldstrafe in Höhe von 3.500 Euro verurteilt (70 Tagessätze). Außerdem muss der Bochumer weitere fünf Monate auf seinen Führerschein verzichten. Schon kurz nach dem Vorfall am 20. März hatte die Polizei ihm die Fahrerlaubnis abgenommen.

Der straf- und verkehrsrechtlich bisher unbescholtene Mann fuhr damals um 4 Uhr mit einem VW auf der A40 in Bochum in Richtung Essen. Plötzlich nickte er ein und prallte gegen eine Fahrbahnbegrenzung. Wieder aufgewacht, flüchtete er. Erst am Tag darauf stellte er sich der Polizei. Der Sachschaden an der Begrenzung betrug mehrere

Am Steuer einzuschlafen, kann fatale Folgen haben

tausend Euro. Das Gericht verurteilte ihn wegen fahrlässiger Gefährdung des Straßenverkehrs und Unfallflucht.

Kieswetter, Bernd: Sekundenschlaf: Autofahrer zu 3500 Euro Geldstrafe verurteilt, www.waz.de, 29.08.2016

6. Prüfe anhand der §§ 142 StGB, 315c StGB den Straftatbestand.
7. Vergleiche die in den §§ 142 StGB, 315c StGB aufgeführten möglichen Rechtsfolgen mit den im Text beschriebenen Rechtsfolgen.
8. Begründe anhand der Voraussetzungen des § 44 StGB das zusätzliche Strafmaß und erkläre den Begriff „Nebenstrafe".

M4 Urteil mit Nebenfolgen

Der [...] Oberbürgermeister (OB) der Kreis- und Universitätsstadt Homburg, wirkt geschockt. Mit rotem Kopf hört er, wie [...] [der] Vorsitzender Richter der vierten Strafkammer des Landgerichts, das Urteil gegen ihn verkündet und fast 40 Minuten begründet. Das Gericht spricht den [...] Politiker in der Homburger Detektivaffäre der besonders schweren Untreue im Amt für schuldig. Der Schuld angemessen hält das Gericht [...] eine Freiheitsstrafe von einem Jahr und drei Monaten, die drei Jahre zur Bewährung ausgesetzt wird. [...] Für den noch amtierenden OB bedeutet dies, dass er, so das Urteil rechtskräftig wird, sofort sein Amt und den Beamtenstatus verliert.

Jungmann, Michael: Richter: Schneidewind als OB ungeeignet, www.saarbruecker-zeitung.de, 21.02.2019

Nebenfolge Einschränkung eigener Rechte, die aus einer Verurteilung zur Hauptstrafe folgt (hier: Verlust eines öffentlichen Amtes)

9. Begründe anhand des § 45 StGB den möglichen Amtsverlust des Bürgermeisters.
10. Arbeite aus den Quellen M1–M4 mögliche Rechtsfolgen des deutschen Strafrechts heraus.

6.6 Warum gibt es im StGB keine genauen Strafzuweisungen?

> Du berücksichtigst bei der Zuordnung möglicher Rechtsfolgen mithilfe des Strafgesetzbuches auch die Verhältnismäßigkeit der Strafen aufgrund äußerer Umstände.

Nicht immer scheinen einem die Strafen gerecht, die man in den Nachrichten hört. Vielleicht hattest auch du schon einmal das Gefühl, dass man einen Täter in Anbetracht seiner Tat viel härter bestrafen hätte müssen. Das kann daran liegen, dass das Gesetz dem Richter einen relativ großen Spielraum bei der Strafzumessung ermöglicht. Aber nach welchen Kriterien verhängt ein Gericht seine Strafen?

 M1 Oberndorfer schlägt ohne Vorwarnung zu

Es gab keinerlei Anlass. Die beiden Männer hatten in der Bar in Laufen (Landkreis Berchtesgadener Land) kein Wort miteinander gesprochen. Und doch schlug der 30-jährige
5 Oberndorfer mit voller Wucht zu. Das Nasenbein des 50-jährigen selbstständigen Unternehmers aus Nußdorf war zertrümmert, seine finanziellen Einbußen über vier Wochen Arbeitsausfall enorm. Der Kellner aus
10 Oberndorf ist kein unbeschriebenes Blatt, weshalb ihm Richterin Dr. Elisa Frank am Laufener Amtsgericht keine Bewährung mehr zugestehen wollte. Sie schickte den Schläger für 15 Monate hinter Gitter. [...] Die Richterin ging darum mit ihrem Urteil noch 15 deutlich über den Antrag des Staatsanwaltes hinaus und entschied auf 15 Monate – ohne Bewährung. „Extrem" und „erschütternd" nannte Frank die Tat ohne jeglichen Grund und Anlass. Eine positive Sozialprognose 20 mochte sie bei dem 30-jährigen Oberndorfer nicht erkennen; die offene Bewährung werde vermutlich widerrufen.

Höfer, Hannes: Oberndorfer schlägt ohne Vorwarnung zu: 15 Monate Haft, www.pnp.de, 03.09.2019

➡️ **1.** Prüfe, ob die objektiven Tatbestandsmerkmale einer Körperverletzung (§ 223 StGB) erfüllt sind und notiere den im Paragraf vorgegebenen Strafrahmen.
2. Diskutiere mit einem Partner, ob die Strafzumessung gerecht ist.

 M2 Nach Dorffest: Auge, Nase und Zähne kaputt

Ein einziger Faustschlag am 29. Juli 2017 auf dem Dorffest in Marzahne richtete Verheerungen an. Das Opfer wurde an Nase, Kiefer und Auge verletzt. Die Nase gebrochen, fünf Zähne
5 *ausgeschlagen und am schlimmsten: Ein Sehnerv durchtrennt, das Auge fast zerstört.*

Knapp zwei Jahre nach der Gewalttat sieht der 20 Jahre junge Mann aus Zeitz in Sachsen-Anhalt immer noch sehr schlecht auf dem linken Auge. Die Sehkraft lag zeitweise 10 nur bei 10 Prozent. Sein Leben lang wird der junge Mann nicht mehr so sehen können wie vor dem großen Schlag. Er wollte eigentlich Polizist werden. Diesen Berufswunsch musste er aufgeben. [...]

Bis zur Gerichtsverhandlung schweigt [...] [der Täter]. Dort aber legt er ein Geständnis ab [...]. Die Entschuldigung des Täters vor Gericht wirkt zwar nicht sehr herzlich, aber doch ehrlich. Er wird wegen gefährlicher Körperverletzung zu zwei Jahren Haft auf Bewährung verurteilt. [Staatsanwalt und Gericht sind überzeugt, dass ein silberner metallener Gegenstand in der Faust die Wirkung des Schlages erheblich verstärkt

hat.] Die Bewährung hätte er wahrscheinlich nicht erhalten, wenn nicht kurz vor dem Prozesstermin eine verbesserte Sehkraft von 40 Prozent festgestellt worden wäre. [...] Angreifer und Opfer einigen sich vor Gericht noch auf ein Schmerzensgeld von 15.000 Euro. [...] Die Sozialprognose des verurteilten Mannes ist günstig. Er hat feste Arbeit, lebt mit einer Partnerin zusammen, will ein Haus kaufen und zahlt Unterhalt für seine Tochter aus einer früheren Beziehung.

Lauterbauch, Jürgen: Nach Dorffest: Auge, Nase und Zähne kaputt, www.maz-online.de, 15.04.2019

3. Begründe die Verurteilung des Täters wegen gefährlicher Körperverletzung (§ 224 StGB) und notiere den im Paragraf vorgegebenen Strafrahmen.

Erkläre, warum der Täter die Bewährung wahrscheinlich nicht erhalten hätte, wenn „nicht kurz vor dem Prozesstermin eine verbesserte Sehkraft von 40 Prozent festgestellt worden wäre" (Z. 27–29). Verwende dazu auch §§ 46, 56 StGB.

4. Diskutiere mit einem Partner, ob ihr die Strafzumessung als gerecht empfindet.

5. Vergleiche die Fälle **M1** und **M2** hinsichtlich des verhängten Strafmaßes und nenne auf der Grundlage der §§ 46, 56 StGB Gründe für die unterschiedliche Bewertung durch das Gericht.

Raub, Körperverletzung und Beleidigung

Richter Alexander Porsche wusch dem 27-Jährigen den Kopf: „Die Art und Weise geht überhaupt nicht. Es handelt sich nicht um Bagatelldelikte." Der Angeklagte hatte seiner Ex-Freundin die Handtasche entrissen, sie auf dem Gehweg geschubst, ihre gemeinsame Wohnung verwüstet und sie auch noch derb beschimpft.

Dafür verurteilte das Lindauer Schöffengericht den Mann wegen Raubes, Körperverletzung, Bedrohung und Beleidigung [...]. Der geständige Angeklagte zeigte Reue: „Die ganze Geschichte tut mir Leid. Ich war gefrustet und unter Alkoholeinfluss."

Mittermeier, Peter: Raub, Körperverletzung und Beleidigung: Westallgäuer (27) zu 16 Monaten auf Bewährung verurteilt, www.all-in.de, 16.08.2019

6. Ordne den verschiedenen Taten das jeweils mögliche Strafmaß zu.

7. Erörtert in Teams, welches Strafmaß ihr für den Angeklagten verhängen würdet. Bezieht in euer Urteil neben den §§ 46, 56 StGB auch die Strafzwecktheorien mit ein.

6.7 Wie läuft ein Strafverfahren ab?

Du vollziehst den Ablauf eines Strafverfahrens nach. Dabei benennst du die Beteiligten mit Fachbegriffen.

In Filmen und Serien geht es oft auch um Polizei, Anwälte, Verbrechen und Gerichtsverhandlungen. Meistens wird dort jedoch der Ablauf amerikanischer Verhandlungen gezeigt. Aber wie läuft so ein Strafverfahren in Deutschland ab?

M1 **Überblick Strafverfahren**

Wenn in der Öffentlichkeit oder in den Medien von einem Strafverfahren/Strafprozess die Rede ist, so meint man meist die im Vordergrund des Interesses stehende gerichtliche Hauptverhandlung. Die Hauptverhandlung stellt aber in Wahrheit nur einen kleinen Ausschnitt aus dem gesamten Strafverfahren/Strafprozess dar. Denn das Strafverfahren (bzw. der Strafprozess) setzt sich aus mehreren Abschnitten zusammen. Zu diesen Abschnitten gehören in zeitlicher und sachlicher Reihenfolge:

- Das Vorverfahren (auch Ermittlungsverfahren genannt)
- das Zwischenverfahren
- das Hauptverfahren

Das Vorverfahren wird von der Staatsanwaltschaft geleitet. Demgegenüber obliegt die Durchführung des Zwischen- und Hauptverfahrens dem Gericht.

Justiz NRW: Gerichtsaufbau – Ablauf eines Strafverfahrens, www.justiz.nrw.de, abgerufen am 13.02.2020

➡ 1. Stelle die einzelnen Abschnitte eines Strafverfahrens mit dazugehöriger Institution grafisch in deinem Heft dar.
2. Vervollständige dein Schaubild, indem du recherchierst, wie der potentielle Täter in den einzelnen Abschnitten genannt wird.

M2 **Vorverfahren (Ermittlungsverfahren)**

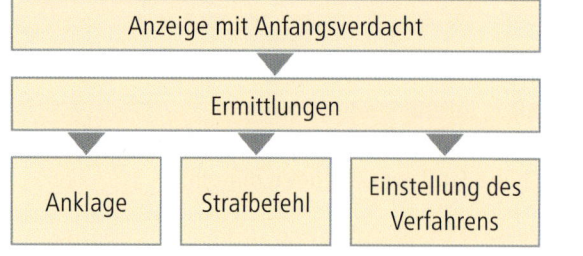

Staatsanwaltschaft
Polizei
Beschuldigter

Ist ein hinreichender Tatverdacht gegeben?

➡ 3. Beschreibe den Ablauf des Ermittlungsverfahrens und die Beteiligten anhand von **M2**.
4. Recherchiere im Internet Gründe für die Einstellung eines Verfahrens.

M3 Zwischenverfahren

| Anklageschrift an Angeschuldigten |
| Äußerung des Angeschuldigten |

| Eröffnung des Hauptverfahrens | Ablehnung der Eröffnung |

Gericht
Angeschuldigter

? Ist ein hinreichender Tatverdacht gegeben?

→ **5.** Zeige Unterschiede von Ermittlungsverfahren und Zwischenverfahren auf.
6. Erkläre, dass die Schutzfunktion des Rechts im Zwischenverfahren sichtbar wird.

M4 Hauptverhandlung

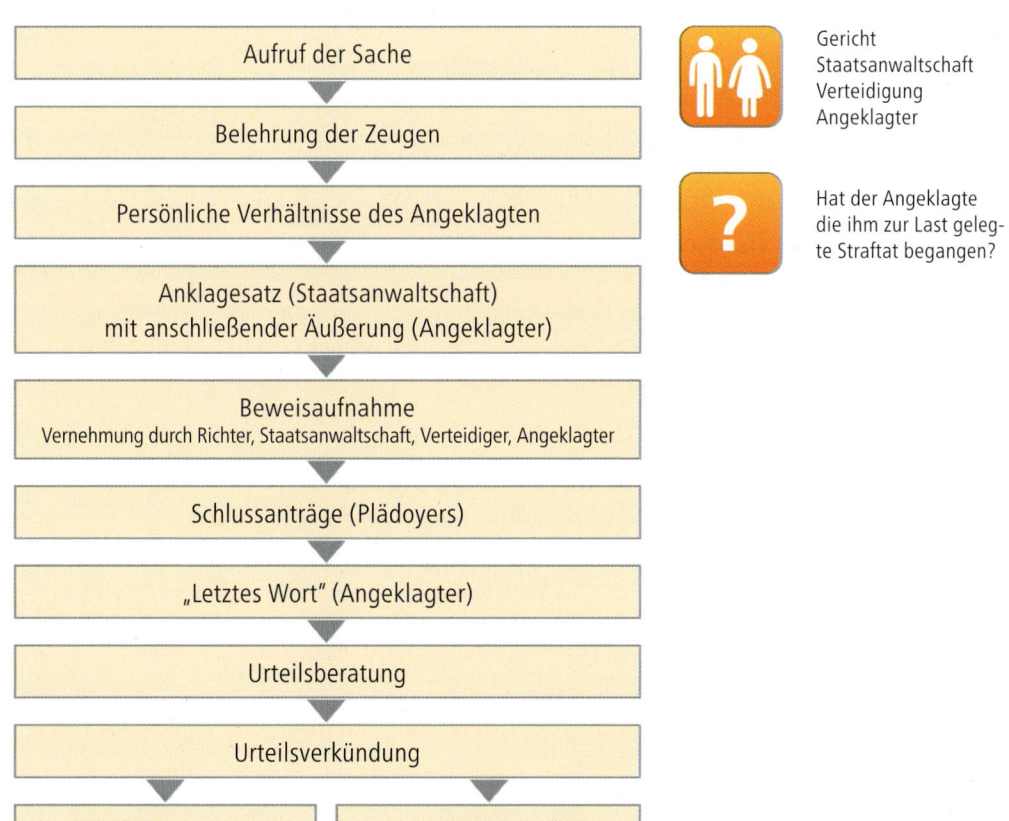

| Aufruf der Sache |
| Belehrung der Zeugen |
| Persönliche Verhältnisse des Angeklagten |
| Anklagesatz (Staatsanwaltschaft) mit anschließender Äußerung (Angeklagter) |
| Beweisaufnahme Vernehmung durch Richter, Staatsanwaltschaft, Verteidiger, Angeklagter |
| Schlussanträge (Plädoyers) |
| „Letztes Wort" (Angeklagter) |
| Urteilsberatung |
| Urteilsverkündung |

| Berufung/Revision | Urteil rechtskräftig |

Gericht
Staatsanwaltschaft
Verteidigung
Angeklagter

? Hat der Angeklagte die ihm zur Last gelegte Straftat begangen?

→ **7.** Beschreibe den Ablauf des Hauptverfahrens und die Beteiligten.
8. Belege anhand des Aufbaus eines Strafverfahrens die Grundsätze der Rechtsstaatlichkeit (vgl. **M3** S. 117).

Einen Gerichtsbesuch durchführen

Ein Gerichtsbesuch ist ein beeindruckendes Erlebnis. Allein die Atmosphäre innerhalb des Gerichtsgebäudes ist mitunter etwas ganz Besonderes. Allerdings solltest du dich auf einen Gerichtsbesuch auch gut vorbereiten, damit du für dich einen Gewinn aus dem Besuch ziehen kannst.

Schritt 1: Vorbereiten – was kommt auf mich zu?
- Informiere dich im Vorfeld über das Gericht, das besucht wird. Die folgende Tabelle gibt dir einen Überblick, welche Fälle bei welchen Gerichten verhandelt werden.

Schöffe
ehrenamtlicher
Laienrichter

Amtsgericht	Landgericht	Oberlandesgericht
Einzelrichter: Leichte Kriminalität, bis zu zwei Jahren Freiheitsstrafe	**Kleine Strafkammer** (ein Richter, zwei Schöffen): Berufungsverfahren von Einzelrichtern und Schöffengericht	**Strafsenat** fünf Richter): schwere Staatsschutzsachen
Schöffengericht (ein Richter und zwei Schöffen): mittlere Kriminalität, bis zu vier Jahren Freiheitsstrafe.	**Große Strafkammer**: schwere Kriminalität	
	Schwurgericht: Schwerste Kriminalität wie z. B. Mord, Totschlag	

- Kläre Details zur An- und Abreise – Pünktlichkeit am Verhandlungstag ist selbstverständlich und wird erwartet.
- Formuliere Fragen an den Richter bzw. Staatsanwalt, die du gerne nach der Verhandlung stellen würdest. Ist der Terminplan der beiden nicht zu eng, so ist meist ein Gespräch nach der Verhandlung möglich.

Schritt 2: Verhalten – die Würde des Gerichts achten
Folgende Regeln solltest du beachten, wenn du eine Gerichtsverhandlung besuchst:
- Kleide dich angemessen und verhalte dich ruhig und ordentlich im Gerichtsgebäude und im Gerichtssaal. Der Vorsitzende des Gerichts kann Personen, die in einer der Würde des Gerichts nicht entsprechenden Weise erscheinen, den Zutritt zur Verhandlung verwehren.
- Stelle dein Handy aus. Audio-, Video- und Fotoaufnahmen sind verboten, nur schriftliche Aufzeichnungen sind erlaubt.
- Stehe auf, wenn die Richter den Gerichtssaal betreten oder verlassen, eine Vereidigung vorgenommen oder das Urteil verkündet wird.
- Störe die Verhandlung nicht, d. h. kein Herumlaufen oder lautes Sprechen während der Verhandlung, keine „Kommentierung" des Geschehens mit dem Sitznachbarn. Zudem ist es nicht gestattet, im Sitzungssaal zu essen oder zu trinken.

Quelle: Autorentext nach Broschüre Gerichtsbesuch Thüringen

Schritt 3: Beobachten – Strukturen und Beteiligte erkennen

Identifiziere die Verfahrensbeteiligten anhand der untenstehenden Grafik und informiere dich über ihre Aufgaben. Je nach Gerichtsgebäude kann es Unterschiede in der Sitzordnung geben. Es gibt keine Regelungen, wonach die Staatsanwaltschaft vor dem Fenster und Angeklagte vor der Tür sitzen, die Sitzordnung im Saal hängt allein von den baulichen Gegebenheiten, den örtlichen Gepflogenheiten und den Anordnungen des Vorsitzenden ab.

Bundesministerium für Justiz und Verbraucherschutz. Ich habe Rechte. Ein Wegweiser durch das Strafverfahren für jugendliche Zeuginnen und Zeugen. S. 47

a) Vorsitzender Richter
b) Beisitzende Richter
c) Schöffe
d) Staatsanwalt
e) Protokollführer

f) Nebenklagevertreter
g) Verteidiger
h) Angeklagter
i) Zeuge
j) Zuschauer

- Verfolge das Hauptverfahren anhand der Gliederung im Ablaufschema (**M4**, S. 129) und mache dir zu den einzelnen Schritten ggf. Notizen.

6.8 Was unterscheidet Straftaten von Ordnungswidrigkeiten?

> **Du grenzt Merkmale und Folgen von Straftaten und Ordnungswidrigkeiten anhand einfacher Rechtsfälle voneinander ab. Dabei analysierst du die zugehörigen Rechtsnormen.**

Bist du auch schon einmal über eine rote Ampel gelaufen? Hast du auch schon einmal nach einer Party im Grünen dort deinen Müll „vergessen"? Mit beiden Taten hast du ganz klar gegen Gesetze verstoßen – aber wie ahndet der Gesetzgeber diese Verstöße?

 Rechtswidrige Taten

➡ **1.** Beschreibe, welche rechtswidrigen Taten in den Bildern dargestellt werden.
2. Sortiere die Taten der Schwere nach und vergleiche deine Rangfolge mit der deines Nachbarn.
3. Ordnet den Taten gemeinsam ein in euren Augen gerechtes Strafmaß zu.

M2 Alkohol im Straßenverkehr

Nach der Rechtsprechung ist bei **Kraftfahrzeugführern** bereits ab einer Blutalkoholkonzentration (BAK) von 0,3 Promille bei Vorliegen alkoholbedingter Ausfallerscheinungen – wie dem Fahren von Schlangenlinien – (sog. „relative Fahrunsicherheit") der Straftatbestand des § 316 StGB einschlägig. Auch ohne jeden Nachweis von Fahrunsicherheit begeht ein Kraftfahrzeugführer ab einer BAK von 0,5 Promille eine Ordnungswidrigkeit gemäß § 24a StVG und ab einer BAK von 1,1 Promille (sog. „absolute Fahrunsicherheit") nach der Rechtsprechung eine Straftat nach § 316 StGB. [...] Bei Fahrradfahrern setzt die neuere Rechtsprechung den Grenzwert für die „absolute Fahrunsicherheit" bei einer BAK von 1,6 Promille fest.

BMJV: Das Verkehrsstrafrecht einschließlich des Rechts der Verkehrsordnungswidrigkeiten, Oktober 2015, S.33

→ 4. Arbeite aus **M2** die Unterscheidungsmerkmale von Straftaten und Ordnungswidrigkeiten im Zusammenhang mit Alkohol im Straßenverkehr heraus und notiere den jeweiligen Strafrahmen.
5. Begründe anhand von **M1** und **M2**, warum der Gesetzgeber deiner Meinung nach zwischen Straftat und Ordnungswidrigkeit unterscheidet.

M3 Illegale Abfallbeseitigung

Wer seinen Müll auf die Straße wirft oder illegal im Wald loswird, begeht in der Regel eine Ordnungswidrigkeit. [...] Eine entscheidende Rolle spielt die Menge des Abfalls. Die entscheidet nicht nur, ob es sich noch um eine Ordnungswidrigkeit oder schon um eine Straftat handelt, sondern von ihr hängt auch die Höhe des Bußgelds ab. Je mehr Müll auf einmal entsorgt wird, desto teurer wird es. Ebenfalls betrachtet wird die Größe der Gegenstände, deren Zustand und Beschaffenheit. Das Wegwerfen von Pappbechern, Taschentüchern und Zigarettenschachteln bis zu 0,5 Kilo kann in Bayern beispielsweise 20 Euro kosten. Das Abladen mehrerer Gegenstände wie Kühlschränke, Kommoden und Badewannen gilt auch bei mehr als 100 Kilogramm noch als Ordnungswidrigkeit, dafür können bis zu 2.500 Euro fällig werden.

Bafas, Irini: Illegale Müllentsorgung – Straftat oder Ordnungswidrigkeit?, www.br.de, 25.03.2019

→ 6. Vergleiche die Beispiele (**M3**) mit den objektiven Tatbestandsmerkmalen und dem Strafmaß des § 326 I StGB.
7. Begründe anhand von **M3**, was an diesem Beispiel den Unterschied zwischen Straftat und Ordnungswidrigkeit ausmacht. Gehe dabei auch auf die Intention des Gesetzgebers ein.
8. Entscheide, welche Bilder in **M1** Straftaten, welche Ordnungswidrigkeiten darstellen.

6.9 Was ist der Unterschied zwischen Strafe und Schadensersatz?

Du unterscheidest bei Rechtsfällen die straf- und zivilrechtlichen Folgen strafbarer Handlungen.

Privatrecht und Öffentliches Recht sind zwei ganz unterschiedliche Rechtsgebiete, das weißt du seit dem letzten Schuljahr. Aber beide Rechtsgebiete können Auswirkungen auf die Folgen ein und derselben Tat haben. Du kannst also für eine Tat bestraft werden und musst vielleicht zusätzlich noch Schadensersatz leisten... Ist das gerecht?

M1 Schüler verursachen Wasserschaden in Schule in Neu-Ulm

Die Lehrkräfte und Schüler einer Grundschule erlebten eine böse Überraschung, als sie am Freitagmorgen das Gebäude betraten. Im dritten Stock war ein massiver Wasser-
5 schaden entstanden, der auch darunterliegende Räumlichkeiten beschädigt hatte.
   Die Polizeiinspektion Neu-Ulm übernahm die Ermittlungen, nachdem sich der Schaden nicht als technischer Defekt, sondern als
10 vorsätzliche Handlung herausstellte. Bereits nach kurzen Ermittlungen ergaben sich Hinweise auf zwei 14-Jährige und einen 13-Jährigen, die die Tat einräumten.
   Die drei Jungen hatten sich am [Vortag]
15 getroffen und in den Waschräumen die Abläufe verstopft und das Wasser aufgedreht. Der Schaden beläuft sich auf rund 100.000 Euro. Die beiden strafmündigen Schüler

Die Feuerwehr beim Aufsaugen des Wassers

müssen mit einer Anzeige sowie zivilrechtlichen Forderungen rechnen. Außerdem wird 20 das Jugendamt über den Vorfall in Kenntnis gesetzt.

Basierend auf: Obeser, Mario: Schüler verursachen aus Langeweile 100.000 Euro Wasserschaden in Schule in Neu-Ulm, www.bsaktuell.de, 17.10.2014

➡ 1. Erkläre den Unterschied zwischen Strafmündigkeit und Deliktsfähigkeit (Wiederholung).
2. Begründe, dass nur die beiden 14-Jährigen eine Straftat im Sinne des § 303 StGB begangen haben können.
3. Lege mithilfe der §§ 823, 828 BGB dar, dass alle drei Täter grundsätzlich zivilrechtlich für den verursachten Schaden zur Verantwortung gezogen werden können.
4. Nimm Stellung zu der Aussage, dass auf die Eltern der Schüler zivilrechtliche Forderungen zukommen können. Beachte dabei § 832 BGB.

M2 · Teure Jugendsünden

Wenn ein Kind einen Schaden verursacht hat und dies von einem Gericht festgestellt wurde, kann es für diesen Schaden auch Jahre später noch Schadensersatz zahlen müssen. Zwar verfügt ein Kind noch nicht über ein Einkommen und muss daher nicht für einen Schaden aufkommen. Aber wenn es später Geld verdient, wendet sich das Blatt. „30 Jahre lang kann man einen Gerichtstitel vollstrecken", sagt Eva Becker, [Berliner Rechtsanwältin und Vorsitzende der Arbeitsgemeinschaft Familienrecht im Deutschen Anwaltverein]. Jugendsünden können dann später also noch richtig teuer werden.

Waschatz, Berit: Wann Eltern für die Schäden ihrer Kinder haften, www.welt.de, 04.08.2013

5. Erkläre unter Verwendung von **M2**, welche Bedeutung ein zivilrechtliches Gerichtsurteil für das weitere Leben der 13- und 14-jährigen Täter haben könnte.

6. Beurteile die Vollstreckungsfrist von 30 Jahren für Kinder und Jugendliche von 7 bis unter 18 Jahren vor dem Hintergrund der Gerechtigkeit.

7. Begründe mithilfe der §§ 823, 828 BGB, dass auf die beiden strafrechtlich verurteilten Jugendlichen (S. 118, Fall **M1** und **M2**) auch noch zivilrechtliche Folgen zukommen können. Unterscheide dabei zwischen den Schäden am Auto und einem möglichen Schmerzensgeld des Besitzers.

M3 · Was die private Haftpflichtversicherung nicht abdeckt

Versicherte erhalten keine Leistungen für Schäden, die sie selbst erleiden oder die sie sich gegenseitig zufügen. Vom Schutz der Haftpflichtversicherung sind beispielsweise ausgeschlossen:

- vorsätzlich herbeigeführte Schäden
- reine Vertragsverpflichtungen wie zum Beispiel der Anspruch auf Rückzahlung eines Darlehens
- Geldstrafen und Bußgelder
- Schäden, die durch ein Kraftfahrzeug verursacht werden. Dafür gibt es die Kfz-Haftpflicht.
- Schäden, die durch den Gebrauch eines Wasser- oder Luftfahrzeugs sind. Hierfür gibt es spezielle Haftpflichtversicherungen.

Basierend auf: Was ist die private Haftpflichtversicherung? www.dieversicherer.de, abgerufen am 22.04.2020

Mediencode:
82212-13
Erklärfilm zur
privaten Haft-
pflichtversicherung

8. Schaut euch gemeinsam den Erklärfilm zur privaten Haftpflichtversicherung im Mediencode an.
   a) Arbeite heraus, warum der Abschluss einer privaten Haftpflichtversicherung vernünftig ist. Gehe dabei auch auf mögliche Schadensfälle aus dem Film ein.
   b) Erkläre, wie sich eine Haftpflichtversicherungsgesellschaft finanziert.
   c) Beschreibe, welche Akteure bei einem Haftpflichtversicherungsfall aktiv sind.

9. Schätze unter Verwendung von **M3** ab, ob die Haftpflichtversicherung der Eltern im Fall **M1** greift.

10. Begründe, warum eine Haftpflichtversicherung bei vorsätzlich herbeigeführten Schäden nicht zahlt und leite daraus Folgerungen für zivilrechtliche Schadensersatzforderungen bei vorher begangenen Straftaten ab.

6.10 Warum werden Jugendliche anders bestraft als Erwachsene?

> Du schätzt die Folgen widerrechtlichen Handelns ab. Dabei begründest du auch die Intention des Gesetzgebers hinter dem Jugendgerichtsgesetz (JGG) und zeigst dessen Besonderheiten auf.

Du weißt, dass man ab 14 Jahren strafmündig ist, aber die Taten nicht mit den gleichen Konsequenzen wie bei Erwachsenen geahndet werden. Der Gesetzgeber hat für Jugendliche und Heranwachsende ein eigenes Gesetz verfasst. Aber was ist das Besondere an diesem Gesetz?

M1 Straftaten Jugendlicher

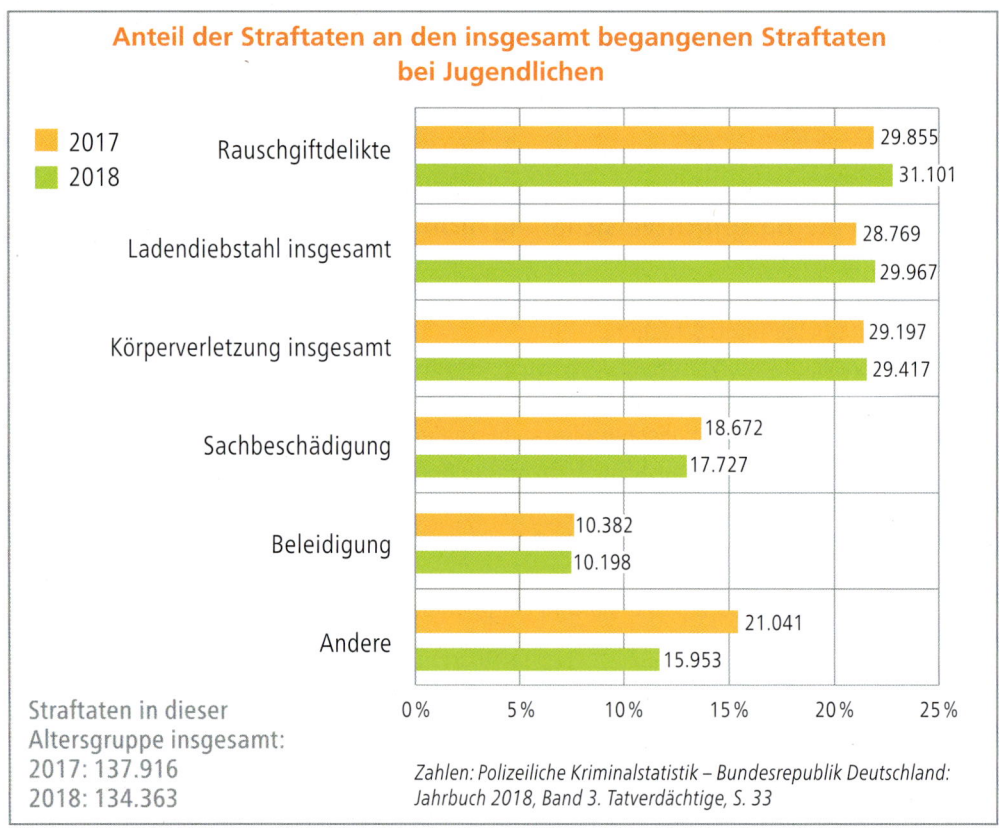

Anteil der Straftaten an den insgesamt begangenen Straftaten bei Jugendlichen

2017
2018

	2017	2018
Rauschgiftdelikte	29.855	31.101
Ladendiebstahl insgesamt	28.769	29.967
Körperverletzung insgesamt	29.197	29.417
Sachbeschädigung	18.672	17.727
Beleidigung	10.382	10.198
Andere	21.041	15.953

Straftaten in dieser Altersgruppe insgesamt:
2017: 137.916
2018: 134.363

Zahlen: Polizeiliche Kriminalstatistik – Bundesrepublik Deutschland: Jahrbuch 2018, Band 3. Tatverdächtige, S. 33

→ 1. Interpretiere die Grafik **M1** und recherchiere aktuelle Zahlen aus der Polizeilichen Kriminalstatistik.
2. Entwickle Erklärungsansätze für den zeitlichen Verlauf.

M2 Ausgewählte Paragrafen des Jugendgerichtsgesetzes (JGG)

§ 1 Persönlicher und sachlicher Anwendungsbereich

(1) Dieses Gesetz gilt, wenn ein Jugendlicher oder ein Heranwachsender eine Verfehlung begeht, die nach den allgemeinen Vorschriften mit Strafe bedroht ist.

(2) Jugendlicher ist, wer zur Zeit der Tat vierzehn, aber noch nicht achtzehn, Heranwachsender, wer zur Zeit der Tat achtzehn, aber noch nicht einundzwanzig Jahre alt ist.

§ 2 Ziel des Jugendstrafrechts; Anwendung des allgemeinen Strafrechts

(1) ¹Die Anwendung des Jugendstrafrechts soll vor allem erneuten Straftaten eines Jugendlichen oder Heranwachsenden entgegenwirken. ²Um dieses Ziel zu erreichen, sind die Rechtsfolgen und unter Beachtung des elterlichen Erziehungsrechts auch das Verfahren vorrangig am Erziehungsgedanken auszurichten.

§ 5 Die Folgen der Jugendstraftat

(1) Aus Anlass der Straftat eines Jugendlichen können Erziehungsmaßregeln angeordnet werden.

(2) Die Straftat eines Jugendlichen wird mit Zuchtmitteln oder mit Jugendstrafe geahndet, wenn Erziehungsmaßregeln nicht ausreichen.

(3) Von Zuchtmitteln und Jugendstrafe wird abgesehen, wenn die Unterbringung in einem psychiatrischen Krankenhaus oder einer Entziehungsanstalt die Ahndung durch den Richter entbehrlich macht.

→ **3.** Arbeite aus **M2** in Stichpunkten heraus,
   a) unter welchen Voraussetzungen das JGG gilt.
   b) was der Unterschied zwischen einem Jugendlichen und einem Heranwachsenden ist.
   c) welche Zielsetzung das JGG verfolgt und
   d) welche Rechtsfolgen das JGG für Straftaten Jugendlicher vorsieht.
   e) warum das JGG offensichtlich keine eigenen Straftatbestände definiert.
4. Erkläre anhand des § 2 JGG, welche Strafzwecktheorie bei der Beurteilung von Fällen nach dem JGG vorherrschen dürfte.
5. Begründe mit Blick auf Alter und Reife der Jugendlichen, warum „das Verfahren vorrangig am Erziehungsgedanken" (§ 2 I S. 2 JGG) auszurichten ist.
6. Erläutere, welche Rechtsfunktionen in der Intention des JGG sichtbar werden.
7. Bildet in der Klasse mehrere Gruppen, die sich jeweils eines der folgenden Themen aussuchen. Erstellt pro Gruppe ein Handout, auf dem ihr die grundlegenden Fakten zu eurem Thema zusammenstellt. Analysiert dazu die angegebenen Paragrafen.

Erziehungsmaßregeln:
Arten, Weisungen (§§ 9, 10 JGG)

Zuchtmittel:
Arten, die Verwarnung, Auflagen (§§ 13, 14, 15 JGG)

Zuchtmittel:
Jugendarrest (§§ 13, 16, 16 a JGG)

Jugendstrafe und Strafaussetzung
(§§ 17, 18, 21 JGG)

M3 Falsche Milde?

Der 16-jährige Elias [...] hatte aus einer Laune heraus einen friedlich in einer U-Bahn-Station der Hamburger Innenstadt sitzenden jungen Mann mit einem Messerstich getötet. [...] Der Hamburger [...] hatte schon 20 zum Teil schwere Straftaten auf dem Kerbholz, aber nur eine einzige hatte eine kleine Konsequenz – einen lächerlichen Arbeitseinsatz. Nach der Bluttat in der U-Bahn erklärte er einem Sachverständigen, er habe sich zur eigenen Disziplinierung regelrecht gewünscht, einmal eingesperrt worden zu sein. [...] Die kriminelle Karriere des Hamburger Intensivtäters begann schon im Alter von zehn Jahren. Damals schlug er grundlos einen Gleichaltrigen so brutal, dass der mit dem Rettungswagen ins Krankenhaus eingeliefert werden musste. Als 15-Jähriger brach er einem Erzieher, der in der Schule einen Streit schlichten wollte, den Unterkiefer. Warum er in all den Jahren nicht aus der Obhut der verwahrlosten Familie herausgelöst worden ist, konnte weder durch die Recherche unserer Reporterin noch in einer öffentlichen Sitzung des Familien-, Kinder- und Jugendausschusses der Hamburger Bürgerschaft aufgeklärt werden. [...] Noch kurz vor der Verurteilung von Elias wegen Totschlags sprach sich der für ihn bis dahin zuständige Jugendgerichtshelfer dafür aus, ihn aus dem Gefängnis zu entlassen und einem offenen Heim zu überantworten. So als habe Elias gerade ein Huhn gestohlen und nicht einen Menschen umgebracht, einfach weil ihm danach war.

Di Lorenzo, Giovanni: DIE ZEIT. Falsche Milde, www.zeit.de, 27.01.2011

 8. Beschreibe deine Gefühle nach der Lektüre des Artikels mit Blick auf Gerechtigkeit.
9. Diskutiert in der Klasse: Ist das deutsche Jugendstrafrecht zu mild?

M4 Kinder als Täter

Nach der mutmaßlichen Vergewaltigung einer 18-jährigen Frau in Mülheim an der Ruhr ist am Montag [...] ein 14-jähriger Tatverdächtiger verhaftet worden. Zwei Gleichaltrige und zwei Zwölfjährige sollen beteiligt gewesen sein – sie bleiben vorerst auf freiem Fuß. Kinder-Psychotherapeut Christian Lüdke aus Essen plädiert für ein entschiedenes Vorgehen auch bei sehr jungen Straftätern. [...]

WDR: Was macht man mit solchen Tätern?
Lüdke: Man sollte meiner Meinung nach auch bei Zwölfjährigen schon sehr harte Strafen anwenden, zum Beispiel einen „Warnschuss"-Arrest. Die Botschaft: Wenn Du das tust, bekommst Du diese Strafe. Und zwar sofort. Leider ist das bisher nicht vorgesehen.

WDR: Kinder als Täter: Harte Strafen wirken, www.wdr.de, 09.07.2019

10. Mit „Warnschuss"-Arrest bezeichnet man die Rechtsfolge des § 16a JGG. Erkläre den Begriff und nimm Stellung zu dieser Rechtsfolge.
11. Diskutiert in der Klasse: Sollte das Alter der Strafmündigkeit herabgesetzt werden?

M5 Beim Klauen erwischt

 **F O R U M**

16-Jährige beim Klauen erwischt?

Ich wurde vor ein paar Wochen beim Klauen von ca. 100 Euro erwischt. Ich habe gestanden, dass ich schon mehrmals etwas gestohlen habe und die Dinge der Polizei, nachdem wir zu mir nach Hause gefahren waren, übergeben. Ich weiß nicht, wieviel das insgesamt sind, vielleicht so 300 Euro. Ich bin 16 Jahre alt und ich wurde davor noch nie erwischt. Ich habe eine Vorladung. Was sollte ich am besten dort machen und welche Strafe erwartet mich? Muss ich in den Knast?

Vielen Dank für Antworten, mir ist klar, dass das eine dumme Idee war.

12. Prüfe, ob die 16-Jährige eine Straftat begangen hat (§ 242 StGB).

13. Erörtert gemeinsam in der Klasse, welche Strafe ihr als Richter nach eurem Gerechtigkeitsempfinden für die 16-Jährige aussprechen würdet.

M6 Die Jugendhilfe als Unterstützung in Strafverfahren

Wird strafrechtlich gegen Jugendliche und Heranwachsende ermittelt, ist immer das Jugendamt beteiligt. Die Jugendgerichtshilfe soll junge Menschen fördern und dazu bei-
5 tragen, Benachteiligungen zu vermeiden oder abzubauen. Im Gerichtsverfahren hat die Jugendgerichtshilfe laut JGG mitzuwirken und erzieherische Aufgaben wahrzunehmen. Sie prüft, ob der Beschuldigte Hilfe
10 benötigt, leitet geeignete Hilfen ein und informiert darüber die Staatsanwaltschaft und das Gericht.

Die Jugendgerichtshilfe ist auch während der Gerichtsverhandlung dabei und hat ein
15 Rederecht. Die Jugendgerichtshilfe äußert sich zum Beispiel dazu, ob betroffene Ju-
gendliche und Heranwachsende als verantwortlich für die Tat anzusehen sind und ob Heranwachsende nach Jugendstrafrecht oder nach allgemeinem Strafrecht beurteilt wer-
20 den sollten. Die Jugendgerichtshilfe kann lediglich Empfehlungen aussprechen, die Entscheidung trifft der/die Richter/in. Jugendgerichtshelfer sind Sozialarbeiter im Jugendamt, die die Betroffenen auch über den
25 weiteren Ablauf des Verfahrens und dessen Folgen informieren. Darunter fallen auch Fragen zur Wohnung, Schule oder Ausbildung.

Nach: Scheffler, Gabriele: Wenn Jugendliche straffällig werden …, Bonn 2008, S. 46

14. Arbeite aus **M6** heraus, wie die Jugendhilfe einen Jugendlichen bei einem Strafverfahren unterstützen kann.

15. Diskutiere die Maßnahmen der Jugendhilfe.

6.11 Wie löse ich Konflikte gewaltfrei?

Du verwendest gewaltfreie Lösungsansätze bei Konflikten.

In der „Polizeilichen Kriminalstatistik 2018" liegt bei den begangenen Delikten in der Gruppe der 14- bis 18-Jährigen die Körperverletzung an dritter Stelle (hinter Rauschgiftdelikten und Ladendiebstählen). Leider kommt es immer wieder zu eskalierenden Situationen – sei es in der Schule oder anderswo. Nicht immer muss ein Konflikt mit Gewalt enden – weißt du, wie man sich in solchen Situationen geschickt verhält?

M1 **Konfliktlösung**

Das kann nicht der beste Weg sein, einen Konflikt zu lösen.

➡ **1.** Interpretiere die Karikatur **M1**.
2. Sammelt in der Klasse alternative Möglichkeiten, um Konflikte zu lösen.

M2 **Die vier Phasen eines gewalttätigen Konflikts**

„Eskalationen verlaufen meistens in vier aufeinander folgenden Phasen", sagt Ralf Bongartz, [ehemaliger Kriminalhauptkommissar und jetzt Trainer für Konfliktmanagement und Körpersprache]:
5 • visuelle Phase • verbale Phase
• territoriale Phase • körperliche Gewalt
In der visuellen Phase suchen die Täter Blickkontakt, visieren das mögliche Opfer an und

schätzen es ein. Oder sie versuchen, mit dem Blick so zu provozieren, dass das Gegenüber einen „Blick-Kampf" (wer starrt länger?) eingeht und ankoppelt. Das ist eine Kontaktphase, in der die Täter ausloten, was sie tun werden oder bereits ein Machtspiel anbieten. Es folgt die verbale Phase, in der die Täter versuchen, verbal durch Anpöbeln oder Beleidigungen mit dem Opfer in Kontakt zu treten. Dies kann noch aus einiger Entfernung geschehen. In der darauffolgenden territorialen Phase kommt der Täter näher heran an das Opfer. Es kann auch zu Rempeleien und leichten Schlägen kommen. Dann folgt die Phase körperlicher Gewalt.

KS: Richtig reagieren bei drohender Gewalt, www.polizei-dein-partner.de, 12.09.2013

 3. Arbeite die Merkmale der einzelnen Phasen tabellarisch aus **M2** heraus.

4. Spielt die ersten drei Phasen in Vierer-Teams als Rollenspiele durch. Dabei gibt es die Rollen Täter, Opfer, Täter-Beobachter und Opfer-Beobachter.
Nach dem Durchspielen der ersten Phase berichten die Beobachter, was ihnen am Verhalten und der Körpersprache bei Täter und Opfer aufgefallen ist. Danach entwickelt ihr gemeinsam für das Opfer eine Möglichkeit, der Situation zu entkommen. Spielt auch die Lösungsstrategie durch. Danach werden die Rollen getauscht und die nächste Phase wird durchgespielt.

M3 Lösungsstrategien

Das Wichtigste: in einer bedrohlichen Situation deeskalierend wirken. Die oberste Prämisse ist es, zu dem freundlich zu sein, der provoziert [...]. Der Täter warte nur auf eine Reaktion, die seine Tat rechtfertigt. Wer sich erst auf den Täter und sein „Drehbuch" einlässt, kann allerdings zum Opfer werden. Deshalb sollte der Betroffene die Situation so schnell wie möglich verlassen. Körperspannung, ein klarer, kurzer Blick und dann weggehen oder souverän ignorieren – das kann helfen, der Gewaltsituation unbeschadet zu entkommen. [...] Wer angegriffen wird, sollte Passanten direkt und laut ansprechen [...] und er sollte die Notsituation deutlich machen etwa durch: „Ich werde angegriffen und brauche Hilfe!"

Der Betroffene sollte unbedingt zwei Meter Abstand zum Täter halten. Lässt es sich nicht vermeiden, mit dem Täter zu sprechen, sollte der Angegriffene ihn siezen. Das zeigt Passanten, dass der Täter ein Unbekannter ist. [...] Zeugen einer Gewalttat sollten ruhig bleiben und die Initiative ergreifen [...]. Helfen, ohne sich selbst in Gefahr zu bringen – das ist das Credo. Am besten spricht der Zeuge einen dritten Menschen gezielt an. [...] Auf keinen Fall sollten sich Passanten dem Täter in den Weg stellen und seine Flucht behindern. Sonst verschärft sich die Situation. Außerdem sollten Opfer und Zeugen einen Gesichtsverlust des Täters vermeiden.

Credo
anderes Wort für Leitsatz, Überzeugung

Witte, Mareike: So handeln Sie in brenzligen Situationen richtig, www.welt.de, 17.07.2015

 5. Arbeite aus **M3** Regeln zur Deeskalation heraus und diskutiert deren Wirksamkeit.

6. Spielt in Vierer-Teams vor der Klasse eine Konfliktsituation mit Lösungsmöglichkeit vor. Dabei gibt es die Rollen Täter, Opfer und zwei unbeteiligte Personen. Die Klasse beurteilt im Nachgang die Verhaltensweise der einzelnen Personen.

Grundsätze der Rechtsstaatlichkeit

Deutschland ist ein Rechtsstaat, das heißt, es gelten die Grundsätze der Rechtsstaatlichkeit. In Anlehnung an die Auslegung der EU-Kommission kann man darunter folgende Grundsätze verstehen:

- **Rechtmäßigkeitsprinzip**: Der Gesetzgebungsprozess muss demokratisch und transparent ablaufen.
- **Rechtssicherheit**: Die Rechtsvorschriften müssen klar und vorhersehbar sein und dürfen nicht rückwirkend geändert werden.
- **Gleichheit vor dem Gesetz**: Jeder wird vor dem Gesetz gleich behandelt, unabhängig von Beruf, Aussehen, Geschlecht, gesellschaftlichem Stand etc.
- **Willkürverbot**: Eingriffe in die private Betätigung bzw. in die Privatsphäre jeder Person bedürfen einer Rechtsgrundlage. So darf z. B. die Polizei niemand ohne Rechtsgrundlage willkürlich festnehmen, Gerichte dürfen einen Menschen nicht ohne Gesetzesgrundlage bestrafen.
- **Rechtsschutz durch unabhängige Gerichte**: Es gibt eine Gewaltenteilung, d. h. die Gerichte sind unabhängig von dem Gesetzgeber. Durch unparteiische Richter kommt es so zu fairen Verfahren.

Strafmonopol des Staates

Die Rechtsstaatlichkeit führt automatisch zu einem **Strafmonopol** des Staates, d. h. der Staat ist alleinig rechtlich dafür zuständig, Straftaten gesetzlich zu definieren, Straftaten zu verfolgen, die Täter mit Strafen zu belegen und die Strafen zu vollziehen. Das Strafmonopol ermöglicht ein geordnetes Zusammenleben und schützt alle Menschen innerhalb des Staates vor willkürlichen Übergriffen und Selbstjustiz. Ebenso wie das Recht an sich eine **Ordnungs- und eine Schutzfunktion** hat, kann man in diesem Zusammenhang auch von einer Ordnungs- und Schutzfunktion des Staates sprechen, da dieser durch das Erlassen und Durchsetzen der Gesetze eben diese Funktionen ausfüllt.

Strafzwecktheorien

Staatliches Bestrafen ist ein großer Eingriff in das Leben der Täter. Mithilfe der Strafzwecktheorien kann man diese Eingriffe begründen. Diese zeigen auf, warum gestraft wird.

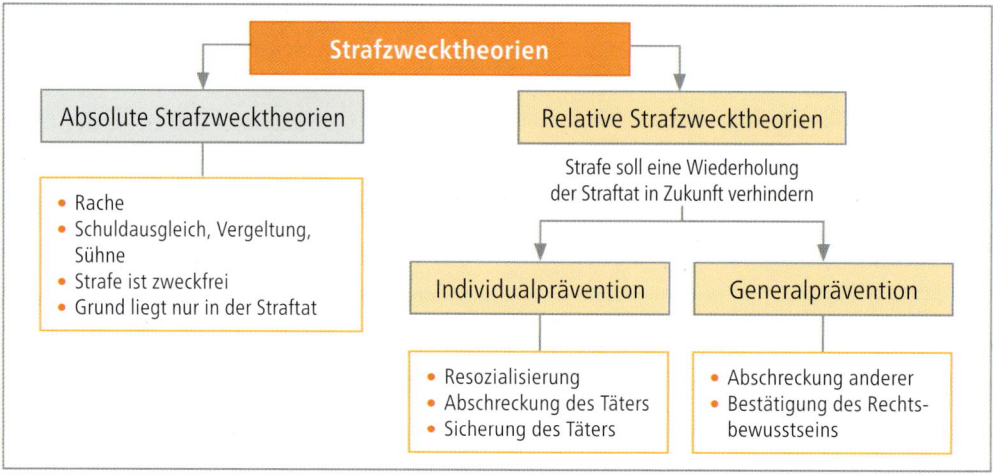

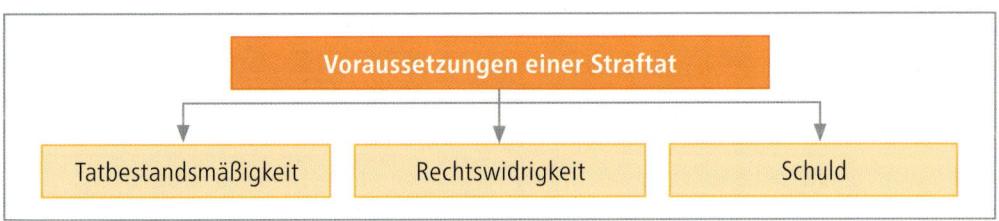

Bei der **Tatbestandsmäßigkeit** unterscheidet man zwischen dem objektiven und dem subjektiven Tatbestand. Die objektiven Tatbestandsmerkmale sind erfüllt, falls die Tat den im Gesetz niedergeschriebenen Voraussetzungen entspricht. Dies überprüft man durch Subsumtion, also durch Zuordnung des Sachverhalts zu der Rechtsnorm. Bei den subjektiven Tatbestandsmerkmalen überprüft man die innere Haltung des Täters zur Tat. Zum einen ob er mit Wissen und Wollen (Vorsatz) die Tatbestandsverwirklichung wollte. Zum anderen gibt es für einige Straftaten auch noch weitere subjektive Tatbestandsmerkmale, wie z. B. die Zueignungsabsicht beim Diebstahl (§ 242 StGB).

Eine Tat ist **rechtswidrig**, falls sie die Tatbestandsmerkmale einer im Gesetz beschriebenen Tat verwirklicht und es keine Rechtfertigungsgründe für diese Tat gibt. Als Rechtfertigungsgründe gelten z. B. Notwehr (§ 32 StGB) oder Notstand (§ 34 StGB). Liegt einer dieser Gründe vor, so ist zwar die Tatbestandsmäßigkeit verwirklicht, die Tat an sich aber nicht rechtswidrig.

Eine rechtswidrige Tat allein ist aber noch nicht genug für eine Straftat, die rechtswidrige Tat muss dem Täter auch persönlich vorwerfbar sein, er muss sie verschuldet haben. In diesem Schritt überprüft man deshalb u. a. die **Schuldfähigkeit** des Täters, also ob er strafmündig ist, und ob es sogenannte Entschuldigungsgründe gibt, welche die Tat entschuldigen. Beispiele für Entschuldigungsgründe sind z. B. der Notwehrexzess (§ 33 StGB) oder der Entschuldigende Notstand (§ 35 StGB).

Das deutsche Strafrecht sieht als Rechtsfolgen einerseits **Strafen**, andererseits **Maßregeln der Besserung und Sicherung** vor:

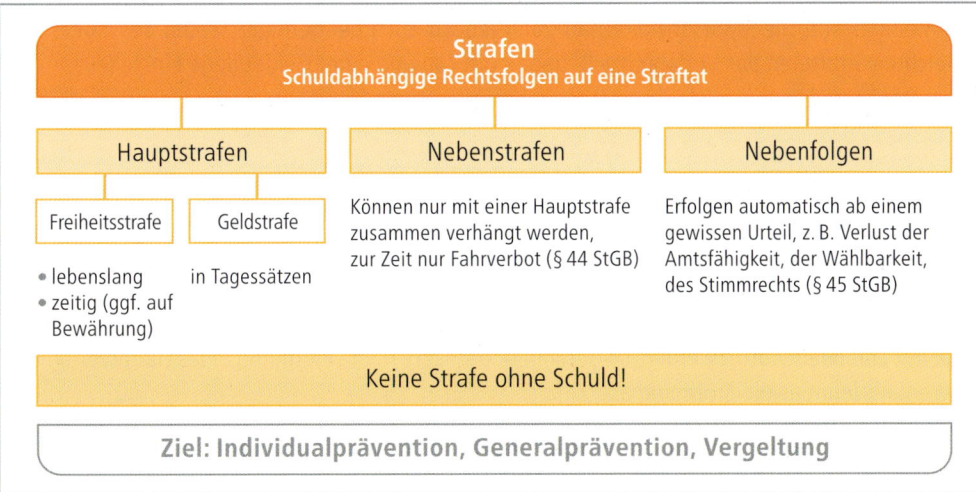

Rechtsfolgen im deutschen Strafrecht

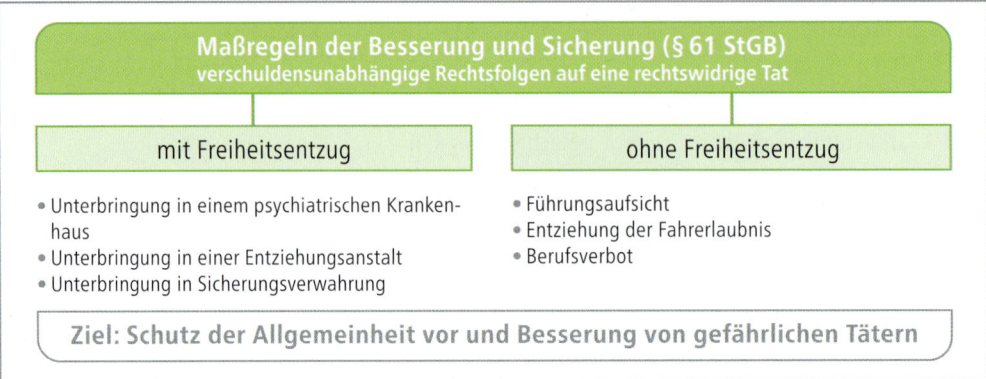

Maßregeln der Besserung und Sicherung (§ 61 StGB)
verschuldensunabhängige Rechtsfolgen auf eine rechtswidrige Tat

mit Freiheitsentzug	ohne Freiheitsentzug
• Unterbringung in einem psychiatrischen Krankenhaus • Unterbringung in einer Entziehungsanstalt • Unterbringung in Sicherungsverwahrung	• Führungsaufsicht • Entziehung der Fahrerlaubnis • Berufsverbot

Ziel: Schutz der Allgemeinheit vor und Besserung von gefährlichen Tätern

Ablauf eines Strafverfahrens

Ein Strafverfahren lässt sich in drei Schritte untergliedern:

Ermittlungsverfahren ▶ Zwischenverfahren ▶ Hauptverhandlung

Ermittlungsverfahren

Am Beginn eines Strafverfahrens steht eine Anzeige. Die „Herrin" des Ermittlungsverfahrens ist die Staatsanwaltschaft, sie leitet die Ermittlungen. Meist ist es aber so, dass die Polizei ermittelt und ihre Ergebnisse dann der Staatsanwaltschaft weitergibt. Während der Ermittlungen werden z. B. Tatortspuren gesichert und Zeugen oder auch der Tatverdächtige verhört. Der Tatverdächtige heißt während dieser Phase **Beschuldigter**. Die Kernfrage im Ermittlungsverfahren lautet: Ist ein hinreichender Tatverdacht gegeben, sodass Anklage erhoben werden kann? Kann diese Frage mit „Ja" beantwortet werden, so erhebt die Staatsanwaltschaft Anklage oder beantragt einen Strafbefehl, mit dem das Gericht ohne mündliche Verhandlung eine Geldstrafe oder eine kurze Freiheitsstrafe bei weniger schweren Straftaten verhängen kann. Falls die Antwort „Nein" lautet, so wird das Verfahren eingestellt. Die Staatsanwaltschaft kann jedoch auch bei geringer Schuld des Täters oder bei leichten Straftaten das Verfahren z. B. gegen die Zahlung einer Geldauflage einstellen.

Zwischenverfahren

Im Zwischenverfahren übernimmt das Gericht die Kontrolle. Es überprüft nochmals die Anklage und gibt dem **Angeschuldigten** (so heißt der Tatverdächtige im Zwischenverfahren) die Möglichkeit, sich zu den Anschuldigungen zu äußern. Falls sich das Gericht unsicher ist, kann es zu diesem Zeitpunkt weitere Ermittlungen veranlassen. Die Kernfrage in dieser Phase lautet: Ist ein hinreichender Tatverdacht gegeben, sodass ein Hauptverfahren eröffnet werden kann? Kann diese Frage mit „Ja" beantwortet werden, so beschließt das Gericht die Eröffnung eines Hauptverfahrens, anderenfalls lehnt es die Eröffnung ab.

Während der Hauptverhandlung klärt das Gericht folgende Kernfrage: Hat der **Angeklagte** (so heißt der Tatverdächtige im Hauptverfahren) die ihm zur Last gelegte Tat begangen? Am Anfang der Verhandlung überprüft der Richter die Anwesenheit aller am Prozess Beteiligten und belehrt die Zeugen und Sachverständigen über ihre Pflichten. Die Zeugen verlassen danach den Gerichtssaal und warten auf ihre Aussage, die Sachverständigen dürfen in der Regel bleiben. Nachdem der Richter den Angeklagten zu seinen persönlichen Verhältnissen befragt hat, verliest die Staatsanwaltschaft den Anklagesatz, indem die Vorwürfe gegen den Angeklagten dargestellt sind. Anschließend darf sich der Angeklagte zu den Anschuldigungen äußern oder von seinem Schweigerecht Gebrauch machen. Dann beginnt die Beweisaufnahme. Zuerst vernimmt der vorsitzende Richter die Zeugen oder Sachverständigen. Nach ihm dürfen auch beisitzende Richter und Schöffen, Staatsanwalt, Verteidiger und der Angeklagte Fragen stellen. Nach Abschluss der Beweisaufnahme erteilt der Richter dem Staatsanwalt und dem Verteidiger das Wort zu den Plädoyers, den Schlussvorträgen. Im Anschluss daran bekommt der Angeklagte das letzte Wort, bevor sich das Gericht zur Beratung zurückzieht. Bei der Beratung sind sowohl die Berufsrichter als auch die Schöffen gleichermaßen stimmberechtigt, die Schuld des Angeklagten muss mit einer 2/3-Mehrheit festgestellt werden. Dann kehrt das Gericht zurück in den Gerichtssaal und verkündet „Im Namen des Volkes!" das Urteil. Falls weder der Angeklagte bzw. die Verteidigung noch die Staatsanwaltschaft das Urteil anficht, also je nach Fall Berufung einlegt oder Revision beantragt, so wird das Urteil rechtskräftig.

Ordnungswidrigkeiten sind vorsätzliche oder fahrlässige Handlungen oder Unterlassungen, die einen als ordnungswidrig bestimmten Tatbestand erfüllen. Auch der Versuch einer Ordnungswidrigkeit kann geahndet werden, aber nur wenn das Gesetz dies ausdrücklich bestimmt. Da der Gesetzgeber diese Taten als nicht so erheblich ansieht, werden sie nicht durch strafgerichtliche Geld- oder Freiheitsstrafe geahndet.

Zur Ahndung von Ordnungswidrigkeiten sind **Verwarnungen**, gegebenenfalls mit Verwarnungsgeld, Geldbußen und Nebenfolgen (z. B. Fahrverbote) vorgesehen. Anders als eine **Geld**- oder gar Freiheitsstrafe beeinträchtigen die Rechtsfolgen einer Ordnungswidrigkeit das Ansehen des Betroffenen nicht, sondern stellen lediglich eine eindringliche Pflichtenmahnung dar. Der Gesetzgeber verhindert so eine Kriminalisierung der Bevölkerung aufgrund geringfügiger rechtswidriger Taten.

Analog zum Strafrecht können Kinder unter 14 Jahren keine Ordnungswidrigkeiten begehen. Bei Jugendlichen zwischen 14 und unter 18 Jahren ist zu prüfen, ob sie die nötige Einsicht hatten, um das Unrecht der Tat einzusehen. Ab 18 wird man ohne Ausnahme als Erwachsener behandelt.

Eine Straftat kann neben strafrechtlichen Folgen auch noch **zivilrechtliche Folgen** haben. Während das Strafgericht im Rahmen des öffentlichen Rechts den Täter für die eigentliche Tat bestraft, kann das Opfer zivilrechtliche Schadensersatzansprüche z. B. gem. § 823 BGB an den Täter stellen. Es kann sowohl materieller Schadensersatz (z. B. Reparatur eines kaputten Autos) als auch immaterieller Schadensersatz (z. B. Schmerzensgeld) durch das Opfer eingeklagt werden.

Haftpflicht-versicherung

Eine **Haftpflichtversicherung** schützt den Versicherungsnehmer und die mit ihm Versicherten (z. B. Frau und Kinder) vor zivilrechtlichen Schadensersatzansprüchen Dritter. Es gibt verpflichtende Haftpflichtversicherungen wie die Kfz-Haftpflichtversicherung und freiwillige Haftpflichtversicherungen, wie z. B. eine private Haftpflichtversicherung. Im Schadensfall übernimmt die Versicherung entweder den verursachten Schaden oder verteidigt den Versicherungsnehmer und die Mitversicherten vor ungerechtfertigten Schadensersatzansprüchen, im Zweifel auch vor Gericht. Ausgenommen sind absichtlich verursachte Schäden, also Schäden, die mit Vorsatz verursacht wurden.

Besonder-heiten des Jugend-strafrechts

Die grundlegende Intention im Jugendstrafrecht ist der **Erziehungsgedanke** – primärerer Strafzweck ist also das Erziehen der jugendlichen Straftäter, um diese wieder zurück auf den richtigen Weg zu bringen und die Arbeits- oder Ausbildungsplatzsuche aufgrund von Jugendverfehlungen nicht zu erschweren. Aus diesem Grund hat das Jugendstrafrecht auch andere **Rechtsfolgen**, nämlich **Erziehungsmaßregeln**, **Zuchtmittel** und **Jugendstrafe**. Je nach Schwere der Tat und mit Blick auf die Auswirkungen auf die Jugendlichen kommen diese zur Geltung. Nur bei schweren Sanktionen (Jugendstrafe mit oder ohne Bewährung) erfolgt ein Eintrag im Bundeszentralregister, Erziehungsmaßregeln und Zuchtmittel werden dagegen ebenso wie der Jugendarrest nicht eingetragen. Das Jugendgerichtsgesetz (JGG) kennt **keine eigenen Straftatbestände**. Diese unterscheiden sich nicht von denen des Erwachsenenstrafrechts. Lediglich die Rechtsfolgen unterscheiden sich. Das Jugendstrafrecht hat eine **eigene Gerichtsbarkeit**, die Jugendgerichte. Zum Schutz der Privatsphäre der Jugendlichen sind die Verhandlungen nicht öffentlich. Gegen ein Urteil darf auch nur ein Rechtsmittel ausgewählt werden, also Berufung oder Revision. Die Rechtsfolgen sollen möglichst rasch wirksam werden, um dem jugendlichen Täter den Zusammenhang von Strafe und Tat deutlich zu machen.

Jugendhilfe

Die Kinder- und Jugendhilfe fördert Kinder und Jugendliche in ihrer Entwicklung und hilft jungen Erwachsenen in besonders schwierigen Situationen. Eine Aufgabe ist die Mitwirkung in jugendgerichtlichen Verfahren. Man spricht dann auch von der **Jugendgerichtshilfe**. Sie informiert die Betroffenen über den Ablauf des Verfahrens, über mögliche Konsequenzen. Auch bei einem **Täter-Opfer-Ausgleich** steht die Jugendgerichtshilfe zur Seite. Sie überprüft auch, ob geeignete erzieherische Leistungen der Jugendhilfe (wie z. B. ein sozialer Trainingskurs) in Betracht kommen, die eventuell ein Absehen von der Strafverfolgung möglich machen.

Gewalt-prävention

Maßnahmen der **Gewaltprävention** zielen darauf ab, gewalttätige Konflikte gar nicht erst entstehen zu lassen. Bei einer Bedrohung außerhalb der Schule sollte man sich an folgende Regeln halten:
- im Gespräch den Täter siezen, bestimmt, sachlich und ruhig bleiben
- „Verbündete" in Form von Passanten suchen, diese direkt ansprechen
- dem Täter einen Weg zum Rückzug lassen, ohne dass er sein Gesicht verliert
- den Täter nicht anfassen und festhalten

M1 Der Sachverhalt

An einem schönen Nachmittag im Juni fiel nun also ein neues und härteres Urteil über das, was in jener eiskalten Winternacht im Hamburger Süden geschah. Am 11. Februar 2016 hatten drei Jugendliche und ein [...] [21-jähriger] Mann in Harburg bei einer Geburtstagsfeier eine 14-Jährige betrunken gemacht und sich an ihr vergangen; eine 15-Jährige filmte mit dem Smartphone. Nachher wurde das fast besinnungslose Opfer bei Temperaturen um den Gefrierpunkt in einen

Hinterhof geschleift und halb nackt dort abgelegt, Notärzte retteten das verletzte und unterkühlte Mädchen. ...   (→ M2)

→ **1.** Zeige durch Subsumtion, dass die objektiven Tatbestandsmerkmale der §§ 177, 184c, 224 StGB erfüllt sind.
2. Diskutiert in der Klasse über ein geeignetes Strafmaß für die einzelnen Täter, auch mit Blick auf die Anwendbarkeit des JGG sowie Strafzwecktheorien.

M2 Die Urteile

... Jetzt schickt das Landgericht Hamburg anders als beim ersten Prozess nicht mehr nur einen, sondern drei der Angeklagten ins Gefängnis. Der seinerzeit 21-jährige Bosko P. muss vier Jahre und sechs Monate in Haft. Ein damals 16-Jähriger und ein zur Tatzeit 14-Jähriger werden mit zwei Jahren und neun Monaten beziehungsweise drei Jahren Freiheitsentzug bestraft. Die Gefängnisstrafen für die anderen beiden, zwei Jahre für einen damals 16-Jährigen und ein Jahr und acht Monate für eine 15-Jährige, wurden zur Bewährung ausgesetzt, weil bei ihnen im Rahmen dieses Verfahrens Reue und Besserung zu erkennen gewesen seien.

Burghardt, Peter: Härtere Urteile nach Gruppenvergewaltigung, www.sueddeutsche.de, 06.06.2018

→ **3.** Vergleicht euer gewähltes Strafmaß mit dem von den Richtern gewähltem Strafmaß.
4. Begründe, dass das Opfer auch zivilrechtliche Ansprüche an die Täter stellen kann.
5. Bewerte in diesem Fall die durch das JGG entstandenen Besonderheiten kritisch vor dem Hintergrund der Gerechtigkeit.

GESETZESTEXTE

Berufsbildungsgesetz (BBiG)

§ 10 Vertrag

(1) Wer andere Personen zur Berufsausbildung einstellt (Ausbildende), hat mit den Auszubildenden einen Berufsausbildungsvertrag zu schließen. […]

§ 11 Vertragsniederschrift

(1) Ausbildende haben unverzüglich nach Abschluss des Berufsausbildungsvertrages, spätestens vor Beginn der Berufsausbildung, den wesentlichen Inhalt des Vertrages gemäß Satz 2 schriftlich niederzulegen; die elektronische Form ist ausgeschlossen. In die Niederschrift sind mindestens aufzunehmen

1. Art, sachliche und zeitliche Gliederung sowie Ziel der Berufsausbildung, insbesondere die Berufstätigkeit, für die ausgebildet werden soll,
2. Beginn und Dauer der Berufsausbildung,
3. Ausbildungsmaßnahmen außerhalb der Ausbildungsstätte,
4. Dauer der regelmäßigen täglichen Ausbildungszeit,
5. Dauer der Probezeit,
6. Zahlung und Höhe der Vergütung,
7. Dauer des Urlaubs,
8. Voraussetzungen, unter denen der Berufsausbildungsvertrag gekündigt werden kann,
9. ein in allgemeiner Form gehaltener Hinweis auf die Tarifverträge, Betriebs- oder Dienstvereinbarungen, die auf das Berufsausbildungsverhältnis anzuwenden sind,
10. die Form des Ausbildungsnachweises nach § 13 Satz 2 Nummer 7.

(2) Die Niederschrift ist von den Ausbildenden, den Auszubildenden und deren gesetzlichen Vertretern und Vertreterinnen zu unterzeichnen.

(3) Ausbildende haben den Auszubildenden und deren gesetzlichen Vertretern und Vertreterinnen eine Ausfertigung der unterzeichneten Niederschrift unverzüglich auszuhändigen. […]

§ 13 Verhalten während der Berufsausbildung

Auszubildende haben sich zu bemühen, die berufliche Handlungsfähigkeit zu erwerben, die zum Erreichen des Ausbildungsziels erforderlich ist. Sie sind insbesondere verpflichtet,

1. die ihnen im Rahmen ihrer Berufsausbildung aufgetragenen Aufgaben sorgfältig auszuführen,
2. an Ausbildungsmaßnahmen teilzunehmen, für die sie nach § 15 freigestellt werden,
3. den Weisungen zu folgen, die ihnen im Rahmen der Berufsausbildung von Ausbildenden, von Ausbildern oder Ausbilderinnen oder von anderen weisungsberechtigten Personen erteilt werden,
4. die für die Ausbildungsstätte geltende Ordnung zu beachten,
5. Werkzeug, Maschinen und sonstige Einrichtungen pfleglich zu behandeln,
6. über Betriebs- und Geschäftsgeheimnisse Stillschweigen zu wahren,
7. einen schriftlichen oder elektronischen Ausbildungsnachweis zu führen.

§ 14 Berufsausbildung

(1) Ausbildende haben

1. dafür zu sorgen, dass den Auszubildenden die berufliche Handlungsfähigkeit vermittelt wird, die zum Erreichen des Ausbildungsziels erforderlich ist, und die Berufsausbildung in einer durch ihren Zweck gebotenen Form planmäßig, zeitlich und sachlich gegliedert so durchzuführen, dass das Ausbildungsziel in der vorgesehenen Ausbildungszeit erreicht werden kann,
2. selbst auszubilden oder einen Ausbilder oder eine Ausbilderin ausdrücklich damit zu beauftragen,
3. Auszubildenden kostenlos die Ausbildungsmittel, insbesondere Werkzeuge, Werkstoffe und Fachliteratur zur Verfügung zu stellen, die zur Berufsausbildung und zum Ablegen von Zwischen- und Abschlussprüfungen, auch soweit solche nach Beendigung des Berufsausbildungsverhältnisses stattfinden, erforderlich sind,
4. Auszubildende zum Besuch der Berufsschule anzuhalten,
5. dafür zu sorgen, dass Auszubildende charakterlich gefördert sowie sittlich und körperlich nicht gefährdet werden.

(2) Ausbildende haben Auszubildende zum Führen der Ausbildungsnachweise nach § 13 Satz 2 Nummer 7 anzuhalten und diese regelmäßig durchzusehen. Den Auszubildenden ist Gelegenheit zu geben, den Ausbildungsnachweis am Arbeitsplatz zu führen.

(3) Auszubildenden dürfen nur Aufgaben übertragen werden, die dem Ausbildungszweck dienen und ihren körperlichen Kräften angemessen sind.

§ 15 Freistellung, Anrechnung

(1) Ausbildende dürfen Auszubildende vor einem vor 9 Uhr beginnenden Berufsschulunterricht nicht beschäftigen. Sie haben Auszubildende freizustellen

1. für die Teilnahme am Berufsschulunterricht,
2. an einem Berufsschultag mit mehr als fünf Unterrichtsstunden von mindestens je 45 Minuten, einmal in der Woche,
3. in Berufsschulwochen mit einem planmäßigen Blockunterricht von mindestens 25 Stunden an mindestens fünf Tagen,
4. für die Teilnahme an Prüfungen und Ausbildungsmaßnahmen, die auf Grund öffentlich-rechtlicher oder vertraglicher Bestimmungen außerhalb der Ausbildungsstätte durchzuführen sind, und
5. an dem Arbeitstag, der der schriftlichen Abschlussprüfung unmittelbar vorangeht.

Im Fall von Satz 2 Nummer 3 sind zusätzliche betriebliche Ausbildungsveranstaltungen bis zu zwei Stunden wöchentlich zulässig. [...]

(3) Für Auszubildende unter 18 Jahren gilt das Jugendarbeitsschutzgesetz.

§ 16 Zeugnis

(1) Ausbildende haben den Auszubildenden bei Beendigung des Berufsausbildungsverhältnisses ein schriftliches Zeugnis auszustellen. Die elektronische Form ist ausgeschlossen. [...]

(2) Das Zeugnis muss Angaben enthalten über Art, Dauer und Ziel der Berufsausbildung sowie über die erworbenen beruflichen Fertigkeiten, Kenntnisse und Fähigkeiten der Auszubildenden. Auf Verlangen Auszubildender sind auch Angaben über Verhalten und Leistung aufzunehmen.

§ 17 Vergütungsanspruch und Mindestvergütung

(1) Ausbildende haben Auszubildenden eine angemessene Vergütung zu gewähren. Die Vergütung steigt mit fortschreitender Berufsausbildung, mindestens jährlich, an.

(2) Die Angemessenheit der Vergütung ist ausgeschlossen, wenn sie folgende monatliche Mindestvergütung unterschreitet:

1. im ersten Jahr einer Berufsausbildun [...]
   d) 620 Euro, wenn die Berufsausbildung im Zeitraum vom 1. Januar 2023 bis zum 31. Dezember 2023 begonnen wird,
2. im zweiten Jahr einer Berufsausbildung den Betrag nach Nummer 1 für das jeweilige Jahr, in dem die Berufsausbildung begonnen worden ist, zuzüglich 18 Prozent,
3. im dritten Jahr einer Berufsausbildung den Betrag nach Nummer 1 für das jeweilige Jahr, in dem die Berufsausbildung begonnen worden ist, zuzüglich 35 Prozent und
4. im vierten Jahr einer Berufsausbildung den Betrag nach Nummer 1 für das jeweilige Jahr, in dem die Berufsausbildung begonnen worden ist, zuzüglich 40 Prozent. [...]

(4) Die Angemessenheit der vereinbarten Vergütung ist auch dann, wenn sie die Mindestvergütung nach Absatz 2 nicht unterschreitet, in der Regel ausgeschlossen, wenn sie die Höhe der in einem Tarifvertrag geregelten Vergütung, in dessen Geltungsbereich das Ausbildungsverhältnis fällt, an den der Ausbildende aber nicht gebunden ist, um mehr als 20 Prozent unterschreitet. [...]

(6) Sachleistungen können [...] angerechnet werden, jedoch nicht über 75 Prozent der Bruttovergütung hinaus.

(7) Eine über die vereinbarte regelmäßige tägliche Ausbildungszeit hinausgehende Beschäftigung ist besonders zu vergüten oder durch die Gewährung entsprechender Freizeit auszugleichen.

§ 20 Probezeit

Das Berufsausbildungsverhältnis beginnt mit der Probezeit. Sie muss mindestens einen Monat und darf höchstens vier Monate betragen.

Betriebsverfassungsgesetz (BetrVG)

§ 2 Stellung der Gewerkschaften und Vereinigungen der Arbeitgeber

(1) Arbeitgeber und Betriebsrat arbeiten unter Beachtung der geltenden Tarifverträge vertrauensvoll und im Zusammenwirken mit den im Betrieb vertretenen Gewerkschaften und Arbeitgebervereinigungen zum Wohl der Arbeitnehmer und des Betriebs zusammen.

Bürgerliches Gesetzbuch (BGB)

§ 1 Beginn der Rechtsfähigkeit

Die Rechtsfähigkeit des Menschen beginnt mit der Vollendung der Geburt.

§ 823 Schadensersatzpflicht

(1) Wer vorsätzlich oder fahrlässig das Leben, den Körper, die Gesundheit, die Freiheit, das Eigentum oder ein sonstiges Recht eines anderen widerrechtlich verletzt, ist dem anderen zum Ersatz des daraus entstehenden Schadens verpflichtet.

(2) Die gleiche Verpflichtung trifft denjenigen, welcher gegen ein den Schutz eines anderen bezweckendes Gesetz verstößt. Ist nach dem Inhalt des Gesetzes ein Verstoß gegen dieses auch ohne Verschulden möglich, so tritt die Ersatzpflicht nur im Falle des Verschuldens ein.

§ 828 Minderjährige

(1) Wer nicht das siebente Lebensjahr vollendet hat, ist für einen Schaden, den er einem anderen zufügt, nicht verantwortlich.

(2) Wer das siebente, aber nicht das zehnte Lebensjahr vollendet hat, ist für den Schaden, den er bei einem Unfall mit einem Kraftfahrzeug, einer Schienenbahn oder einer Schwebebahn einem anderen zufügt, nicht verantwortlich. Dies gilt nicht, wenn er die Verletzung vorsätzlich herbeigeführt hat.

(3) Wer das 18. Lebensjahr noch nicht vollendet hat, ist, sofern seine Verantwortlichkeit nicht nach Absatz 1 oder 2 ausgeschlossen ist, für den Schaden, den er einem anderen zufügt, nicht verantwortlich, wenn er bei der Begehung der schädigenden Handlung nicht die zur Erkenntnis der Verantwortlichkeit erforderliche Einsicht hat.

§ 1303 Ehemündigkeit

Eine Ehe darf nicht vor Eintritt der Volljährigkeit eingegangen werden. Mit einer Person, die das 16. Lebensjahr nicht vollendet hat, kann eine Ehe nicht wirksam eingegangen werden.

§ 1306 Bestehende Ehe oder Lebenspartnerschaft

Eine Ehe darf nicht geschlossen werden, wenn zwischen einer der Personen, die die Ehe miteinander eingehen wollen, und einer dritten Person eine Ehe oder eine Lebenspartnerschaft besteht.

§ 1307 Verwandtschaft

Eine Ehe darf nicht geschlossen werden zwischen Verwandten in gerader Linie sowie zwischen vollbürtigen und halbbürtigen Geschwistern. Dies gilt auch, wenn das Verwandtschaftsverhältnis durch Annahme als Kind erloschen ist.

§ 1353 Eheliche Lebensgemeinschaft

(1) Die Ehe wird von zwei Personen verschiedenen oder gleichen Geschlechts auf Lebenszeit geschlossen. Die Ehegatten sind einander zur ehelichen Lebensgemeinschaft verpflichtet; sie tragen füreinander Verantwortung.

§ 1356 Haushaltsführung, Erwerbstätigkeit

(1) Die Ehegatten regeln die Haushaltsführung im gegenseitigen Einvernehmen. Ist die Haushaltsführung einem der Ehegatten überlassen, so leitet dieser den Haushalt in eigener Verantwortung.

(2) Beide Ehegatten sind berechtigt, erwerbstätig zu sein. Bei der Wahl und Ausübung einer Erwerbstätigkeit haben sie auf die Belange des anderen Ehegatten und der Familie die gebotene Rücksicht zu nehmen.

§ 1357 Geschäfte zur Deckung des Lebensbedarfs

(1) Jeder Ehegatte ist berechtigt, Geschäfte zur angemessenen Deckung des Lebensbedarfs der Familie mit Wirkung auch für den anderen Ehegatten zu besorgen. Durch solche Geschäfte werden beide Ehegatten berechtigt und verpflichtet, es sei denn, dass sich aus den Umständen etwas anderes ergibt.

§ 1371 Zugewinnausgleich im Todesfall

(1) Wird der Güterstand durch den Tod eines Ehegatten beendet, so wird der Ausgleich des Zugewinns dadurch verwirklicht, dass sich der gesetzliche Erbteil des überlebenden Ehegatten um ein Viertel der Erbschaft erhöht; hierbei ist unerheblich, ob die Ehegatten im einzelnen Falle einen Zugewinn erzielt haben.

§ 1570 Unterhalt wegen Betreuung eines Kindes

(1) Ein geschiedener Ehegatte kann von dem anderen wegen der Pflege oder Erziehung eines gemeinschaftlichen Kindes für mindestens drei Jahre nach der Geburt Unterhalt verlangen. Die Dauer des Unterhaltsanspruchs verlängert sich, solange und soweit dies der Billigkeit entspricht. Dabei sind die Belange des Kindes und die bestehenden Möglichkeiten der Kinderbetreuung zu berücksichtigen.

(2) Die Dauer des Unterhaltsanspruchs verlängert sich darüber hinaus, wenn dies unter Berücksichtigung der Gestaltung von Kinderbetreuung und Erwerbstätigkeit in der Ehe sowie der Dauer der Ehe der Billigkeit entspricht.

§ 1571 Unterhalt wegen Alters

Ein geschiedener Ehegatte kann von dem anderen Unterhalt verlangen, soweit von ihm im Zeitpunkt

1. der Scheidung,
2. der Beendigung der Pflege oder Erziehung eines gemeinschaftlichen Kindes […]

wegen seines Alters eine Erwerbstätigkeit nicht mehr erwartet werden kann.

§ 1922 Gesamtrechtsnachfolge

(1) Mit dem Tode einer Person (Erbfall) geht deren Vermögen (Erbschaft) als Ganzes auf eine oder mehrere andere Personen (Erben) über.

§ 1923 Erbfähigkeit

(1) Erbe kann nur werden, wer zur Zeit des Erbfalls lebt.

(2) Wer zur Zeit des Erbfalls noch nicht lebte, aber bereits gezeugt war, gilt als vor dem Erbfall geboren.

§ 1924 Gesetzliche Erben erster Ordnung

(1) Gesetzliche Erben der ersten Ordnung sind die Abkömmlinge des Erblassers.

(4) Kinder erben zu gleichen Teilen.

§ 1925 Gesetzliche Erben zweiter Ordnung

(1) Gesetzliche Erben der zweiten Ordnung sind die Eltern des Erblassers und deren Abkömmlinge.

§ 1930 Rangfolge der Ordnungen

Ein Verwandter ist nicht zur Erbfolge berufen, solange ein Verwandter einer vorhergehenden Ordnung vorhanden ist.

§ 1931 Gesetzliches Erbrecht des Ehegatten

(1) Der überlebende Ehegatte des Erblassers ist neben Verwandten der ersten Ordnung zu einem Viertel, neben Verwandten der zweiten Ordnung oder neben Großeltern zur Hälfte der Erbschaft als gesetzlicher Erbe berufen. Treffen mit Großeltern Abkömmlinge von Großeltern zusammen, so erhält der Ehegatte auch von der anderen Hälfte den Anteil, der nach § 1926 den Abkömmlingen zufallen würde.

§ 1941 Erbvertrag

(1) Der Erblasser kann durch Vertrag einen Erben einsetzen sowie Vermächtnisse und Auflagen anordnen (Erbvertrag).

§ 2303 Pflichtteilsberechtigter; Höhe des Pflichtteils

(1) Ist ein Abkömmling des Erblassers durch Verfügung von Todes wegen von der Erbfolge ausgeschlossen, so kann er von dem Erben den Pflichtteil verlangen. Der Pflichtteil besteht in der Hälfte des Wertes des gesetzlichen Erbteils.

(2) Das gleiche Recht steht den Eltern und dem Ehegatten des Erblassers zu, wenn sie durch Verfügung von Todes wegen von der Erbfolge ausgeschlossen sind. Die Vorschrift des § 1371 bleibt unberührt.

§ 2229 Testierfähigkeit Minderjähriger

(1) Ein Minderjähriger kann ein Testament erst errichten, wenn er das 16. Lebensjahr vollendet hat.

(2) Der Minderjährige bedarf zur Errichtung eines Testaments nicht der Zustimmung seines gesetzlichen Vertreters.

Grundgesetz für die Bundesrepublik Deutschland (GG)

Art. 2

(1) Jeder hat das Recht auf die freie Entfaltung seiner Persönlichkeit, soweit er nicht die Rechte anderer verletzt und nicht gegen die verfassungsmäßige Ordnung oder das Sittengesetz verstößt.

(2) Jeder hat das Recht auf Leben und körperliche Unversehrtheit. Die Freiheit der Person ist unverletzlich. In diese Rechte darf nur auf Grund eines Gesetzes eingegriffen werden.

Art. 5

(1) Jeder hat das Recht, seine Meinung in Wort, Schrift und Bild frei zu äußern und zu verbreiten und sich aus allgemein zugänglichen Quellen ungehindert zu unterrichten. Die Pressefreiheit und die Freiheit der Berichterstattung durch Rundfunk und Film werden gewährleistet. Eine Zensur findet nicht statt.

(2) Diese Rechte finden ihre Schranken in den Vorschriften der allgemeinen Gesetze, den gesetzlichen Bestimmungen zum Schutze der Jugend und in dem Recht der persönlichen Ehre.

(3) Kunst und Wissenschaft, Forschung und Lehre sind frei. Die Freiheit der Lehre entbindet nicht von der Treue zur Verfassung.

Art. 9

(1) Alle Deutschen haben das Recht, Vereine und Gesellschaften zu bilden.

(2) Vereinigungen, deren Zwecke oder deren Tätigkeit den Strafgesetzen zuwiderlaufen oder die sich gegen die verfassungsmäßige Ordnung oder gegen den Gedanken der Völkerverständigung richten, sind verboten.

(3) Das Recht, zur Wahrung und Förderung der Arbeits- und Wirtschaftsbedingungen Vereinigungen zu bilden, ist für jedermann und für alle Berufe gewährleistet. Abreden, die dieses Recht einschränken oder zu behindern suchen, sind nichtig, hierauf gerichtete Maßnahmen sind rechtswidrig. […]

Art. 11

(1) Alle Deutschen genießen Freizügigkeit im ganzen Bundesgebiet.

(2) Dieses Recht darf nur durch Gesetz oder auf Grund eines Gesetzes und nur für die Fälle eingeschränkt werden, in denen eine ausreichende Lebensgrundlage nicht vorhanden ist und der Allgemeinheit daraus besondere Lasten entstehen würden oder in denen es zur Abwehr einer drohenden Gefahr für den Bestand oder die freiheitliche demokratische Grundordnung des Bundes oder eines Landes, zur Bekämpfung von Seuchengefahr, Naturkatastrophen oder besonders schweren Unglücksfällen, zum Schutze der Jugend vor Verwahrlosung oder um strafbaren Handlungen vorzubeugen, erforderlich ist.

Art. 12

(1) Alle Deutschen haben das Recht, Beruf, Arbeitsplatz und Ausbildungsstätte frei zu wählen. Die Berufsausübung kann durch Gesetz oder auf Grund eines Gesetzes geregelt werden.

(2) Niemand darf zu einer bestimmten Arbeit gezwungen werden, außer im Rahmen einer herkömmlichen allgemeinen, für alle gleichen öffentlichen Dienstleistungspflicht.

(3) Zwangsarbeit ist nur bei einer gerichtlich angeordneten Freiheitsentziehung zulässig.

Art. 14

(1) Das Eigentum und das Erbrecht werden gewährleistet. Inhalt und Schranken werden durch die Gesetze bestimmt.

(2) Eigentum verpflichtet. Sein Gebrauch soll zugleich dem Wohle der Allgemeinheit dienen.

(3) Eine Enteignung ist nur zum Wohle der Allgemeinheit zulässig. Sie darf nur durch Gesetz oder auf Grund eines Gesetzes erfolgen, das Art und Ausmaß der Entschädigung regelt. Die Entschädigung ist unter gerechter Abwägung der Interessen der Allgemeinheit und der Beteiligten zu bestimmen. Wegen der Höhe der Entschädigung steht im Streitfalle der Rechtsweg vor den ordentlichen Gerichten offen.

Art. 15

Grund und Boden, Naturschätze und Produktionsmittel können zum Zwecke der Vergesellschaftung durch ein Gesetz, das Art und Ausmaß der Entschädigung regelt, in Gemeineigentum oder in andere Formen der Gemeinwirtschaft überführt werden. Für die Entschädigung gilt Artikel 14 Abs. 3 Satz 3 und 4 entsprechend.

Art. 20 Abs. 3

(3) Die Gesetzgebung ist an die verfassungsmäßige Ordnung, die vollziehende Gewalt und die Rechtsprechung sind an Gesetz und Recht gebunden.

Art. 28 Abs.1

(1) Die verfassungsmäßige Ordnung in den Ländern muß den Grundsätzen des republikanischen, demokratischen und sozialen Rechtsstaates im Sinne dieses Grundgesetzes entsprechen. In den Ländern, Kreisen und Gemeinden muß das Volk eine Vertretung haben, die aus allgemeinen, unmittelbaren, freien, gleichen und geheimen Wahlen hervorgegangen ist. Bei Wahlen in Kreisen und Gemeinden sind auch Personen, die die Staatsangehörigkeit eines Mitgliedstaates der Europäischen Gemeinschaft besitzen, nach Maßgabe von Recht der Europäischen Gemeinschaft wahlberechtigt und wählbar. In Gemeinden kann an die Stelle einer gewählten Körperschaft die Gemeindeversammlung treten.

Jugendgerichtsgesetz (JGG)

§ 5 Die Folgen der Jugendstraftat

(1 Aus Anlass der Straftat eines Jugendlichen können Erziehungsmaßregeln angeordnet werden.

(2) Die Straftat eines Jugendlichen wird mit Zuchtmitteln oder mit Jugendstrafe geahndet, wenn Erziehungsmaßregeln nicht ausreichen.

(3) Von Zuchtmitteln und Jugendstrafe wird abgesehen, wenn die Unterbringung in einem psychiatrischen Krankenhaus oder einer Entziehungsanstalt die Ahndung durch den Richter entbehrlich macht.

§ 9 Arten (Erziehungsmaßregeln)

Erziehungsmaßregeln sind
1. die Erteilung von Weisungen,
2. die Anordnung, Hilfe zur Erziehung im Sinne des § 12 in Anspruch zu nehmen.

§ 10 Weisungen

(1) ^{1}Weisungen sind Gebote und Verbote, welche die Lebensführung des Jugendlichen regeln und dadurch seine Erziehung fördern und sichern sollen. ^{2}Dabei dürfen an die Lebensführung des Jugendlichen keine unzumutbaren Anforderungen gestellt werden. ^{3}Der Richter kann dem Jugendlichen insbesondere auferlegen,
1. Weisungen zu befolgen, die sich auf den Aufenthaltsort beziehen,
2. bei einer Familie oder in einem Heim zu wohnen,
3. eine Ausbildungs- oder Arbeitsstelle anzunehmen,
4. Arbeitsleistungen zu erbringen,
5. sich der Betreuung und Aufsicht einer bestimmten Person (Betreuungshelfer) zu unterstellen,
6. an einem sozialen Trainingskurs teilzunehmen,
7. sich zu bemühen, einen Ausgleich mit dem Verletzten zu erreichen (Täter-Opfer-Ausgleich),
8. den Verkehr mit bestimmten Personen oder den Besuch von Gast- oder Vergnügungsstätten zu unterlassen oder
9. an einem Verkehrsunterricht teilzunehmen.

(2) ^{1}Der Richter kann dem Jugendlichen auch mit Zustimmung des Erziehungsberechtigten und des gesetzlichen Vertreters auferlegen, sich einer heilerzieherischen Behandlung durch einen Sachverständigen oder einer Entziehungskur zu unterziehen. ^{2}Hat der Jugendliche das sechzehnte Lebensjahr vollendet, so soll dies nur mit seinem Einverständnis geschehen.

§ 13 Arten und Anwendung (Zuchtmittel)

(1) Der Richter ahndet die Straftat mit Zuchtmitteln, wenn Jugendstrafe nicht geboten ist, dem Jugendlichen aber eindringlich zum Bewußtsein gebracht werden muß, daß er für das von ihm begangene Unrecht einzustehen hat.

(2) Zuchtmittel sind
1. die Verwarnung,
2. die Erteilung von Auflagen,
3. der Jugendarrest.

(3) Zuchtmittel haben nicht die Rechtswirkungen einer Strafe.

§ 14 Verwarnung

Durch die Verwarnung soll dem Jugendlichen das Unrecht der Tat eindringlich vorgehalten werden.

§ 15 Auflagen

(1) ¹Der Richter kann dem Jugendlichen auferlegen,

1. nach Kräften den durch die Tat verursachten Schaden wiedergutzumachen,
2. sich persönlich bei dem Verletzten zu entschuldigen,
3. Arbeitsleistungen zu erbringen oder
4. einen Geldbetrag zugunsten einer gemeinnützigen Einrichtung zu zahlen.

²Dabei dürfen an den Jugendlichen keine unzumutbaren Anforderungen gestellt werden.

(2) Der Richter soll die Zahlung eines Geldbetrages nur anordnen, wenn

1. der Jugendliche eine leichte Verfehlung begangen hat und anzunehmen ist, daß er den Geldbetrag aus Mitteln zahlt, über die er selbständig verfügen darf, oder
2. dem Jugendlichen der Gewinn, den er aus der Tat erlangt, oder das Entgelt, das er für sie erhalten hat, entzogen werden soll.

(3) ¹Der Richter kann nachträglich Auflagen ändern oder von ihrer Erfüllung ganz oder zum Teil befreien, wenn dies aus Gründen der Erziehung geboten ist. ²Bei schuldhafter Nichterfüllung von Auflagen gilt § 11 Abs. 3 entsprechend. ³Ist Jugendarrest vollstreckt worden, so kann der Richter die Auflagen ganz oder zum Teil für erledigt erklären.

§ 16 Jugendarrest

(1) Der Jugendarrest ist Freizeitarrest, Kurzarrest oder Dauerarrest.

(2) Der Freizeitarrest wird für die wöchentliche Freizeit des Jugendlichen verhängt und auf eine oder zwei Freizeiten bemessen.

(3) ¹Der Kurzarrest wird statt des Freizeitarrestes verhängt, wenn der zusammenhängende Vollzug aus Gründen der Erziehung zweckmäßig erscheint und weder die Ausbildung noch die Arbeit des Jugendlichen beeinträchtigt werden. ²Dabei stehen zwei Tage Kurzarrest einer Freizeit gleich.

(4) ¹Der Dauerarrest beträgt mindestens eine Woche und höchstens vier Wochen. ²Er wird nach vollen Tagen oder Wochen bemessen.

§ 16a Jugendarrest neben Jugendstrafe

(1) Wird die Verhängung oder die Vollstreckung der Jugendstrafe zur Bewährung ausgesetzt, so kann abweichend von § 13 Absatz 1 daneben Jugendarrest verhängt werden, wenn

1. dies unter Berücksichtigung der Belehrung über die Bedeutung der Aussetzung zur Bewährung und unter Berücksichtigung der Möglichkeit von Weisungen und Auflagen geboten ist, um dem Jugendlichen seine Verantwortlichkeit für das begangene Unrecht und die Folgen weiterer Straftaten zu verdeutlichen,
2. dies geboten ist, um den Jugendlichen zunächst für eine begrenzte Zeit aus einem Lebensumfeld mit schädlichen Einflüssen herauszunehmen und durch die Behandlung im Vollzug des Jugendarrests auf die Bewährungszeit vorzubereiten, oder
3. dies geboten ist, um im Vollzug des Jugendarrests eine nachdrücklichere erzieherische Einwirkung auf den Jugendlichen zu erreichen oder um dadurch bessere Erfolgsaussichten für eine erzieherische Einwirkung in der Bewährungszeit zu schaffen.

(2) Jugendarrest nach Absatz 1 Nummer 1 ist in der Regel nicht geboten, wenn der Jugendliche bereits früher Jugendarrest als Dauerarrest verbüßt oder sich nicht nur kurzfristig im Vollzug von Untersuchungshaft befunden hat.

§ 17 Form und Voraussetzungen

(1) Die Jugendstrafe ist Freiheitsentzug in einer für ihren Vollzug vorgesehenen Einrichtung.

(2) Der Richter verhängt Jugendstrafe, wenn wegen der schädlichen Neigungen des Jugendlichen, die in der Tat hervorgetreten sind, Erziehungsmaßregeln oder Zuchtmittel zur Erziehung nicht ausreichen oder wenn wegen der Schwere der Schuld Strafe erforderlich ist.

§ 18 Dauer der Jugendstrafe

(1) ¹Das Mindestmaß der Jugendstrafe beträgt sechs Monate, das Höchstmaß fünf Jahre. ²Handelt es sich bei der Tat um ein Verbrechen, für das nach dem allgemeinen Strafrecht eine Höchststrafe von mehr als zehn Jahren Freiheitsstrafe angedroht ist, so ist das Höchstmaß zehn Jahre. ³Die Strafrahmen des allgemeinen Strafrechts gelten nicht.

(2) Die Jugendstrafe ist so zu bemessen, dass die erforderliche erzieherische Einwirkung möglich ist.

§ 21 Strafaussetzung

(1) [1]Bei der Verurteilung zu einer Jugendstrafe von nicht mehr als einem Jahr setzt das Gericht die Vollstreckung der Strafe zur Bewährung aus, wenn zu erwarten ist, daß der Jugendliche sich schon die Verurteilung zur Warnung dienen lassen und auch ohne die Einwirkung des Strafvollzugs unter der erzieherischen Einwirkung in der Bewährungszeit künftig einen rechtschaffenen Lebenswandel führen wird. [2]Dabei sind namentlich die Persönlichkeit des Jugendlichen, sein Vorleben, die Umstände seiner Tat, sein Verhalten nach der Tat, seine Lebensverhältnisse und die Wirkungen zu berücksichtigen, die von der Aussetzung für ihn zu erwarten sind. [3]Das Gericht setzt die Vollstreckung der Strafe auch dann zur Bewährung aus, wenn die in Satz 1 genannte Erwartung erst dadurch begründet wird, dass neben der Jugendstrafe ein Jugendarrest nach § 16a verhängt wird.

(2) Das Gericht setzt unter den Voraussetzungen des Absatzes 1 auch die Vollstreckung einer höheren Jugendstrafe, die zwei Jahre nicht übersteigt, zur Bewährung aus, wenn nicht die Vollstreckung im Hinblick auf die Entwicklung des Jugendlichen geboten ist.

(3) [1]Die Strafaussetzung kann nicht auf einen Teil der Jugendstrafe beschränkt werden. [2]Sie wird durch eine Anrechnung von Untersuchungshaft oder einer anderen Freiheitsentziehung nicht ausgeschlossen.

Strafgesetzbuch (StGB)

§ 19 Schuldunfähigkeit des Kindes

Schuldunfähig ist, wer bei Begehung der Tat noch nicht vierzehn Jahre alt ist.

§ 32 Notwehr

(1) Wer eine Tat begeht, die durch Notwehr geboten ist, handelt nicht rechtswidrig.

(2) Notwehr ist die Verteidigung, die erforderlich ist, um einen gegenwärtigen rechtswidrigen Angriff von sich oder einem anderen abzuwenden.

§ 33 Überschreitung der Notwehr

Überschreitet der Täter die Grenzen der Notwehr aus Verwirrung, Furcht oder Schrecken, so wird er nicht bestraft.

§ 34 Rechtfertigender Notstand

[1]Wer in einer gegenwärtigen, nicht anders abwendbaren Gefahr für Leben, Leib, Freiheit, Ehre, Eigentum oder ein anderes Rechtsgut eine Tat begeht, um die Gefahr von sich oder einem anderen abzuwenden, handelt nicht rechtswidrig, wenn bei Abwägung der widerstreitenden Interessen, namentlich der betroffenen Rechtsgüter und des Grades der ihnen drohenden Gefahren, das geschützte Interesse das beeinträchtigte wesentlich überwiegt. [2]Dies gilt jedoch nur, soweit die Tat ein angemessenes Mittel ist, die Gefahr abzuwenden.

§ 35 Entschuldigender Notstand

(1) [1]Wer in einer gegenwärtigen, nicht anders abwendbaren Gefahr für Leben, Leib oder Freiheit eine rechtswidrige Tat begeht, um die Gefahr von sich, einem Angehörigen oder einer anderen ihm nahestehenden Person abzuwenden, handelt ohne Schuld. [2]Dies gilt nicht, soweit dem Täter nach den Umständen, namentlich weil er die Gefahr selbst verursacht hat oder weil er in einem besonderen Rechtsverhältnis stand, zugemutet werden konnte, die Gefahr hinzunehmen; jedoch kann die Strafe nach § 49 Abs. 1 gemildert werden, wenn der Täter nicht mit Rücksicht auf ein besonderes Rechtsverhältnis die Gefahr hinzunehmen hatte.

(2) [1]Nimmt der Täter bei Begehung der Tat irrig Umstände an, welche ihn nach Absatz 1 entschuldigen würden, so wird er nur dann bestraft, wenn er den Irrtum vermeiden konnte. [2]Die Strafe ist nach § 49 Abs. 1 zu mildern.

§ 44 Fahrverbot

(1) [1]Wird jemand wegen einer Straftat zu einer Freiheitsstrafe oder einer Geldstrafe verurteilt, so kann ihm das Gericht für die Dauer von einem Monat bis zu sechs Monaten verbieten, im Straßenverkehr Kraftfahrzeuge jeder oder einer bestimmten Art zu führen. [2]Auch wenn die Straftat nicht bei oder im Zusammenhang mit dem Führen eines Kraftfahrzeugs oder unter Verletzung der Pflichten eines Kraftfahrzeugführers begangen wurde, kommt die Anordnung eines Fahrverbots namentlich in Betracht,

wenn sie zur Einwirkung auf den Täter oder zur Verteidigung der Rechtsordnung erforderlich erscheint oder hierdurch die Verhängung einer Freiheitsstrafe oder deren Vollstreckung vermieden werden kann. [3]Ein Fahrverbot ist in der Regel anzuordnen, wenn in den Fällen einer Verurteilung nach § 315c Abs. 1 Nr. 1 Buchstabe a, Abs. 3 oder § 316 die Entziehung der Fahrerlaubnis nach § 69 unterbleibt.

(2) [1]Das Fahrverbot wird wirksam, wenn der Führerschein nach Rechtskraft des Urteils in amtliche Verwahrung gelangt, spätestens jedoch mit Ablauf von einem Monat seit Eintritt der Rechtskraft. [2]Für seine Dauer werden von einer deutschen Behörde ausgestellte nationale und internationale Führerscheine amtlich verwahrt. [3]Dies gilt auch, wenn der Führerschein von einer Behörde eines Mitgliedstaates der Europäischen Union oder eines anderen Vertragsstaates des Abkommens über den Europäischen Wirtschaftsraum ausgestellt worden ist, sofern der Inhaber seinen ordentlichen Wohnsitz im Inland hat. [4]In anderen ausländischen Führerscheinen wird das Fahrverbot vermerkt. [...]

§ 45 Verlust der Amtsfähigkeit, der Wählbarkeit und des Stimmrechts

(1) Wer wegen eines Verbrechens zu Freiheitsstrafe von mindestens einem Jahr verurteilt wird, verliert für die Dauer von fünf Jahren die Fähigkeit, öffentliche Ämter zu bekleiden und Rechte aus öffentlichen Wahlen zu erlangen.

(2) Das Gericht kann dem Verurteilten für die Dauer von zwei bis zu fünf Jahren die in Absatz 1 bezeichneten Fähigkeiten aberkennen, soweit das Gesetz es besonders vorsieht.

(3) Mit dem Verlust der Fähigkeit, öffentliche Ämter zu bekleiden, verliert der Verurteilte zugleich die entsprechenden Rechtsstellungen und Rechte, die er innehat.

(4) Mit dem Verlust der Fähigkeit, Rechte aus öffentlichen Wahlen zu erlangen, verliert der Verurteilte zugleich die entsprechenden Rechtsstellungen und Rechte, die er innehat, soweit das Gesetz nichts anderes bestimmt.

(5) Das Gericht kann dem Verurteilten für die Dauer von zwei bis zu fünf Jahren das Recht, in öffentlichen Angelegenheiten zu wählen oder zu stimmen, aberkennen, soweit das Gesetz es besonders vorsieht.

§ 46 Grundsätze der Strafzumessung

(1) [1]Die Schuld des Täters ist Grundlage für die Zumessung der Strafe. [2]Die Wirkungen, die von der Strafe für das künftige Leben des Täters in der Gesellschaft zu erwarten sind, sind zu berücksichtigen.

(2) [1]Bei der Zumessung wägt das Gericht die Umstände, die für und gegen den Täter sprechen, gegeneinander ab. [2]Dabei kommen namentlich in Betracht:

– die Beweggründe und die Ziele des Täters, besonders auch rassistische, fremdenfeindliche oder sonstige menschenverachtende,
– die Gesinnung, die aus der Tat spricht, und der bei der Tat aufgewendete Wille,
– das Maß der Pflichtwidrigkeit,
– die Art der Ausführung und die verschuldeten Auswirkungen der Tat,
– das Vorleben des Täters, seine persönlichen und wirtschaftlichen Verhältnisse sowie
– sein Verhalten nach der Tat, besonders sein Bemühen, den Schaden wiedergutzumachen, sowie das Bemühen des Täters, einen Ausgleich mit dem Verletzten zu erreichen.

(3) Umstände, die schon Merkmale des gesetzlichen Tatbestandes sind, dürfen nicht berücksichtigt werden.

§ 56 Strafaussetzung

(1) [1]Bei der Verurteilung zu Freiheitsstrafe von nicht mehr als einem Jahr setzt das Gericht die Vollstreckung der Strafe zur Bewährung aus, wenn zu erwarten ist, daß der Verurteilte sich schon die Verurteilung zur Warnung dienen lassen und künftig auch ohne die Einwirkung des Strafvollzugs keine Straftaten mehr begehen wird. [2]Dabei sind namentlich die Persönlichkeit des Verurteilten, sein Vorleben, die Umstände seiner Tat, sein Verhalten nach der Tat, seine Lebensverhältnisse und die Wirkungen zu berücksichtigen, die von der Aussetzung für ihn zu erwarten sind.

(2) [1]Das Gericht kann unter den Voraussetzungen des Absatzes 1 auch die Vollstreckung einer höheren Freiheitsstrafe, die zwei Jahre nicht übersteigt, zur Bewährung aussetzen, wenn nach der Gesamtwürdigung von Tat und Persönlichkeit des Verurteilten besondere Umstände vorliegen. [2]Bei der Entscheidung ist namentlich auch das Bemühen des Verurteilten, den durch die Tat verursachten Schaden wiedergutzumachen, zu berücksichtigen.

(3) Bei der Verurteilung zu Freiheitsstrafe von mindestens sechs Monaten wird die Vollstreckung nicht ausgesetzt, wenn die Verteidigung der Rechtsordnung sie gebietet.

(4) ¹Die Strafaussetzung kann nicht auf einen Teil der Strafe beschränkt werden. ²Sie wird durch eine Anrechnung von Untersuchungshaft oder einer anderen Freiheitsentziehung nicht ausgeschlossen.

§ 61 Übersicht

Maßregeln der Besserung und Sicherung sind

1. die Unterbringung in einem psychiatrischen Krankenhaus,
2. die Unterbringung in einer Entziehungsanstalt,
3. die Unterbringung in der Sicherungsverwahrung,
4. die Führungsaufsicht,
5. die Entziehung der Fahrerlaubnis,
6. das Berufsverbot.

§ 142 Unerlaubtes Entfernen vom Unfallort

(1) Ein Unfallbeteiligter, der sich nach einem Unfall im Straßenverkehr vom Unfallort entfernt, bevor er

1. zugunsten der anderen Unfallbeteiligten und der Geschädigten die Feststellung seiner Person, seines Fahrzeugs und der Art seiner Beteiligung durch seine Anwesenheit und durch die Angabe, daß er an dem Unfall beteiligt ist, ermöglicht hat oder
2. eine nach den Umständen angemessene Zeit gewartet hat, ohne daß jemand bereit war, die Feststellungen zu treffen,

wird mit Freiheitsstrafe bis zu drei Jahren oder mit Geldstrafe bestraft.

(2) Nach Absatz 1 wird auch ein Unfallbeteiligter bestraft, der sich

1. nach Ablauf der Wartefrist (Absatz 1 Nr. 2) oder
2. berechtigt oder entschuldigt

vom Unfallort entfernt hat und die Feststellungen nicht unverzüglich nachträglich ermöglicht.

(3) ¹Der Verpflichtung, die Feststellungen nachträglich zu ermöglichen, genügt der Unfallbeteiligte, wenn er den Berechtigten (Absatz 1 Nr. 1) oder einer nahe gelegenen Polizeidienststelle mitteilt, daß er an dem Unfall beteiligt gewesen ist, und wenn er seine Anschrift, seinen Aufenthalt sowie das Kennzeichen und den Standort seines Fahrzeugs angibt und dieses zu unverzüglichen Feststellungen für eine ihm zumutbare Zeit zur Verfügung hält. ²Dies gilt nicht, wenn er durch sein Verhalten die Feststellungen absichtlich vereitelt.

(4) Das Gericht mildert in den Fällen der Absätze 1 und 2 die Strafe (§ 49 Abs. 1) oder kann von Strafe nach diesen Vorschriften absehen, wenn der Unfallbeteiligte innerhalb von vierundzwanzig Stunden nach einem Unfall außerhalb des fließenden Verkehrs, der ausschließlich nicht bedeutenden Sachschaden zur Folge hat, freiwillig die Feststellungen nachträglich ermöglicht (Absatz 3).

(5) Unfallbeteiligter ist jeder, dessen Verhalten nach den Umständen zur Verursachung des Unfalls beigetragen haben kann.

§ 177 Sexueller Übergriff; sexuelle Nötigung; Vergewaltigung

(1) Wer gegen den erkennbaren Willen einer anderen Person sexuelle Handlungen an dieser Person vornimmt oder von ihr vornehmen lässt oder diese Person zur Vornahme oder Duldung sexueller Handlungen an oder von einem Dritten bestimmt, wird mit Freiheitsstrafe von sechs Monaten bis zu fünf Jahren bestraft.

(2) Ebenso wird bestraft, wer sexuelle Handlungen an einer anderen Person vornimmt oder von ihr vornehmen lässt oder diese Person zur Vornahme oder Duldung sexueller Handlungen an oder von einem Dritten bestimmt, wenn

1. der Täter ausnutzt, dass die Person nicht in der Lage ist, einen entgegenstehenden Willen zu bilden oder zu äußern,
2. der Täter ausnutzt, dass die Person auf Grund ihres körperlichen oder psychischen Zustands in der Bildung oder Äußerung des Willens erheblich eingeschränkt ist, es sei denn, er hat sich der Zustimmung dieser Person versichert,
3. der Täter ein Überraschungsmoment ausnutzt,
4. der Täter eine Lage ausnutzt, in der dem Opfer bei Widerstand ein empfindliches Übel droht, oder
5. der Täter die Person zur Vornahme oder Duldung der sexuellen Handlung durch Drohung mit einem empfindlichen Übel genötigt hat.

(3) Der Versuch ist strafbar. [...]

§ 184c Verbreitung, Erwerb und Besitz jugendpornographischer Schriften

(1) Mit Freiheitsstrafe bis zu drei Jahren oder mit Geldstrafe wird bestraft, wer

1. eine jugendpornographische Schrift verbreitet oder der Öffentlichkeit zugänglich macht; jugendpornographisch ist eine pornographische Schrift (§ 11 Absatz 3), wenn sie zum Gegenstand hat:

   a) sexuelle Handlungen von, an oder vor einer vierzehn, aber noch nicht achtzehn Jahre alten Person oder

   b) die Wiedergabe einer ganz oder teilweise unbekleideten vierzehn, aber noch nicht achtzehn Jahre alten Person in unnatürlich geschlechtsbetonter Körperhaltung,

2. es unternimmt, einer anderen Person den Besitz an einer jugendpornographischen Schrift, die ein tatsächliches oder wirklichkeitsnahes Geschehen wiedergibt, zu verschaffen,

3. eine jugendpornographische Schrift, die ein tatsächliches Geschehen wiedergibt, herstellt oder

4. eine jugendpornographische Schrift herstellt, bezieht, liefert, vorrätig hält, anbietet, bewirbt oder es unternimmt, diese Schrift ein- oder auszuführen, um sie oder aus ihr gewonnene Stücke im Sinne der Nummer 1 oder 2 oder des § 184 d Absatz 1 Satz 1 zu verwenden oder einer anderen Person eine solche Verwendung zu ermöglichen, soweit die Tat nicht nach Nummer 3 mit Strafe bedroht ist.

(2) Handelt der Täter in den Fällen des Absatzes 1 gewerbsmäßig oder als Mitglied einer Bande, die sich zur fortgesetzten Begehung solcher Taten verbunden hat, und gibt die Schrift in den Fällen des Absatzes 1 Nummer 1, 2 und 4 ein tatsächliches oder wirklichkeitsnahes Geschehen wieder, so ist auf Freiheitsstrafe von drei Monaten bis zu fünf Jahren zu erkennen.

(3) Wer es unternimmt, sich den Besitz an einer jugendpornographischen Schrift, die ein tatsächliches Geschehen wiedergibt, zu verschaffen, oder wer eine solche Schrift besitzt, wird mit Freiheitsstrafe bis zu zwei Jahren oder mit Geldstrafe bestraft. […]

§ 223 Körperverletzung

(1) Wer eine andere Person körperlich misshandelt oder an der Gesundheit schädigt, wird mit Freiheitsstrafe bis zu fünf Jahren oder mit Geldstrafe bestraft.

(2) Der Versuch ist strafbar.

§ 224 Gefährliche Körperverletzung

(1) Wer die Körperverletzung

1. durch Beibringung von Gift oder anderen gesundheitsschädlichen Stoffen,

2. mittels einer Waffe oder eines anderen gefährlichen Werkzeugs,

3. mittels eines hinterlistigen Überfalls,

4. mit einem anderen Beteiligten gemeinschaftlich oder

5. mittels einer das Leben gefährdenden Behandlung

begeht, wird mit Freiheitsstrafe von sechs Monaten bis zu zehn Jahren, in minder schweren Fällen mit Freiheitsstrafe von drei Monaten bis zu fünf Jahren bestraft.

(2) Der Versuch ist strafbar.

§ 242 Diebstahl

(1) Wer eine fremde bewegliche Sache einem anderen in der Absicht wegnimmt, die Sache sich oder einem Dritten rechtswidrig zuzueignen, wird mit Freiheitsstrafe bis zu fünf Jahren oder mit Geldstrafe bestraft.

(2) Der Versuch ist strafbar.

§ 249 Raub

(1) Wer mit Gewalt gegen eine Person oder unter Anwendung von Drohungen mit gegenwärtiger Gefahr für Leib oder Leben eine fremde bewegliche Sache einem anderen in der Absicht wegnimmt, die Sache sich oder einem Dritten rechtswidrig zuzueignen, wird mit Freiheitsstrafe nicht unter einem Jahr bestraft.

(2) In minder schweren Fällen ist die Strafe Freiheitsstrafe von sechs Monaten bis zu fünf Jahren.

§ 303 Sachbeschädigung

(1) Wer rechtswidrig eine fremde Sache beschädigt oder zerstört, wird mit Freiheitsstrafe bis zu zwei Jahren oder mit Geldstrafe bestraft.

(2) Ebenso wird bestraft, wer unbefugt das Erscheinungsbild einer fremden Sache nicht nur unerheblich und nicht nur vorübergehend verändert.

(3) Der Versuch ist strafbar.

§ 315c Gefährdung des Straßenverkehrs

(1) Wer im Straßenverkehr

1. ein Fahrzeug führt, obwohl er
    a) infolge des Genusses alkoholischer Getränke oder anderer berauschender Mittel oder
    b) infolge geistiger oder körperlicher Mängel

    nicht in der Lage ist, das Fahrzeug sicher zu führen, oder

2. grob verkehrswidrig und rücksichtslos
    a) die Vorfahrt nicht beachtet,
    b) falsch überholt oder sonst bei Überholvorgängen falsch fährt,
    c) an Fußgängerüberwegen falsch fährt,
    d) an unübersichtlichen Stellen, an Straßenkreuzungen, Straßeneinmündungen oder Bahnübergängen zu schnell fährt,
    e) an unübersichtlichen Stellen nicht die rechte Seite der Fahrbahn einhält,
    f) auf Autobahnen oder Kraftfahrstraßen wendet, rückwärts oder entgegen der Fahrtrichtung fährt oder dies versucht oder
    g) haltende oder liegengebliebene Fahrzeuge nicht auf ausreichende Entfernung kenntlich macht, obwohl das zur Sicherung des Verkehrs erforderlich ist,

    und dadurch Leib oder Leben eines anderen Menschen oder fremde Sachen von bedeutendem Wert gefährdet, wird mit Freiheitsstrafe bis zu fünf Jahren oder mit Geldstrafe bestraft.

(2) In den Fällen des Absatzes 1 Nr. 1 ist der Versuch strafbar.

(3) Wer in den Fällen des Absatzes 1

1. die Gefahr fahrlässig verursacht oder
2. fahrlässig handelt und die Gefahr fahrlässig verursacht,

wird mit Freiheitsstrafe bis zu zwei Jahren oder mit Geldstrafe bestraft.

§ 326 StGB Unerlaubter Umgang mit Abfällen

(1) Wer unbefugt Abfälle, die

1. Gifte oder Erreger von auf Menschen oder Tiere übertragbaren gemeingefährlichen Krankheiten enthalten oder hervorbringen können,
2. für den Menschen krebserzeugend, fortpflanzungsgefährdend oder erbgutverändernd sind,

3. explosionsgefährlich, selbstentzündlich oder nicht nur geringfügig radioaktiv sind oder
4. nach Art, Beschaffenheit oder Menge geeignet sind,
    a) nachhaltig ein Gewässer, die Luft oder den Boden zu verunreinigen oder sonst nachteilig zu verändern oder
    b) einen Bestand von Tieren oder Pflanzen zu gefährden,

außerhalb einer dafür zugelassenen Anlage oder unter wesentlicher Abweichung von einem vorgeschriebenen oder zugelassenen Verfahren sammelt, befördert, behandelt, verwertet, lagert, ablagert, ablässt, beseitigt, handelt, makelt oder sonst bewirtschaftet, wird mit Freiheitsstrafe bis zu fünf Jahren oder mit Geldstrafe bestraft. [...]

Straßenverkehrsgesetz (StVG)

§ 24a StVG 0,5 Promille-Grenze

(1) Ordnungswidrig handelt, wer im Straßenverkehr ein Kraftfahrzeug führt, obwohl er 0,25 mg/l oder mehr Alkohol in der Atemluft oder 0,5 Promille oder mehr Alkohol im Blut oder eine Alkoholmenge im Körper hat, die zu einer solchen Atem- oder Blutalkoholkonzentration führt.

(2) Ordnungswidrig handelt, wer unter der Wirkung eines in der Anlage zu dieser Vorschrift genannten berauschenden Mittels im Straßenverkehr ein Kraftfahrzeug führt. Eine solche Wirkung liegt vor, wenn eine in dieser Anlage genannte Substanz im Blut nachgewiesen wird. Satz 1 gilt nicht, wenn die Substanz aus der bestimmungsgemäßen Einnahme eines für einen konkreten Krankheitsfall verschriebenen Arzneimittels herrührt.

(3) Ordnungswidrig handelt auch, wer die Tat fahrlässig begeht.

(4) Die Ordnungswidrigkeit kann mit einer Geldbuße bis zu dreitausend Euro geahndet werden.

(5) [...]

ERLÄUTERUNGEN ZU DEN OPERATOREN

Operator	Bedeutung / Erwartung
abgrenzen	unterschiedliche Sachverhalte begründet voneinander trennen
ableiten	auf der Grundlage wesentlicher Merkmale sachgerechte Schlüsse ziehen
abwägen	nach bestimmten Kriterien Gemeinsamkeiten und/oder Unterschiede ermitteln, einander gegenüberstellen und vergleichen
analysieren	wichtige Bestandteile oder Eigenschaften von Sachverhalten und Problemstellungen systematisch, gezielt und wertfrei herausarbeiten
anwenden	erworbenes Wissen sowie Fähigkeiten auf eine neue Aufgaben- beziehungsweise Problemstellung beziehen
auf etwas schließen	auf der Grundlage wesentlicher Merkmale sachgerechte Schlüsse ziehen
aufstellen	Sachverhalte zu einem bestimmten Zweck ordnen, formieren
auswählen	zutreffende Informationen aus mehreren Alternativen herausfinden
auswerten	Aussagen, Daten oder Einzelergebnisse in einen Zusammenhang stellen und gegebenenfalls zu einer abschließenden Gesamtaussage zusammenführen
begründen	hinsichtlich Ursachen und Auswirkungen nachvollziehbare Zusammenhänge herstellen
belegen	etwas durch ein Dokument, eine Berechnung, ein Gesetz oder Ähnliches nachweisen bzw. beweisen
beschreiben	einen Sachverhalt in eigenen Worten unter Berücksichtigung der Fachsprache sprachlich angemessen wiedergeben
bestimmen	etwas ermitteln, klären, definieren
beurteilen	zu einem Sachverhalt oder einer Aussage ein selbstständiges Urteil unter Verwendung von Fachwissen und Fachmethoden formulieren und begründen
charakterisieren	Sachverhalte in ihren Eigenarten erkennen und beschreiben
darstellen	einen erkannten Zusammenhang oder Sachverhalt strukturiert wiedergeben
definieren	die Bedeutung eines Begriffs unter Angabe unveränderlicher Merkmale präzise bestimmen
diskutieren	einen Sachverhalt untersuchen und das Für und Wider abwägen, um zu einem Ergebnis zu kommen
einordnen	Sachverhalte begründet in einen Zusammenhang stellen

Operator	Bedeutung / Erwartung
einschätzen	etwas in bestimmter Weise beurteilen
entscheiden	bei Alternativen sich begründet auf eine Möglichkeit festlegen
entwickeln	zu einem Sachverhalt / einer Problemstellung ein konkretes Lösungskonzept begründet erstellen
erklären / erläutern	Informationen und Sachverhalte so darstellen, dass Bedingungen, Ursachen, Folgen und Gesetzmäßigkeiten verständlich werden
ermitteln	Zusammenhänge oder Lösungswege aufzeigen, um daraus ein Ergebnis zu gewinnen
erstellen	Sachverhalte übersichtlich und fachgerecht erstellen
formulieren	etwas in eine angemessene sprachliche Form bringen
herausarbeiten	aus Materialien bestimmte Sachverhalte bzw. Positionen ermitteln und darstellen – auch wenn sie nicht explizit genannt werden
interpretieren	Sinnzusammenhänge aus Materialien erschließen
konkretisieren	etwas im Einzelnen ausführen, näher bestimmen, verdeutlichen
nachweisen	Aussagen oder Sachverhalte durch Berechnungen, Herleitungen beziehungsweise logische Begründungen bestätigen
nennen	Informationen, Begriffe, Merkmale, … ohne Erklärung wiedergeben
prüfen / überprüfen	Fragestellungen, Sachverhalte oder Probleme nach fachlich üblichen Kriterien beurteilen
recherchieren	aus Quellen geeignete Informationen auswählen
sammeln	zu einer neuen Fragestellung Ideen zusammentragen
skizzieren	die wesentlichen Eigenschaften eines Sachverhalts darstellen
Stellung nehmen	ausgehend vom Sachurteil, unter Einbeziehung individueller Wertmaßstäbe, zu einem begründeten Werturteil kommen
systematisieren	Informationen ordnen sowie Zusammenhänge aufdecken und darstellen
unterscheiden	anhand von Kriterien Sachverhalte voneinander abgrenzen
vergleichen	Gemeinsamkeiten, Ähnlichkeiten und Unterschiede ermitteln und gegenüberstellen
vervollständigen	geeignete Begriffe und / oder Zahlen in Belege, Texte, Grafiken, Tabellen, usw. sinnvoll ergänzen
zuordnen	Sachverhalte begründet in einen vorgegebenen Zusammenhang stellen
zusammenfassen	den inhaltlichen Kern kurz und übersichtlich wiedergeben

GLOSSAR

Aktie
Wertpapier, das den Anteil an einer Aktiengesellschaft bescheinigt

Aktiengesellschaft (AG)
ein Unternehmen mit einem in Aktien aufgeteilten Eigenkapital

Aktiva
das einem Unternehmen zur Verfügung stehende Vermögen, das auf der linken Seite der Bilanz zu finden ist (Mittelverwendung)

Aktivgeschäft
Bankgeschäft, bei dem die Bank Kredite vergibt

Amtsgericht
Gericht auf der untersten Stufe des Gerichtswesens

Angebot
Menge von Gütern, die Verkäufer zu einem bestimmten Preis auf einem Markt abzusetzen bereit sind

Arbeitgeberverbände
freiwillige Zusammenschlüsse von Arbeitgebern zur Wahrung ihrer gemeinsamen Interessen

Assessmentcenter
strukturiertes Testverfahren mit verschiedenen Aufgaben zur Auswahl neuer Mitarbeiter

Auflösungsvertrag
(= Aufhebungsvertrag) Vertrag, zur einvernehmlichen Aufhebung eines Arbeitsverhältnisses

Bären-Markt
Wertpapiermarkt, bei dem die Kurse fallen

Basisrente
Möglichkeit der Altersvorsorge, die nach dem Prinzip der Kapitaldeckung funktioniert. Im Alter erhält der Versicherte lebenslang eine monatliche Rente.

Bausparkasse
Spezialbank, die den Sparern langfristige Kredite zum Bau, Kauf oder zur Renovierung von Häusern oder Wohnungen gibt

Berufsorientierung
individueller Entwicklungsprozess zur Findung passender Berufs- und Ausbildungsoptionen sowie alle damit verbundenen unterstützenden Maßnahmen

Betriebsversammlung
Arbeitnehmerversammlung und -information, die durch den Betriebsrat einberufen wird

Bilanz
Bestandteil des Jahresabschlusses eines Unternehmens, bei dem am Bilanzstichtag (meist am Jahresende) das Vermögen und die Schulden in Kontenform gegenübergestellt werden

Bonität
Kreditwürdigkeit einer Person oder eines Unternehmens

Bruttoeinkommen
Einkommen vor Abzug der Steuern, Sozialabgaben und sonstiger Abgaben

Bullen-Markt
Wertpapiermarkt, bei dem die Kurse steigen

Bürgerliches Gesetzbuch (BGB)
regelt die Rechte und Pflichten der Bürger untereinander

chronologischer Lebenslauf
Lebenslauf, gegliedert nach der tatsächlichen zeitlichen Abfolge

Demographischer Wandel
Veränderung der Altersstruktur der Bevölkerung eines Landes

Digitalisierung
beschreibt den zunehmenden Einsatz digitaler Systeme in der Wirtschaft und allen anderen Lebensbereichen

Dienstleistungsgeschäft
verschiedene Geschäfte der Banken, die weder den Aktiv- noch den Passivgeschäften zugerechnet werden können (z. B. Kontoführung)

Digitaler Nachlass
zu Lebzeiten gespeicherte Daten auf dem Computer oder Smartphone sowie online geschlossene Verträge

Dispokredit
vom Kreditinstitut eingeräumter Überziehungsspielraum des Girokontos

Dividende
auf eine Aktie entfallender Anteil vom Gewinn einer Aktiengesellschaft, der an die Aktionäre verteilt wird

Ehegattensplitting
Verfahren bei der Steuererklärung, durch das sich bei unterschiedlich hohem Einkommen der Ehepartner aufgrund des Einkommensteuertarifs ein Steuervorteil ergibt. Keinen Splittingvorteil gibt es, wenn beide gleich viel verdienen.

Ehemündigkeit
Mindestalter für die Eheschließung

Eigentumsrechte
In der sozialen Marktwirtschaft ist das Privateigentum gewährleistet und grundsätzlich geschützt. Gleichzeitig wird aber auch die Sozialpflichtigkeit des Eigentums betont.

Elterngeld
staatliche Lohnersatzleistungen in den ersten 12–14 Monaten nach Geburt des Kindes

Entschuldigungsgründe
Gründe, die eine tatbestandsmäßige und rechtswidrige Tat entschuldigen können, z. B. entschuldigender Notstand

Erbfähigkeit
Fähigkeit, Erbe zu werden

Erbvertrag
vertragliche Regelung zwischen Erblasser und Erben über das Erbe

Erziehungsberechtigter
Personensorge für einen Minderjährigen, in der Regel dessen Eltern

Erziehungsmaßregeln
unterste Stufe der Sanktionen des Jugendstrafrechts aus Anlass der Straftat eines Jugendlichen (Weisungen und Anordnungen), vgl. §§ 9 ff. JGG

Fallstudie
(oft Teil eines Assessmentcenters) Bearbeitung eines Falles aus verschiedenen Blickwinkeln, um Fähigkeiten der Problemlösung zu demonstrieren

Familiengeld
Staatliche finanzielle Unterstützung von Eltern von 1- bis 2-jährigen Kindern in Bayern

Freibetrag
Betrag, bis zu dem eine Steuer nicht anfällt

Forderungen
Anspruch auf eine Leistung

Freie Marktwirtschaft
Wirtschaftssystem, in dem wirtschaftliche Entscheidungen durch Angebot und Nachfrage auf dem freien Markt getroffen werden

fristlos
sofort, ohne Aufschub

fungible Güter
Güter, die untereinander austauschbar sind

Geburtenrate
durchschnittliche Anzahl von Geburten einer Frau in einem Land

Generationenkonflikt
Das zahlenmäßig unausgeglichene Verhältnis zwischen Jung und Alt birgt die Gefahr eines Konflikts zwischen den Generationen. Dadurch entstehen große Finanzierungsprobleme für die gesetzliche Sozialversicherung (v.a. für die gesetzliche Rentenversicherung).

Generationenvertrag
bei der Rentenversicherung geltender Grundsatz, dass die derzeit Arbeitenden die Rentenzahlungen für die Rentner erarbeiten

Genossenschaft
Zusammenschluss mehrerer Personen mit dem Ziel, durch ein gemeinschaftliches Geschäft die Mitglieder wirtschaftlich besser zu stellen

Geschäftsfähigkeit
Fähigkeit, Rechtsgeschäfte selbstständig wirksam vornehmen zu können

Gesetzliche Erbfolge
gesetzliche Regelungen über die Verteilung des Erbes, wenn kein Testament oder Erbvertrag vorliegt

Gewaltprävention
vorbeugende deeskalierende Maßnahmen, die helfen sollen, Gewalt gar nicht erst entstehend zu lassen

Gewerkschaften
Organisation der Arbeitnehmer einer bestimmten Berufsgruppe zur Durchsetzung ihrer Interessen

Girocard
Bankkarte (auch „EC-Karte" oder „Girokarte") mit der man in Geschäften bargeldlos bezahlen und am Geldautomaten Bargeld abheben kann

Girokonto
Konto bei der Bank, über das der tägliche bargeldlose Zahlungsverkehr abgewickelt wird

Gläubigerpapier
(= Schuldverschreibungen) Wertpapier, das dem Inhaber bescheinigt, eine Forderung gegenüber dem Aussteller des Wertpapiers zu haben

Globalisierung
wachsende Verflechtung der weltweiten Beziehungen in verschiedenen Bereichen (z. B. Wirtschaft, Politik, Kultur). Wirtschaftlich erkennbar ist dies z. B. durch internationale Unternehmen.

Grundgesetz
höchstes Gesetz in Deutschland (geltende Verfassung der Bundesrepublik Deutschland)

Haftpflichtversicherung
schützt den Versicherungsnehmer vor zivilrechtlichen Schadensersatzansprüchen Dritter

Hard Skills
berufsspezifische Fachkompetenzen

Homeoffice
flexibles Arbeiten von Zuhause

Initiativbewerbung
Bewerbung aus eigenem Antrieb, d.h. ohne Bezug auf eine konkrete Stellenausschreibung

Jahreseinkommen
Gesamtheit aller Einkünfte, die innerhalb eines Jahres erzielt wurden

Jugendgerichtsgesetz (JGG)
Gesetz, das die Sonderregelungen für Jugendliche und Heranwachsende bei Straftaten beinhaltet

Jugendhilfe
fördert Jugendliche in ihrer Entwicklung und hilft jungen Erwachsenen in besonders schwierigen Situationen, z. B. bei einem Gerichtstermin

Jugendstrafe
speziell für Jugendliche und Heranwachsende konzipierte Freiheitsstrafe, vgl. §§ 17 ff. JGG

Kapitaldeckungsverfahren
Methode zur Finanzierung von Versicherungen und Vorsorgeeinrichtungen, bei der die Beiträge der einzelnen Sparer gewinnbringend angelegt und am Ende der Versicherungsperiode wieder zurückgezahlt werden

Kartell
Zusammenschlüsse oder Absprachen zwischen Unternehmen, um daraus einen Vorteil zu erzielen

Kommune
Gemeinde (Dorf, Stadt o. Ä.) als unterste Verwaltungseinheit

Konto
laufende Gegenüberstellung von Zahlungsein- und ausgängen bzw. von Gut- und Lastschriften

Kreditkarte
Zahlungskarte, die weltweit zur bargeldlosen Zahlung und zur Bargeldbeschaffung an Geldautomaten eingesetzt werden kann

Kurs
Preis für Wertpapiere oder andere vertretbare Güter, die an einer Börse gehandelt werden

Kündigung
einseitige Beendigung eines Vertrages

Kündigungsfrist
Frist bis zum Wirksamwerden einer ausgesprochenen Kündigung

Lebenslauf
Teil einer schriftlichen Bewerbung zur meist tabellarischen Auflistung der wichtigsten individuellen Daten und Lebensstationen einer Person

Liquidität
Fähigkeit eines Unternehmens, seine Schulden rechtzeitig zu begleichen

Makler
(engl. Broker) Vermittler oder Zwischenhändler, der im Auftrag seiner Kunden mit Wertpapieren an der Börse handelt

Markt
realer oder virtueller Ort, an dem Angebot und Nachfrage aufeinandertreffen. Das Grundprinzip des Marktes ist der Tausch.

Ministerium
oberste Behörde im Staat, die sich jeweils um einen ganz bestimmte Aufgabenbereich kümmert

Monopol
Marktsituation mit nur einem Anbieter für ein bestimmtes Gut

Mutterschutz
gesetzlicher Anspruch auf volles Gehalt für Mütter sechs Wochen vor und acht Wochen nach der Geburt bei gleichzeitigem Beschäftigungsverbot

Nachfrage
Menge von Gütern, die Käufer zu einem bestimmten Preis auf einem Markt zu erwerben bereit sind

Nachhaltigkeit
umsichtige Verwendung von Gütern in der Herstellung und bei deren Nutzung, um den Fortbestand einer wirtschaftlichen oder ökologischen Einheit langfristig zu sichern

Nachlass
Erbschaft

Nettoeinkommen
Einkommen, das dem Arbeitnehmer nach Abzug der Steuern und sonstiger Abgaben zur freien Verfügung steht

Notar
Jurist, der befugt ist, Verträge, Unterschriften etc. zu beglaubigen

Ordentliche Kündigung
nur unter bestimmten Voraussetzungen möglich, schriftlich und unter Beachtung der Kündigungsfrist

Ordnungsfunktion des Rechts
Aufgabe des Rechts, durch Regelungen Ordnung zu schaffen

Ordnungswidrigkeit
vorsätzliche oder fahrlässige Handlungen oder Unterlassungen, die einen als ordnungswidrig bestimmten Tatbestand erfüllen

Passiva
das einem Unternehmen zur Verfügung gestellte Kapital, das auf der rechten Seite einer Bilanz zu finden ist (Mittelherkunft)

Passivgeschäft
Bankgeschäft, bei dem die Bank Einlagen von Kunden annimmt

Pauschalbetrag
Mindestbetrag, der angerechnet wird, ohne Einzelbeträge z. B. durch Belege nachweisen zu müssen

Personalverantwortliche
Mitarbeiter eines Unternehmens, die für die Neueinstellung und Betreuung der Mitarbeiter zuständig sind

Pflichtteil
der bestimmten Personen von den Erben aufgrund des geltend gemachten Pflichtteilanspruchs aus-

zuzahlende Geldbetrag (Hälfte des Wertes des gesetzlichen Erbteils)

Privater Haushalt
wirtschaftlich handelnde Personen oder Personengemeinschaften, die auf Märkten als Anbieter von Arbeitskraft und als Nachfrager von Gütern auftreten

Preisniveaustabilität
Zustand, bei dem der Durchschnitt aller Preise der Güter gleichbleibt

Rechtfertigungsgründe
Gründe, die eine tatbestandsmäßige Tat rechtfertigen können, z. B. Notwehr

Rechtsstaatlichkeit (Grundsätze)
In einem Rechtsstaat wie Deutschland gelten Grundsätze der Rechtsstaatlichkeit, diese sind z. B. das Rechtmäßigkeitsprinzip, Rechtssicherheit, Gleichheit vor dem Gesetz, das Willkürverbot sowie Rechtsschutz durch unabhängige Gerichte.

Redakteur
Person, die für Zeitungen, Zeitschriften, Bücher oder für Rundfunk oder Fernsehen Beiträge auswählt, bearbeitet oder selbst verfasst

Rendite
Differenz zwischen Aufwand und Ertrag bei einer Geldanlage

Rentabilität
Ertrag im Verhältnis zum eingesetzten Kapital

Rente
Einkommen, das ohne aktuelle Gegenleistung bezogen wird, z. B. als Ruhegehalt nach dem Arbeitsleben

Riester-Verträge
vgl. Basisrente

Schadensersatz
Ausgleichsleistung für einen entstandenen Schaden

Scheidung
rechtliche Auflösung einer Ehe

Schuldfähigkeit
Fähigkeit einer Person, das Unrecht einer Tat einzusehen und nach dieser Einsicht zu handeln

Schuldverschreibung
vgl. Gläubigerpapier
Schutzfunktion des Rechts
Aufgabe des Rechts, durch Regelungen den jeweils Schwächeren zu schützen

Soft Skills
berufsunabhängige (persönliche und soziale) Schlüsselqualifikationen

Soziale Marktwirtschaft
Wirtschaftssystem, das die Freiheit auf dem Markt mit der Idee des sozialen Ausgleichs verbindet

Soziale Sicherung
staatliche, finanzielle Unterstützung für den Einzelnen in Notlagen, die aus eigener Kraft nicht mehr bewältigt werden können (z. B. bei Krankheit, Unfall, Pflegebedürftigkeit, Arbeitslosigkeit oder Alter)

Sozialstaat
Ein Staat, der sich um soziale Gerechtigkeit bemüht und die soziale Sicherheit seiner Bürgerinnen und Bürger anstrebt.

Sozialversicherungssystem
Bezeichnung für die Gesamtheit gesetzlicher Pflichtversicherungen in Deutschland (Arbeitslosen-, Renten-, Kranken-, Pflege- und Unfallversicherung). Sozialversicherungspflichtig sind alle abhängig Beschäftigten. Die Versicherungsbeiträge teilen sich Arbeitgeber und Arbeitnehmer.

Strafgesetzbuch (StGB)
Gesetz, das festlegt, welche Taten bestraft werden und welche Strafe festzulegen ist

Strafmonopol
Der Staat ist alleinig rechtlich dafür zuständig, Straftaten gesetzlich zu definieren, Straftaten zu verfolgen, die Täter mit Strafen zu belegen und die Strafen zu vollziehen.

Straftat
eine strafbare Handlung, die durch den Gesetzgeber mit Strafe bedroht ist. Bestandteile einer Straftat sind Tatbestandsmäßigkeit, Rechtswidrigkeit und Schuld.

Strafverfahren (auch Strafprozess)
gerichtliches Verfahren, in dem die Schuld oder Unschuld eines möglichen Täters festgestellt und ein Urteil gefällt wird. Es besteht aus dem Ermittlungsverfahren, dem Zwischenverfahren und der Hauptverhandlung.

Strafzwecktheorien
Ansätze, um den Sinn und Zweck einer Strafe zu erklären

Subsumtion
Zuordnung eines Sachverhalts zu den Tatbestandsmerkmalen einer Rechtsnorm

Subventionen
Staatliche Zuwendungen (z. B. Finanzhilfen) oder Nachlässe (z. B. Steuervergünstigungen) für bestimmte Unternehmen ohne direkte Gegenleistung

Tarifautonomie
Recht der Sozialpartner (Arbeitgeberverbände und Gewerkschaften) ohne staatliche Einmischung Tarifverträge auszuhandeln und zu kündigen

Tarifvertrag
Vertrag zwischen Arbeitgeberverband und Gewerkschaft über Löhne, Gehälter und Arbeitsbedingungen einer bestimmten Berufsgruppe

Teilhaberpapier
Wertpapier, das die Beteiligung an einem Unternehmen bescheinigt, z. B. Aktie

Testament
schriftliche Erklärung, in der festgelegt ist, was mit dem Besitz nach dem Tod geschehen soll

Umlageverfahren

Methode zur Finanzierung von Sozialversicherungen, speziell der Altersvorsorge. Die eingezahlten Beiträge werden unmittelbar an die Leistungsempfänger wieder ausbezahlt.

Unterhalt

Verpflichtung, für die Kosten des Lebensbedarfs einer anderen Person aufzukommen

Überschuldung

liegt vor, wenn das Vermögen und das Einkommen eines Schuldners nicht ausreichen, um die bestehenden Schulden zurückzuzahlen.

Verbindlichkeiten

Schulden

Vereinigungstheorie:

Die Verbindung von Elementen verschiedener Strafzwecktheorien, bei der Ansätze sowohl mit Blick auf die Zukunft des Täters und der Gesellschaft als auch auf eine Vergeltung der Tat vereinigt sind.

vertretbare Güter

vgl. fungible Güter

Vertrieb

Abteilung in Unternehmen, die für den Absatz zuständig ist und Produkte für Kunden zugänglich macht

Wertpapier

eine Urkunde, die ein bestimmtes Recht bescheinigt, z. B. den Anteil an einem Unternehmen

Wirtschaftsordnung

Setzt sich zusammen aus den Regeln und Institutionen, die die Rahmenbedingungen wirtschaftlichen Handelns abstecken. Klassisch werden v. a. Fragen der Eigentumsrechte, der Preisbildung und der Steuerung von Wirtschaftsprozessen entschieden.

Wirtschaftswachstum

Zunahme der wirtschaftlichen Leistung

Zinsen

Preis für die vorübergehende Überlassung von Geld

Zinsmarge

Differenz zwischen den Zinsen aus dem Aktivgeschäft und denen aus dem Passivgeschäft einer Bank

Zuchtmittel

bestimmte Sanktionen des Jugendstrafrechts, wenn Erziehungsmaßregeln nicht ausreichend erscheinen und dem Täter eindringlich zum Bewusstsein gebracht werden muss, dass er für das von ihm begangene Unrecht einzustehen hat (Verwarnungen, Auflagen oder Jugendarrest), vgl. §§ 13 ff. JGG

Zugewinngemeinschaft

gesetzlicher Güterstand. Haben die Ehepartner keinen Ehevertrag geschlossen, gilt der vom Gesetz vorgegebene Vermögensausgleich bei Scheidung oder Tod.

Typ A : Der/die Praktische! Du bist realistisch, praktisch veranlagt und geschickt. Vielleicht wäre ein **handwerklicher, technischer oder land- bzw. forstwirtschaftlicher** Beruf etwas für dich?

Typ B : Der/die Forschende! Du möchtest dich vor allem geistig betätigen und vertrittst manchmal unkonventionelle Meinungen. Was hältst du von einem Beruf im Bereich **Naturwissenschaften, Universität oder Medizin**?

Typ C : Der/die Künstlerische! Du bist emotional, kreativ und ausdrucksstark. Vielleicht wäre ein Beruf im Bereich **Kunst, Kultur, Journalismus** für dich geeignet?

Typ D : Der/die Soziale! Du fühlst dich sozial verantwortlich und unterstützt gerne andere. Was hältst du von **Sozialarbeiter, Lehrer oder Krankenpfleger**?

Typ E : Der/die Unternehmerische! Du kannst dich gut ausdrücken, bist zielstrebig und scheust keine Konkurrenz. Wäre das Berufsfeld **Verkauf, Management, Politik** etwas für dich?

Typ F : Der/die Traditionelle! Du schätzt einen strukturierten Alltag und Sicherheit. Vielleicht könntest du im Bereich **Buchhaltung, Verwaltung, Bankwesen** arbeiten?

REGISTER

BILDNACHWEIS